AF887169

HANS-HERMANN SCHEFFLER

Die Pflicht zur Begründung von Maßnahmen nach den europäischen Gemeinschaftsverträgen

Schriften zum Völkerrecht

Band 36

Die Pflicht zur Begründung von Maßnahmen nach den europäischen Gemeinschaftsverträgen

Von

Dr. Hans-Hermann Scheffler

DUNCKER & HUMBLOT / BERLIN

Alle Rechte vorbehalten
© 1974 Duncker & Humblot, Berlin 41
Gedruckt 1974 bei Berliner Buchdruckerei Union GmbH., Berlin 61
Printed in Germany

ISBN 3 428 03117 2

Meiner lieben Frau

Inhaltsverzeichnis

Abkürzungsverzeichnis

a. A.	=	anderer Ansicht
a.a.O.	=	am angegebenen Ort
A. B.	=	Administratieve en Rechterlijke Beslissingen
ABl.	=	Amtsblatt der Europäischen Gemeinschaften
Abs.	=	Absatz
Anm.	=	Anmerkung
AöR	=	Archiv des öffentlichen Rechts
Art.	=	Artikel
AWD	=	Außenwirtschaftsdienst des Betriebs-Beraters
BB	=	Der Betriebs-Berater
BBauG	=	Bundesbaugesetz
Bd.	=	Band
BGBl.	=	Bundesgesetzblatt
BT Ds.	=	Bundestagsdrucksache
BVerfG	=	Bundesverfassungsgericht
BVerfGE	=	Amtliche Sammlung der Entscheidungen des Bundesverfassungsgerichts
BVerwGE	=	Amtliche Sammlung der Entscheidungen des Bundesverwaltungsgerichts
BW VBl.	=	Baden-Württembergisches Verwaltungsblatt
CE	=	Conseil d'Etat
CMLR	=	Common Market Law Review
Diss.	=	Dissertation
DÖV	=	Die Öffentliche Verwaltung
DVBl.	=	Deutsches Verwaltungsblatt
EAG	=	Europäische Atomgemeinschaft
EAG-S.	=	Protokoll über die Satzung des Gerichtshofs der Europäischen Atomgemeinschaft
EAGV	=	Vertrag zur Gründung der Europäischen Atomgemeinschaft
EGKS	=	Europäische Gemeinschaft für Kohle und Stahl
EGKS-S.	=	Protokoll über die Satzung des Gerichtshofs der Europäischen Gemeinschaft für Kohle und Stahl
EGKSV	=	Vertrag über die Gründung der Europäischen Gemeinschaft für Kohle und Stahl
EWG	=	Europäische Wirtschaftsgemeinschaft
EWGV	=	Vertrag zur Gründung der Europäischen Wirtschaftsgemeinschaft
EWG-S.	=	Protokoll über die Satzung des Gerichtshofs der EWG
EuR	=	Europarecht
Eurowi	=	Europäische Wirtschaft
EVwVerfG 1963	=	Musterentwurf eines Verwaltungsverfahrensgesetzes

f., ff.	=	folgende
Fn.	=	Fußnote
G	=	Gesetz
GA	=	Generalanwalt
GG	=	Grundgesetz
GH	=	Gerichtshof
GWB	=	Gesetz gegen Wettbewerbsbeschränkungen
HB	=	Hohe Behörde
h. M.	=	herrschende Meinung
JuS	=	Juristische Schulung
K. B.	=	Koninklijk Besluit
KSE	=	Kölner Schriften zum Europarecht
lit.	=	litera
Ls.	=	Leitsatz
m. w. N.	=	mit weiteren Nachweisen
NJW	=	Neue Juristische Wochenschrift
NN	=	Non Nominatus
Nr.	=	Nummer
o.	=	oben
OVG	=	Oberverwaltungsgericht
Pr. OVG	=	Preußisches Oberverwaltungsgericht
Pr. VBl.	=	Preußisches Verwaltungsblatt
Pr. PVG	=	Preußisches Polizeiverwaltungsgesetz
Rdnr.	=	Randnummer
Reg. entw.	=	Entwurf eines Verwaltungsverfahrensgesetzes der Bundesregierung
R. J. D. A.	=	Recueil de jurisprudence du droit administratif et du Conseil d'Etat
Rs.	=	Rechtssache
RsprGH	=	Sammlung der Rechtsprechung des Gerichtshofs (deutsche Ausgabe)
R. W.	=	Rechtskundig Weekblad
s.	=	siehe
S.	=	Seite; im Zusammenhang mit Normen: Satz
SEW	=	Sociaal-economische wetgeving
Sp.	=	Spalte
u.	=	unten
VerfO.	=	Verfahrensordnung des Gerichtshofs
VGH	=	Verwaltungsgerichtshof
vgl.	=	vergleiche
VO	=	Verordnung
VwGO	=	Verwaltungsgerichtsordnung
zit.	=	zitiert

TEIL A

Die Pflicht zur Begründung von Maßnahmen in den Mitgliedstaaten und im Europäischen Recht

I. Einleitende Bemerkungen

In einer der ersten Rechtssachen[1] vor dem Gerichtshof der EGKS[2] hatte die Hohe Behörde die Meinung vertreten, „ihr müsse die Freiheit eingeräumt werden, nach und nach geeignete Prinzipien für die Gestaltung ihrer Begründung zu entwickeln“. Diese Auffassung konnte sich angesichts der dem Gerichtshof zustehenden Aufgabe, die Wahrung des Rechts bei der Auslegung und Anwendung der Gemeinschaftsverträge zu sichern[3], nicht in dem Maße durchsetzen, wie es die Hohe Behörde wohl gehofft hatte: In der langjährigen Rechtsprechungstätigkeit des Gerichtshofs, die in einer nun schon mehr als 17 Bände umfassenden Entscheidungssammlung ihren Niederschlag findet, spielte die Frage der Erfüllung der von den Gemeinschaftsverträgen geforderten Begründungspflicht eine nicht geringe Rolle[4]. Hierbei mußten die Gemeinschaftsorgane wiederholt zur Kenntnis nehmen, daß die von ihnen vertretene Auffassung zur Begründungspflicht vom Gerichtshof nicht geteilt wurde[5]. Der Grund für jene Äußerung der Hohen Behörde dürfte allerdings kaum in der Verkennung der ihr obliegenden generellen Begründungspflicht oder der dem Gerichtshof obliegenden Aufgaben, als vielmehr in der Fassung der eine Begründungspflicht auferlegenden Vertragsbestimmungen zu finden sein.

---

[1] Rs. 6/54, RsprGH 1, 231.

[2] Die Zusammenlegung des GH der EGKS, der EWG und der EAG erfolgte mit Wirkung vom 1. 1. 1958 (s. Art. 7 „Abkommen über gemeinsame Organe für die europäischen Gemeinschaften“ vom 25. 3. 1957, BGBl. II S. 1156 und Bek. vom 27. 12. 1957 BGBl. 1958 II S. 1).

[3] Vgl. Art. 31 EGKSV, Art. 164 EWGV, Art. 136 EAGV.

[4] s. Anhang.

[5] Allerdings nicht nur in der Form, daß eine Verletzung der Begründungspflicht vom GH festgestellt wurde, sondern auch derart, daß eine Begründung, deren Zulänglichkeit von der Kommission wohl selbst bezweifelt worden war, vom GH nicht beanstandet wurde (s. Rs. 16/65 und dazu *Kapteyn* S. 47).

II. Die die Begründungspflicht statuierenden Bestimmungen

1. Die generell eine Begründung fordernden Vorschriften in den Gemeinschaftsverträgen und ihre Unterschiede

Nach Art. 5 EGKSV gibt die Gemeinschaft die Gründe für ihr Handeln bekannt, wenn sie zur Erfüllung ihrer Aufgaben begrenzte Eingriffe vornimmt.

Art. 15 EGKSV verpflichtet demgemäß die Hohe Behörde, die von ihr erlassenen Entscheidungen, Empfehlungen und Stellungnahmen mit Gründen zu versehen.

Der Rat wie die Kommission sind nach Art. 190 EWGV verpflichtet, die von ihnen erlassenen Verordnungen, Richtlinien und Entscheidungen mit Gründen zu versehen.

Eine entsprechende Verpflichtung für den Euratombereich enthält Art. 162 EAGV.

Die schon hier festzustellenden Unterschiede zwischen dem EGKSV und den Verträgen von Rom bestehen einmal darin, daß nach dem EGKSV nur Maßnahmen der Hohen Behörde, dagegen nicht Maßnahmen des Ministerrats[6] der Begründungspflicht unterliegen — was eine Folge der Aufgabenverteilung ist, durch die dem Rat nach den Verträgen von Rom größere Bedeutung zukommt —, zum anderen darin, daß der Umfang der der Begründungspflicht unterliegenden Maßnahmen differiert[7].

Hierbei entsprechen die individuellen Entscheidungen des EGKSV[8] den Entscheidungen des EWGV und des EAGV, die allgemeinen Entscheidungen des EGKSV den Verordnungen der Verträge von Rom. Den Empfehlungen des EGKSV entsprechen die Richtlinien des EWGV und des EAGV, mit dem Unterschied, daß sich die Empfehlungen des EGKSV außer an Mitgliedstaaten auch an Unternehmen richten können. Während die nichtverbindlichen Stellungnahmen des EGKSV der Begründungspflicht unterliegen, besteht eine solche Pflicht für die ebenfalls nicht verbindlichen Stellungnahmen und Empfehlungen des EWGV und des EAGV grundsätzlich nicht.

2. Einzelvorschriften des Gemeinschaftsrechts, die eine Pflicht zur Begründung vorsehen

Neben diesen prinzipiellen, eine Begründungspflicht statuierenden Vorschriften, findet sich verschiedentlich auch in einzelnen Bestimmun-

[6] Ein gemeinsamer Rat und eine einzige Kommission wurde durch den Vertrag vom 8. 4. 65 (BGBl. II 1454) eingesetzt, der am 1. 7. 1967 wirksam wurde.

[7] Hierzu s. u. Teil C IV § 2 Teil 2, 2.

[8] s. Art. 15 Abs. 2, 33 Abs. 2.

gen des Gemeinschaftsrechts ein Hinweis auf die Verpflichtung zur Begründung von Maßnahmen, so in Art. 54 Abs. 4, 65 § 2 Abs. 5, 88 Abs. 1 EGKSV, Art. 2 lit. c der Entscheidung 22/60[9], Art. 169 und 170 EWGV, denen Art. 141 und 142 EAGV entsprechen, Art. 25 des Beamtenstatuts[10] für beschwerende Verfügungen der Anstellungsbehörde.

3. Die Möglichkeit der gemeinsamen Behandlung

Es läßt sich somit feststellen, daß zwischen EGKSV einerseits und EWGV andererseits keine völlige Übereinstimmung in der Formulierung der eine Begründungspflicht fordernden Bestimmungen besteht, daß EWGV und EAGV bezüglich der die Begründungspflicht aufstellenden Vorschriften jedoch wörtlich übereinstimmen. Trotz dieser teilweisen Unterschiede können die sich aus der Pflicht zur Begründung ergebenden Fragen im wesentlichen für den EGKSV und die Verträge zur Gründung der EWG und der Euratomgemeinschaft gemeinsam behandelt werden[11], da die grundsätzliche Anordnung, bestimmte Maßnahmen zu begründen, in den drei Verträgen dieselbe ist.

III. Praktische Bedeutung und systematische Einordnung der Begründungspflicht

Was das Handeln der Gemeinschaftsorgane anbelangt, läßt sich die Begründungspflicht durchaus als eine der fundamentalen Bestimmungen bei der Durchführung bzw. zur Erreichung der Ziele der europäischen Gemeinschaften auffassen[12]. Dennoch oder gerade deshalb lassen Fragen und Fragenkomplexe hinsichtlich der Begründung nicht auf sich warten, wie insbesondere Zweck und Ausgestaltung der Begründung oder mögliche Grenzen, systematische Stellung und praktische Bedeutung der Begründungspflicht.

1. Die Begründungspflicht als Formvorschrift

Zunächst läßt sich feststellen, daß die Pflicht zur Begründung bestimmter Maßnahmen eine Anforderung an die Gestaltung, die Form der Maßnahmen darstellt. Formvorschriften als materiell-rechtliche Verfahrensnormen sind im Zusammenhang mit den prozeßrechtlichen Regelungen der Verträge zu sehen.

---

[9] ABl. 1960, 1248.

[10] ABl. 1962, 1385 (VO 31 EWG; VO 11 EAG); VO (EWG, Euratom, EGKS) Nr. 259/68 des Rates vom 29. 2. 1968 (ABl. Nr. L 56).

[11] Ebenso GA *Roemer* RsprGH 9, 167, 178; 9, 339; 11, 23. *Schrans* Spalte 283; *Thierfelder* S. 29 Fn. 89; *Ehle* Anm. 2 zu Art. 190.

[12] Vgl. *Bonaert u. a.* S. 48; *Korsch* KSE 1, S. 493.

Nach Art. 33 EGKSV kann „gegen Entscheidungen und Empfehlungen der Hohen Behörde wegen Unzuständigkeit, Verletzung wesentlicher Formvorschriften, Verletzung des Vertrages oder irgendeiner bei seiner Durchführung anzuwendenden Rechtsnorm oder wegen Ermessensmißbrauch" die Nichtigkeitsklage erhoben werden. Für die Verträge von Rom finden sich für deren Anwendungsbereich entsprechende Vorschriften in Art. 173 EWGV und Art. 146 EAGV.

Diese vier Gruppen von Klagegründen entsprechen der Gruppierung des contentieux pour excès de pouvoir des französischen Verwaltungsprozeßrechts[13]. Ebenso wie im französischen Verwaltungsprozeßrecht unter dem Klagegrund „vice de forme" ist auch im europäischen Gemeinschaftsrecht unter „Verletzung wesentlicher Formvorschriften" sowohl die Verletzung von Verfahrensvorschriften, wie z. B. des Anhörungsrechts beteiligter Privatpersonen, des Erfordernisses der Mitwirkung oder der rechtlichen Anhörung eines Organs als auch die Verletzung von Formvorschriften im eigentlichen Sinn zu verstehen. Innerhalb dieser Formvorschriften im Sinne der Gemeinschaftsverträge ist der Begründungspflicht eine nicht unerhebliche Bedeutung beizumessen[14].

2. *Die praktische Bedeutung der Begründungspflicht*

Der äußere Charakter der Begründungspflicht als Formerfordernis dient dazu, auf das Verfahren beim Erlaß einer Maßnahme Einfluß zu nehmen. Dabei wird die Bedeutung der Begründungspflicht durch die Einstufung als wesentliche Formvorschrift hervorgehoben.

Festzuhalten ist, daß die Verletzung der Begründungspflicht als Verletzung einer wesentlichen Formvorschrift einen Klagegrund darstellt, mit dem die Annulierung einer Maßnahme angestrebt werden kann. Es ist aber schon hier darauf hinzuweisen, daß die Begründungspflicht darüberhinaus auch dazu beiträgt, von der Möglichkeit der Geltendmachung einer Vertragsverletzung oder eines Ermessensmißbrauchs substantiiert Gebrauch machen zu können.

Soweit für eine natürliche oder juristische Person nicht die Möglichkeit besteht, eine verbindliche — insbesondere allgemeine[15] — oder unverbindliche[16] Maßnahme unmittelbar wegen Verletzung der Be-

---

[13] s. *Bénoit* S. 581; *Vedel* S. 511; *Becker*, Einfluß, S. 70.

[14] Nach *Fromont*, Rechtsschutz, S. 248, ist die Begründungspflicht als die wichtigste Formvorschrift anzusehen.

[15] Zur Frage der inzidenten Überprüfung anderer als genereller Maßnahmen s. *Tomuschat*, Vorabentscheidung S. 73 ff., 81 sowie 89 ff. (93).

[16] Zur Angreifbarkeit unverbindlicher Maßnahmen im inzidenten Prüfungsverfahren s. *Tomuschat* a.a.O. S. 73 ff. und 81.

gründungspflicht anzugreifen, kann sie jedoch in einem Rechtsstreit die inzidente Kontrolle einer entscheidungserheblichen Maßnahme erreichen, indem sie deren Unanwendbarkeit, etwa wegen Nichterfüllung der Begründungspflicht, rügt[17]. Um von dieser Rechtsschutzmöglichkeit Gebrauch machen zu können, ist es für den Betroffenen auch in diesem Fall von größter Bedeutung, zu wissen, ob dem Formerfordernis der Begründungspflicht Genüge getan ist.

Die praktische Bedeutung der Begründungspflicht liegt somit zumindest zu einem wesentlichen Teil auf verfahrens- und prozeßrechtlichem Gebiet. Wie sich zeigen wird, erschöpft sich ihre Bedeutung jedoch keineswegs hierin.

IV. Textanalyse

1. Gemeinsamkeiten und Differenzen in der Formulierung der Begründungspflicht

Schaut sich der Betroffene in den Gemeinschaftsverträgen zur Klärung der ihn interessierenden Fragen um, ob in dem ihn betreffenden Rechtsakt das handelnde Gemeinschaftsorgan der Begründungspflicht in der erforderlichen Weise nachgekommen ist, so wird er enttäuscht feststellen, daß die Gemeinschaftsverträge außer dem lapidaren Postulat, bestimmte Maßnahmen bestimmter Organe mit Gründen zu versehen, keinerlei Auskunft oder Andeutungen geben, wie die von ihnen geforderte Begründungspflicht zu handhaben ist.

Auch die Erkenntnis, daß — entsprechend der allgemein anerkannten Völkerrechtsregel, wonach Vorschriften eines völkerrechtlichen Vertrages zugleich diejenigen Vorschriften beinhalten, bei deren Fehlen sie sinnlos wären oder nicht in vernünftiger und zweckmäßiger Weise zur

---

[17] Vgl. Art. 184 EWGV, 156 EAGV. Nach Art. 33 Abs. 2 EGKSV können Unternehmen und Unternehmensverbände zwar auch gegen allgemeine Entscheidungen Klage erheben, aber nur darauf gestützt, daß diese einen Ermessensmißbrauch ihnen gegenüber darstellen. Bei der Feststellung eines solchen Ermessensmißbrauchs kann die Begründung aber entscheidende Anhaltspunkte liefern. Eine Rechtswidrigkeitseinrede läßt Art. 36 Abs. 3 EGKSV expressis verbis nur für den Fall der Klage gegen Sanktionen oder Zwangsgelder zu. Der GH hat jedoch hierin einen allgemeinen Grundsatz gesehen, nach welchem die Nichtigkeitsklage gegen eine individuelle Entscheidung auch auf die Rechtswidrigkeit der zugrunde liegenden allgemeinen Entscheidung gestützt werden kann (vgl. RsprGH 4, 26 f.; s. auch *Steindorff*, Rechtsschutz, S. 63 f., 69). Inzidenter Rechtsschutz gegenüber Handlungen der Organe im Rechtsstreit vor dem nationalen Richter besteht nach Art. 177 EWGV, 150 EAGV, 41 EGKSV.

Anwendung gelangen könnten[18] — die Begründungspflicht sicherlich so gehandhabt werden muß, daß sie ihren Zweck erfüllt, hilft ihm nicht weiter, sondern läßt nur neue Fragen aufkommen.

Wenn überhaupt, so könnten sich dem Text der hier interessierenden Vertragsnormen zwei Anhaltspunkte für die Ausgestaltung der erforderlichen Begründung entnehmen lassen: Zum einen die im Verhältnis zu den übrigen einschlägigen Bestimmungen abweichende Fassung der Art. 5 und 65 § 2 Abs. 5 EGKSV und zum anderen das undifferenzierte Aneinanderreihen der der Begründungspflicht unterliegenden Maßnahmen.

Der Wortlaut der Bestimmungen, die die Begründungspflicht erwähnen, ist im Gemeinschaftsrecht stets der gleiche, mit Ausnahme der Art. 5 und 65 § 2 Abs. 5 EGKSV. In allen Vorschriften heißt es, daß bestimmte Maßnahmen „mit Gründen zu versehen“ sind („worden met redenen omkleed“, „sono motivati“, sont motivés“). Nur Art. 5 EGKSV fordert von der EGKS, daß sie „*die* Gründe für ihr Handeln bekannt“ gibt („rend publics les motifs de son action“, rende pubblici i motivi della sua azione“, maakt ... de beweegrendenen voor haar handelingen openbaar“) und Art. 65 § 2 Abs. 5 EGKSV erstreckt die Veröffentlichungspflicht auf die Angabe *der* Gründe. Dieser geringen Differenz in der Formulierung der Begründungspflicht dürfte jedoch keine Bedeutung zukommen.

a) *Art. 65 § 2 Abs. 5 EGKSV* erwähnt die Begründungspflicht im Zusammenhang mit der Pflicht, Entscheidungen, die bestimmte Wettbewerbsvereinbarungen betreffen, zu veröffentlichen. Neben der Entscheidung im engeren Sinn sind dabei auch „die Gründe hierfür“ zu publizieren. Diese Publizierung dient der Befriedigung des berechtigten Interesses der Regierungen und etwa beteiligter Nichtadressaten[19] an diesen Entscheidungen der Kommission. Für deren Verständnis ist aber die Kenntnis *der* Gründe, d. h. aller Erwägungen, die zu der Entscheidung geführt haben, nicht erforderlich. Für sie ist es ausreichend, aus einer zusammenfassenden Darstellung die wesentlichen Grundlagen der Entscheidung erkennen zu können, um über den Standpunkt der Kommission informiert zu sein[20]. Es ist daher nicht anzunehmen, daß Art. 65 § 2 Abs. 5 EGKSV eine bewußte Abweichung von der

---

[18] Eingehend dargelegt von Rudolf *Bernhardt:* „Die Auslegung völkerrechtlicher Verträge insbesondere in der neueren Rechtsprechung internationaler Gerichte“ (Beiträge zum ausländischen öffentlichen Recht und Völkerrecht Bd. 40), Köln, Berlin 1963, S. 97 ff.; s. außerdem *Zuleeg* KSE Bd. 9, S. 115. Für die Anwendung durch den GH s. schon RsprGH 2, 312 sowie 6, 708.

[19] s. hierzu u. B. II 4. und Art. 47 Abs. 2 EGKSV.

[20] s. RsprGH 10, 1173.

Grundsatzvorschrift des Art. 15 EGKSV enthält. Vielmehr könnte Art. 65 § 2 Abs. 5 EGKSV auch „die mit Gründen versehenen Entscheidungen ... sind zu veröffentlichen" lauten, um dem Zweck der Veröffentlichungspflicht gerecht zu werden.

b) Auch die Auslegung der Grundsatzbestimmung über die Befugnisse der Gemeinschaft, Art. 5 EGKSV, ergibt keine Pflicht der jetzigen Kommission, im Rahmen des Handelns nach dem EGKSV sämtliche Gründe für eine Maßnahme in der Begründung anzuführen.

aa) Bedeutung aus der strukturellen Sicht der Gemeinschaft

Art. 5 EGKSV hat Leitsatzcharakter bezüglich der Befugnisse der Gemeinschaft als Ganzes. Sein Programmcharakter bedingt jedoch nicht, daß diese stets zu berücksichtigende Bestimmung letztlich den Ausschlag geben muß.

Das handelnde Organ in der EGKS ist in erster Linie die an die Stelle der früheren Hohen Behörde getretene Kommission. Maßgebliche Bedeutung kommt daher derjenigen Norm zu, die (konkretisierend) die Form des Handelns der Kommission generell regelt: Art. 15 EGKSV. Diese behält aber die Formulierung des Art. 5 EGKSV nicht bei, verlangt vielmehr nur allgemein, daß die Maßnahmen mit Gründen zu versehen sind.

Schon systematisch läßt sich demnach aus Art. 5 EGKSV nicht die Folgerung ableiten, daß die Begründung einer Maßnahme sämtliche Erwägungen für ihren Erlaß enthalten müsse. Vielmehr ist der Organisation und Aufgabenverteilung der EGKS entsprechend der Grundsatznorm des Art. 15 EGKSV bestimmende Bedeutung beizumessen[21].

bb) Bedeutung bei teleologischer Betrachtung

Aber selbst eine Formulierung „mit *den* Gründen zu versehen" würde nicht zwangsläufig bedeuten, daß stets sämtliche Erwägungen, die zum Erlaß einer Maßnahme geführt haben, in deren Begründung anzuführen wären. Die Begründungspflicht ist kein Selbstzweck, sondern soll verschiedenen Zwecken (s. u. B.) dienen. Unter einer Formulierung „mit den Gründen" könnten daher auch nur diejenigen Gründe zu ver-

---

[21] Art. 15 EGKSV stimmt in der Formulierung der Begründungspflicht zudem mit der einheitlich gefaßten Begründungspflicht in den Verträgen von Rom überein. Angesichts der unbestrittenen Kontinuität der Begründungspflicht des EGKSV im Recht der EWG und EAG[22] indiziert dies, daß Art. 15 EGKSV als die maßgebliche Bestimmung der Begründungspflicht im EGKS-Recht anzusehen ist.

[22] Die Rechtsprechung hat des öfteren Formulierungen der jüngeren Verträge als Bestätigung für die Auslegung des EGKSV benutzt, vgl. RsprGH 6, 1196; 8, 214 sowie GA *Roemer* RsprGH 9, 167, 178; 9, 336; 11, 23.

stehen sein, die zur Erreichung der mit der Begründungspflicht verfolgten Zwecke erforderlich sind. Allein eine solche Auslegung wäre sinnvoll, da jede weitere Angabe von Gründen eine nicht gerechtfertigte, unnötige Inanspruchnahme der Gemeinschaftsorgane darstellen würde.

Bezüglich des generellen Inhalts der Begründung läßt sich aus den Gemeinschaftsverträgen damit nur negativ feststellen, daß die Gemeinschaftsorgane nicht verpflichtet sind, stets alle Gründe für den Erlaß einer Maßnahme anzugeben.

c) Die fehlende Differenzierung der Begründungspflicht bei den einzelnen Maßnahmen

Wenn die Vertragsnormen, die generell eine Begründungspflicht vorsehen[23], die zu begründenden Maßnahmen ohne Differenzierung aneinanderreihen und so eine gleichförmige Bestimmung für die zu begründenden Maßnahmen darstellen, könnte hieraus zu entnehmen sein, daß bei Entscheidungen, Empfehlungen und Stellungnahmen der EGKS sowie Verordnungen, Richtlinien und Entscheidungen nach den Verträgen von Rom die gleichen Anforderungen an die Begründungspflicht zu stellen sind.

Für diese Auffassung könnte angeführt werden, daß den Vorschriften, die die allgemeine Begründungspflicht zum Inhalt haben, jeweils eine Vertragsnorm vorausgeht, die zu den der Begründungspflicht unterliegenden Maßnahmen in jeweils einem gesonderten Absatz Stellung nimmt. Sollten für die Begründung der verschiedenen Maßnahmen unterschiedliche Maßstäbe gelten, hätte dies in diesen Bestimmungen oder zumindest in einer diesen Bestimmungen entsprechenden Form zum Ausdruck gebracht werden können.

Wie sich aus Art. 14 EGKSV, Art. 189 EWGV und Art. 161 EAGV ergibt, regeln diese Normen nach Art von Legaldefinitionen die üblichen Handlungsformen für bestimmte Gemeinschaftsorgane. Wenn in diesem Zusammenhang nicht für jede Maßnahme die bestehende oder nicht bestehende Begründungspflicht erwähnt wird, diese vielmehr in einer besonderen Vorschrift zum Ausdruck gebracht wird, so kommt dadurch die besondere Bedeutung zur Geltung, die der Begründungspflicht bei der Abfassung der Gemeinschaftsverträge beigemessen wurde. Außerdem entspricht es der üblichen Gesetzestechnik, Gemeinsamkeiten auszuklammern und nicht ständig zu wiederholen. Diese Umstände würden übersehen, wenn man die recht formelle und zu einer unsachgemäßen

---

[23] Art. 15 EGKSV, Art. 190 EWGV, Art. 162 EAGV.

Gleichbehandlung führende Ansicht vertreten würde, aus der einheitlichen Statuierung der Begründungspflicht ergäbe sich auch, daß für die erwähnten Maßnahmen jeweils die gleichen Anforderungen an deren Begründung zu stellen seien. Sachgemäßer ist, in den Vertragsnormen, die generell die Pflicht zur Begründung bestimmter Maßnahmen vorsehen, nur die Aufzählung der dem Begründungszwang unterliegenden Maßnahmen zu sehen, so daß sich mangels besonderer Bestimmung die Ausgestaltung der Begründung bei jeder Maßnahme nach deren spezifischer Eigenart richtet. Auch insofern läßt sich also den Gemeinschaftsverträgen kein Anhaltspunkt für die jeweils erforderliche Begründung einer Maßnahme entnehmen.

2. *Aufgabe der Literatur und Rechtsprechung*

Der von der Maßnahme eines Gemeinschaftsorgans Betroffene wird sich deshalb in seinem nationalen Recht umsehen, ob und wo dort eine entsprechende Verpflichtung existiert. Außerdem wird er die Rechtsprechung des Gerichtshofs sowie die Literatur prüfen, ob er eine Antwort auf seine Frage findet, da es angesichts des Fehlens jeglicher detaillierter Bestimmung und Umschreibung der Begründungspflicht in erster Linie der Rechtsprechung und dem Schrifttum obliegt, dem Erfordernis der Begründungspflicht gewisse Konturen zu geben und, soweit möglich, dazu beizutragen, daß im Einzelfall erkenntlich wird, ob die im konkreten Fall gegebene Begründung den Anforderungen der Gemeinschaftsverträge genügt.

Sicherlich hat die mangelnde Kenntnis der an die Begründungspflicht zu stellenden Anforderungen wohl manchen Kläger dazu veranlaßt, neben anderen Klagegründen „für jeden Fall" auch die Verletzung der Begründungspflicht als Verletzung einer wesentlichen Formvorschrift zu rügen[24] und auf diese Weise dazu beigetragen, daß sich der Gerichtshof häufig[25] mehr oder weniger ausführlich mit der Frage der Begründungspflicht zu befassen hatte. Andererseits wurde die Frage der Begründungspflicht in der Literatur bisher nur wenig beachtet[26].

---

[24] Der GH hatte eine Prüfung der Frage der Begründungspflicht von Amts wegen zu Beginn seiner Rechtsprechungstätigkeit abgelehnt (RsprGH 1, 108), in Übereinstimmung mit GA *Lagrange* (RsprGH 1, 124). Die Pflicht zum Aufgreifen einesBegründungsmangels von Amts wegen betonte der GH ausdrücklich in der Rs. 18/57, RsprGH 5, 114.

[25] s. die im Anhang wiedergegebene Zusammenstellung.

[26] Hierauf weist auch *Steindorff*, Rechtsschutz, 73 und Nichtigkeitsklage II, S. 61 hin.

V. Die Frage der Begründungspflicht in den Mitgliedstaaten und ihr Einfluß auf das Recht der Europäischen Gemeinschaften

Angesichts dieser Situation sowie aus der Erkenntnis, daß das Problem der Begründungspflicht in allen sechs Mitgliedstaaten nicht unbekannt ist, liegt es nahe, zunächst die Frage der Begründungspflicht dahingehend zu klären, inwieweit eine entsprechende Pflicht in den Mitgliedstaaten besteht. Aus dieser Untersuchung wird sich dann ergeben, ob und in welchem Ausmaß die Regelungen in den nationalen Rechtsordnungen zur Konkretisierung des sich aus den Gemeinschaftsverträgen ergebenden Zwangs beitragen können, bestimmte Maßnahmen mit einer Begründung zu versehen. Keineswegs wird dabei daran gedacht, die europäischen Gemeinschaftsverträge — auch nur in einem speziellen Bereich — lediglich als Summe einzelstaatlicher Regelungen aufzufassen. Die nationalen Rechtsordnungen waren aber ohne Zweifel nicht ohne Einfluß auf die „Väter der Gemeinschaftsverträge".

Es wird deshalb sicherlich von Nutzen sein, sich die Behandlung der Frage einer generellen Begründungspflicht in den Mitgliedstaaten zu vergegenwärtigen, um daraus nach Möglichkeit gewisse Rückschlüsse für Grund und Ausgestaltung der Begründung bestimmter Maßnahmen der Gemeinschaftsorgane ziehen zu können.

Entscheidende Bedeutung wird der Behandlung des Begründungszwangs in den nationalen Rechtsordnungen allerdings nur dann beigemessen werden können, falls es sich ergibt, daß die Frage der Begründungspflicht nicht nur in keiner der mitgliedstaatlichen Rechtsordnungen unbekannt ist, sondern insoweit in den Rechtsordnungen der Mitgliedstaaten gemeinsame, allgemeine Rechtsgrundsätze bestehen[27].

---

[27] Da das Problem der Begründungspflicht einen dem innerstaatlichen Recht verwandten Fragenkomplex darstellt, wären nach den klärenden Äußerungen *Reuters* (S. 42 für das Beispiel der Versammlung, S. 43 verallgemeinert) diese allgemeinen gemeinsamen Rechtsgrundsätze zur Konkretisierung der im europäischen Recht erforderlichen Begründung heranziehbar (s. auch *Fuß*, Rechtsstaatsgedanke, S. 66; *Hanebuth*, S. 216; *Becker*, Einfluß, S. 102; *Fikentscher* S. 289). — Zum Rückgriff auf die sich aus den nationalen Rechtsordnungen ergebenden allgemeinen Rechtsgrundsätze durch die Rechtsprechung des EuGH bei der Entscheidung von Fragen, die die Gemeinschaftsverträge offenlassen, s. schon RsprGH 3, 118 ff.; 3, 200 und GA *Roemer* RsprGH 1, 244 sowie die neueren Rs. 11/70 und 25/70 zur Beachtung der Grundrechte (RSprGH 16, 1135 und 16, 1176) und zum Grundsatz der Verhältnismäßigkeit (RsprGH 16, 1137 f. und 16, 1177 f.). Weitere Hinweise auf die Rechtsprechung bei *Tomuschat*, Vorabentscheidung, S. 19 Fn. 67. — Zum Rückgriff auf allgemeine gemeinsame Rechtsgrundsätze der Mitgliedstaaten durch die Gemeinschaftsverträge selbst s. Art. 215 Abs. 1 EWGV, 188 Abs. 1 EAGV. — Speziell bei der Behandlung der Frage der

§ 1 Mitgliedstaatliche Rechtsordnungen mit weitgehender Anerkennung der Begründungspflicht für Verwaltungsmaßnahmen

1. Das niederländische Verwaltungsrecht

Eine weitgehende Pflicht der Verwaltung, ihre Entscheidungen zu begründen, wird im niederländischen Recht anerkannt, so daß man wohl von einem allgemeinen Rechtsgrundsatz (beginsel van behoorlijk bestuur) sprechen kann[28].

1948 wurde von der Niederländischen Vereinigung für Verwaltungsrecht eine Studienkommission „Allgemeine Bestimmungen des Verwaltungsrechts" eingesetzt, die begann, insbesondere auf drei Gutachten der niederländischen Ordinarien *van Poelje* und *Donner* sowie des belgischen Ordinarius Jules *Lespes* gestützt, über diesen Fragenkreis einen Bericht auszuarbeiten. Dieser gewann bedeutenden Einfluß[29], obwohl die Kommission selbst davon abgesehen hatte, ihre Schlußfolgerungen in die Form eines Gesetzesentwurfs zu kleiden und insbesondere die Richtlinien bezüglich der Gestaltung der schriftlichen Verwaltungsverfügungen nur als Empfehlungen aufgefaßt wissen wollte[30]. Wegen der Bedeutung, die der Bericht erlangte, wurde 1955 eine überarbeitete Ausgabe herausgegeben. Dieser neue Bericht berücksichtigt nicht nur die bis zu diesem Zeitpunkt ergangene Rechtsprechung, sondern findet auch in der Lehre und bei der Verwaltung selbst Anerkennung[31]. Aufgrund dieser umfassenden Anerkennung und Wiedergabe des Meinungsstandes wird, von diesem Bericht ausgehend, die Beantwortung der Frage der grundsätzlichen Begründungspflicht im niederländischen Verwaltungsrecht erleichtert.

In Nummer 4 lit. f fordert der Bericht, daß bei schriftlichen Verfügungen möglichst die maßgebenden Erwägungen angeführt werden, die zu der Verfügung geführt haben. In den demnach möglichen Ausnahmefällen von der grundsätzlichen Begründungspflicht müssen dem Betroffenen die maßgebenden Erwägungen nachträglich mitgeteilt werden, wenn er innerhalb einer angemessenen Frist darum nachsucht und wegen der bestehenden Anfechtungsmöglichkeit oder aus anderem

---

Begründungspflicht ziehen das nationale Recht in Betracht: GA *Roemer* RsprGH 9, 167 (in bezug auf VOen) und GA *Lagrange* RsprGH 9, 396 (zur Abgrenzung des Klagegrundes der Verletzung „wesentlicher Formvorschriften" zu dem der „Vertragsverletzung").

[28] So *Vegting* S. 236; *Fromont* EuR 1969, S. 210; wohl auch *Oostenbrink* S. 338 in Verbindung mit S. 366 Nr. 4 lit. f; *van Poelje-Donner* S. 269.

[29] *Oostenbrink* S. 338.

[30] s. den Bericht dieser Kommission bei *Ule*, Ausland, S. 364 ff.

[31] *van Poelje* in Revue internationale des Sciences administratives 1965 S. 276. Auch mit dieser Fassung gab man sich nicht zufrieden, sondern arbeitet weiter, um nochmals eine Neuauflage erscheinen zu lassen.

Grund ein billiges Interesse daran hat, die Begründung der Verfügung zu kennen[32].

In den Entscheidungen der Rechtsprechung wird die von der Verwaltung ihren Maßnahmen beigegebene Begründung recht kritisch betrachtet.

So wird einer Begründung die Anerkennung versagt, wenn sie nur Formulierungen gebraucht, die eine Prüfung des konkreten Falles nicht erkennen läßt oder sich auf eine Wiedergabe des Gesetzestextes beschränkt, wie etwa die Begründung, ein Parkverbot sei notwendig, um die Sicherheit und Leichtigkeit des Verkehrs zu wahren[33]. Keineswegs wird deshalb aber eine umfangreiche Begründung gefordert[34]; die Begründung soll nur ausreichend sein und die Verwaltungsentscheidung tragen können[35]. Wird die Begründung nicht für ausreichend gehalten, sieht sich die Rechtsprechung gezwungen, die Entscheidung zu annullieren, da nur auf diese Weise der Begründungspflicht die erforderliche Wirksamkeit verliehen werden könne[36] und für ein gutes Verwaltungsverfahren eine (ausreichende) Begründung der Entscheidungen als unumgänglich betrachtet wird[37].

Diese strenge Rechtsprechung wird auch von der Literatur gebilligt[38].

Mit ihren die Begründungspflicht fördernden Entscheidungen hat die Rechtsprechung den insbesondere in dem oben geschilderten Bericht zum Ausdruck kommenden Bestrebungen für eine generelle Begründungspflicht bei Verwaltungsenscheidungen unverkennbaren Auftrieb verliehen. In einer Anzahl von Fällen besteht darüberhinaus heute schon eine ausdrückliche, gesetzlich geforderte Begründungspflicht[39], so daß der als Ergänzung gedachte Bericht keiner Berücksichtigung bedarf.

---

[32] s. den Bericht bei *Ule*, Ausland, S. 366.

[33] K. B. 5. nov. 1956, A. B. 1957, 238; *van Poelje-Donner* S. 268.

[34] K. B. 5. jan. 1971, A. B. 1971, 417; K. B. 28. dec. 1936, A. B. 1937, 205.

[35] K. B. 3. dec. 1949, A. B. 1950, 355; K. B. 6. aug. 1951, A. B. 1952, 29; College van beroep voor het bedrijfsleven, 11. dec. 1970, A. B. 1971, 295; diese Voraussetzung wird z. B. auch dann als gegeben angesehen, wenn dem Betroffenen die Gründe für eine ablehnende Haltung bereits früher schriftlich mitgeteilt wurden, hierauf in der angefochtenen Maßnahme verwiesen wird und durch diesen Hinweis die Gründe für die Ablehnung im erforderlichen Maße erkennbar sind, vgl. K. B. 5. jan. 1971, A. B. 1971, 417 (allerdings mit recht großzügiger Auslegung hinsichtlich der Bezugnahme); K. B. 8. jan. 1971, A. B. 1971, 419.

[36] K. B. 26. feb. 1948, A. B. 1948, 577.

[37] K. B. 24. aug. 1949, A. B. 1950, 114; College van beroep voor het bedrijfsleven, 11. dec. 1970, A. B. 1971, 295; 13. juli 1971, A. B. 1971, 519; s. auch *Fromont*, EuR 1969, 210; nach *van Poelje-Donner* S. 269 Fn. 2 m. w. N. nimmt die Finanzgerichtsbarkeit einen weniger strengen Standpunkt ein.

[38] *van Poelje-Donner* S. 269; *Vegting* S. 236 insbesondere Fn. 1.

[39] Vgl. *van Poelje-Donner* S. 268; *Vegting* S. 236; als Beispiel s. etwa Art. 76 Lager-onderwijswet.

Wenn demnach dem niederländischen Recht der grundsätzliche Zwang, Entscheidungen der Verwaltung zu begründen, nicht unbekannt ist, so bleibt jedoch festzustellen, daß diese Begründungspflicht nicht für Maßnahmen mit allgemeinverbindlicher Wirkung gefordert wird, sondern nur bezüglich individueller Maßnahmen.

2. *Das deutsche Verwaltungsrecht*

Was die Pflicht zur Begründung von Verwaltungsmaßnahmen betrifft, ist die Situation in Deutschland im Ergebnis derjenigen in den Niederlanden ähnlich. Zwar ist die Frage, ob und welche Verwaltungsakte zu begründen sind, noch nicht so weit geklärt, daß von einer einhellig positiven Stellungnahme zugunsten einer allgemeinen Begründungspflicht gesprochen werden kann. Es läßt sich jedoch bei einer Überprüfung der in Literatur und Rechtsprechung zum Ausdruck gebrachten Meinungen wohl zu Recht die Auffassung vertreten, daß die grundsätzliche Pflicht zur Begründung von Verwaltungsakten weitgehend bejaht wird, wenn auch teilweise unterschiedliche Rechtsgrundlagen hierfür angeführt[40] oder Einschränkungen zugelassen werden.

a) Gesetzliche Normierungen der Begründungspflicht

Eine ausdrückliche gesetzliche Begründungspflicht besteht gemäß § 73 Abs. 3 VwGO generell für alle Widerspruchsbescheide. Sie ist darüberhinaus in einer Anzahl von Einzelvorschriften vorgesehen, wie § 80 Abs. 3 VwGO, § 57 GWB, § 63 Gewerbeordnung, § 33 Abs. 3 Ausländergesetz, § 44 Abs. 2 Pr. PVG, § 113 Abs. 1 BBauG, § 30 Abs. 4 Satz 2 Außenwirtschaftsgesetz, § 22 Abs. 1 des Gesetzes über das Verwaltungsverfahren der Kriegsopferversorgung vom 2. Mai 1955[41]. Eine allgemeine Begründungspflicht sehen das Verwaltungsverfahrensgesetz des Landes Berlin[42] in § 41 Abs. 3 und das Landesverwaltungsgesetz von Schleswig-Holstein[43] in § 109 vor.

Voreilig wäre es, wegen der relativ großen Zahl gesetzlich vorgesehener Fälle einer Begründungspflicht das Nichtbestehen einer

---

[40] s. z. B.: *Forsthoff* S. 230; *Wolff* S. 332; *Maunz-Dürig-Herzog* Rdnr. 50 zu Art. 19 Abs. 4; *Thieme* S. 272 Rdnr. 968; *Bachof* JZ 1962 S. 703; *Menger* JZ 1955 S. 556 f.; *Schick* JuS 1971 S. 4 u. 9 jeweils m. w. N. Aus der Rechtsprechung: BVerfGE 6, 44; BVerwGE 10, 43 f.; 5, 98. Zweifelnd *Schick* a.a.O. S. 2; Einzelbegründung EVwVerfG 1963 S. 143.

[41] BGBl. I S. 202.

[42] G über das Verfahren der Berliner Verwaltung vom 2. Okt. 1958, abgedruckt in „Sammelblatt für Rechtsvorschriften" S. 1359.

[43] Allgemeines Verwaltungsgesetz für das Land Schleswig-Holstein (Landesverwaltungsgesetz) vom 18. April 1967, abgedruckt in „Sammelblatt für Rechtsvorschriften" S. 767.

generellen Begründungspflicht für Verwaltungsakte annehmen zu wollen. Diese Frage ist unabhängig hiervon zu beantworten. Aus einer großen Zahl von Einzelfällen, in denen eine Begründungspflicht gesetzlich vorgesehen ist, kann zunächst lediglich auf das Fehlen einer ausdrücklich gesetzlich vorgeschriebenen generellen Begründungspflicht geschlossen werden.

b) Der Meinungsstand in Rechtsprechung und Literatur

Die Bedeutung der Begründungspflicht trat schon bei Einführung der Verwaltungsgerichtsbarkeit voll in Erscheinung. Die Begründung wurde unversehens als wesentliches Formerfordernis angesehen[44], und das Pr. OVG konstatierte:

„Jede Verfügung hat die tatsächlichen und rechtlichen Grundlagen, auf denen sie beruht, ... erkennbar zu machen[45]."

Diese Forderung hat auch heute noch Gültigkeit[40]. Bei der grundsätzlichen Einräumung der Begründungspflicht für Verwaltungsakte bestehen die Meinungsunterschiede vor allem in der Frage, ob sich die Begründungspflicht aus allgemeinen rechtsstaatlichen Erwägungen[46], dem Prinzip der Gesetzmäßigkeit der Verwaltung[47] oder aus der verfassungsrechtlichen Gewährleistung des verwaltungsgerichtlichen Rechtsschutzes[48] ergibt.

Da es ein Hauptziel der grundsätzlichen Begründungspflicht ist, dem Betroffenen die Beurteilung zu ermöglichen, ob und mit welcher Begründung er von einem ihm zur Verfügung stehenden Rechtsmittel sinnvoll Gebrauch machen kann, dürfte die Begründungspflicht auch im Interesse einer ernst gemeinten Rechtsschutzgarantie liegen. Hieran ändert es nichts, daß schon aus allgemeinen rechtsstaatlichen Gesichtspunkten die Verwaltung dem Betroffenen die rechtlichen und sachlichen Erwägungen mitteilen sollte, die sie zu ihrer Entscheidung geführt haben. Sie kann ihm damit zeigen, daß keine Willkür herrscht, oder, wie Herbert *Krüger*[49] formuliert, „den schlichten Gehorsam in einen überzeugten Gehorsam verwandeln".

Aus der erwähnten Rechtsprechung sei nochmals auf die grundlegende Entscheidung des *Bundesverfassungsgerichts*[50] hingewiesen, in der

---

[44] *Jellinek* S. 234.

[45] Pr.VBl. Bd. 19, 226; s. auch Pr.OVGE 58, 407 m. w. N. und Pr.OVGE 101, 258 f. und die bei *Schick* a.a.O. S. 2 zit. Entscheidung des Bayerischen VGH aus dem Jahre 1880.

[46] *Maunz-Dürig-Herzog* Rdnr. 50 zu Art. 19 Abs. 4; *Idel* NJW 1957, 36.

[47] *Ule-Becker* S. 49; EVwVerfG 1963, Einzelbegründung S. 145; *Ule* DVBl. 1968, 785 f.; DVBl. 1963, 477.

[48] *Forsthoff* S. 230; *Menger* JZ 1955, 556 f.; *Bachof* JZ 1962, 703; *Wolff* S. 365.

[49] a.a.O. S. 746.

[50] BVerfGE 6, 44.

dieses ausdrücklich betont, daß der Staatsbürger, in dessen Rechte eingegriffen wird, einen uneinschränkbaren Anspruch hat, die Gründe hierfür zu erfahren.

c) Der Musterentwurf eines Verwaltungsverfahrensgesetzes (EVwVerfG 1963)

Ähnlich wie in den Niederlanden besteht in der BRD noch keine bundeseinheitliche Kodifikation des allgemeinen Verwaltungsverfahrens. Allerdings liegt auch hier ein Musterentwurf eines Verwaltungsverfahrensgesetzes (EVwVerfG) vor. Dieser Entwurf, der von einem Ausschuß von Angehörigen des Bundesministeriums des Innern und der Innenministerien der Länder nach dreijähriger Arbeit Ende 1963 der Öffentlichkeit übergeben wurde, wollte vor allem die Voraussetzungen dafür schaffen, daß das Gewohnheitsrecht, insbesondere des Verwaltungsverfahrensrechts, in Gesetzesform gefaßt werden könne. Er geht in § 30 Abs. 1 von einer generellen Begründungspflicht für schriftliche Verwaltungsakte aus, läßt aber in Abs. 2 gewisse Ausnahmen zu. Mit geringen Änderungen ist dieser Entwurf von der Bundesregierung als Regierungsentwurf eines Bundesverwaltungsverfahrensgesetzes übernommen und im Gesetzgebungsverfahren dem Bundesrat[51] zugeleitet und sodann beim Bundestag[52] eingebracht worden.

d) Zusammenfassung

Für das Verwaltungsrecht der BRD läßt sich damit zusammenfassend feststellen, daß der Grundsatz der Begründungspflicht für Verwaltungsakte im Prinzip anerkannt ist. Dagegen enthalten auch hier die Bestimmungen mit normativem Charakter grundsätzlich keine Begründung als Bestandteil ihrer selbst[53].

---

[51] BR Ds. 269/70.

[52] BT Ds. VI 1173.

[53] Nach § 9 Abs. 4 BBauG ist dem Bebauungsplan, der als Satzung erlassen wird und damit Rechtssatzcharakter hat, eine Begründung beizufügen. Diese Begründung ist, wie sich aus den §§ 2 Abs. 4 S. 1 sowie 12 S. 1 und insbesondere S. 3 ergibt, nicht rechtsverbindlich und damit nicht Teil des Planes im engeren Sinn. Da der Bebauungsplan aber ohne Begründung unvollständig ist, läßt sich die Begründung als Teil des Bebauungsplanes in einem weiteren Sinn verstehen, deren Unzulänglichkeit zur Unwirksamkeit des Bebauungsplanes führen kann; s. hierzu auch u. Teil C IV § 1 2 g) aa). Ähnlich *Schrödter*, „Bundesbaugesetz", 1964 Berlin und Frankfurt/Main Rdnr. 23 zu § 9 und *Zinkahn-Bielenberg* Anm. 92 zu § 9, letzterer allerdings ohne hieraus die Konsequenzen zu ziehen; a. A. *Grauvogel* IV 2 b) zu § 9, dessen Argumentation mit dem Wortlaut „beifügen" weder eindeutig noch allein für die gegenteilige Meinung ausreichend ist; VGH Kassel Beschluß vom 15. 3. 1968 in DVBl. 1968, 950.

§ 2 Mitgliedstaatliche Rechtsordnungen mit weniger weitgehender Anerkennung der Begründungspflicht für Verwaltungsmaßnahmen

Anders sieht man die Frage der Begründungspflicht im Bereich des italienischen und des französischen Verwaltungsrechts. Dem letzteren stehen das belgische und luxemburgische Recht sehr nahe, so daß bei diesen eine knappere Darstellung angemessen scheint.

1. Das belgische Verwaltungsrecht

In Belgien legte 1957 Senator Neybergh dem Senat einen von ihm erarbeiteten Gesetzesentwurf[54] vor, der weitgehend allein der Frage der Begründungspflicht bei Verwaltungsverfügungen gewidmet war. In Art. 1 zählte dieser Entwurf[55] enumerativ die Akte der Verwaltungsbehörden auf, die einer Begründungspflicht unterliegen sollten. Damit scheint der Entwurf, der als Grundlage die Handhabung der Begründungspflicht in der Rechtsprechung in Anspruch nahm, von einer allgemeinen Begründungspflicht noch weit entfernt zu sein. Jedoch hätte schon durch Art. 1 Nr. 4 (der im wesentlichen dem § 73 Abs. 3 VwGO im deutschen Recht entspricht) sowie Nr. 9 (Maßnahmen, die die Ausübung eines Rechts behindern) und Nr. 10 (Maßnahmen, die geeignet sind, Rechte des Adressaten zu verletzen) der wesentliche Teil der Verwaltungsakte der Begründungspflicht unterlegen, so daß der Entwurf möglicherweise das auslösende Element einer allgemeinen Begründungspflicht gewesen wäre.

Wenn auch Rechtsprechung[56] und Literatur[57] einer weitgehenden Begründungspflicht für Verwaltungsverfügungen nicht ablehnend gegenüberstehen, und man zum Teil sogar eine Tendenz feststellen zu können glaubt, die aus Gründen der rechtlichen Kontrollierbarkeit der Verwaltungsentscheidungen deren Begründung auch ohne gesetzliche Begründungspflicht für unumgänglich hält[58], so kann gegenwärtig doch nicht vom Bestehen eines entsprechenden allgemeinen Rechtsgrundsatzes ausgegangen werden. Darüber hinaus wäre die Begründungspflicht für Verordnungen auch für das belgische Recht ein völliges Novum.

Wird im Einzelfall eine Begründung durch eine gesetzliche Bestimmung ausdrücklich gefordert[59], wird die Erfüllung der Begründungs-

---

[54] s. *Ule*, Ausland, S. 117.

[55] Infolge der Parlamentsauflösung im Jahre 1958 hätte der Entwurf erneut eingebracht werden müssen, was aber nicht geschah.

[56] Wie schon der Gesetzentwurf Neybergh zeigte; CE 30. 6. 1961 „Charbonnage du Gosson"; CE 16. 12. 1955 „Moris Seltzer-L'Elan", R. J. D. A. 1956, 185; vgl. auch *Buch* S. 100; *Wigny* S.151 (Nr. 193).

[57] *Mast* S. 370; *Wigny* S. 151; interessant sind auch die Ergebnisse der „Table Ronde", die hinsichtlich des Umfangs der zu begründenden Maßnahmen über den Entwurf Neybergh hinausgehen, s. *Buch* S. 113.

[58] So *Wigny* S. 151 (Nr. 193).

[59] s. z. B. Art. 86 f. des Loi communale.

pflicht von der Rechtsprechung eingehend geprüft. Globale Bewertungen oder allgemeine Floskeln werden ebenso als der Begründungspflicht inadäquat abgelehnt wie eine bloße Wiedergabe des Gesetzestextes, da sie das Vorliegen der gesetzlichen Tatbestandsmerkmale im Einzelfall nicht erkennen lassen. Eine fehlende oder unzulängliche Begründung wird als excès de pouvoir angesehen, der die Verwaltungsentscheidung aufhebbar macht, selbst wenn die erforderlichen, aber in der Begründung nicht zum Ausdruck kommenden Erwägungen tatsächlich vorgenommen wurden[60].

2. Das luxemburgische Verwaltungsrecht

Auch im luxemburgischen Recht sind die actes administratifs[61] bestimmten Formerfordernissen unterworfen. Eine allgemeine Begründungspflicht besteht jedoch weder für Entscheidungen der Verwaltung noch für Rechtsverordnungen. Wenn eine Verwaltungsentscheidung einem Begründungszwang unterliegt, so ergibt sich dies üblicherweise ausdrücklich aus einem Gesetz oder einer Rechtsverordnung[62].

3. Das französische Verwaltungsrecht

a) Fälle einer Begründungspflicht im französischen Verwaltungsrecht

Das französische Verwaltungsrecht kennt keine generelle Pflicht der Verwaltungsbehörden, ihre actes administratifs mit Gründen zu versehen[63]. Der Grundsatz, daß actes administratifs im allgemeinen nicht zu begründen sind, wird jedoch durch verschiedene Ausnahmen eingeschränkt. So kann sich eine Begründungspflicht daraus ergeben, daß

- ein Gesetz oder eine Rechtsverordnung die Begründung fordert, was nicht selten der Fall ist[64],
- allgemeine Rechtsgrundsätze eine Begründung fordern[65],
- die Natur der Sache eine Begründung unerläßlich macht, wie in den Fällen, wo die Begründung das einzige Mittel für den Richter ist, die Rechtmäßigkeit der Maßnahme überprüfen zu können[66], oder
- wenn die Verwaltung eine quasi-gerichtliche Entscheidung trifft[67].

---

[60] Vgl. *Wigny* S. 151 mit Hinweisen auf die Rechtsprechung.

[61] Entsprechend dem französischen Verwaltungsrecht umfaßt dieser Begriff sowohl die décisions wie die règlements.

[62] *Bonn*, a.a.O., S. 154.

[63] *Auby-Drago* Bd. II S. 588, Nr. 1086; *Waline* S. 336 Nr. 625; *Odent* S. 1141; *de Laubadère* S. 254 Nr. 455; *Fromont*, Rechtsschutz, S. 248; *Debbasch* S. 259; *Isaac* S. 553, 557, 560; *Gaudenzi* S. 421 Fn. 52; *Mono* S. 95.

[64] Beispiele bei *Isaac* S. 560 Fn. 27.

[65] *Waline* S. 336 Nr. 625; *Auby-Drago* Bd. II S. 584, 585, Nr. 1080; *Fromont* EuR 1969, 210; *Debbasch* S. 259 (z. B. das Recht auf Verteidigung bei Sanktionen der Verwaltung); *Lanz* S. 133 (bei besonders weitreichenden Verfügungen).

[66] *Auby-Drago* Bd. II S. 589 mit Beispielen; *de Laubadère* S. 254 Nr. 455 mit Hinweis auf die Rechtsprechung; *Isaac* S. 562.

[67] z. B. Entscheidungen der Flurbereinigungskommission (commissions de remembrement rural), vgl. *Fromont*, Rechtsschutz S. 248.

b) Gründe für das Fehlen einer generellen Begründungspflicht

Wenn der *Conseil d'Etat* in konstanter Rechtsprechung[68] nicht gewagt hat, von der Verwaltung generell eine Begründung ihrer Entscheidungen zu verlangen und diese Rechtsprechung vom Schrifttum weitgehend hingenommen wurde[69], so waren hierfür folgende Überlegungen maßgebend[70]:

aa) Rechtsschutzinteresse der Adressaten

Auf der einen Seite wird nicht verkannt, daß die Begründung einer Entscheidung dem Betroffenen die tatsächlichen und rechtlichen Grundlagen der getroffenen Maßnahme nahebringen soll, um ihm die Prüfung zu ermöglichen, ob diese auch zutreffend sind. Für die Begründungspflicht wird demnach vorwiegend das Interesse des Betroffenen an der Wahrung seiner Rechte vorgebracht.

bb) Interesse am guten Funktionieren der Verwaltung

Auf der anderen Seite finden die Interessen der Verwaltung bzw. das Interesse am guten Funktionieren der Verwaltung starke Fürsprache. In Anbetracht der schon bestehenden Schwerfälligkeit der Verwaltung wird befürchtet, daß eine allgemeine Begründungspflicht diesen Zustand noch verschlimmern würde. Es wird deshalb sogar die Hoffnung ausgesprochen, daß die Rechtsprechung nicht unbarmherzig jede Verwaltungsentscheidung annulliert, in der nicht alle gesetzlichen Formvorschriften beachtet sind[71].

Zu dieser Auffassung im Schrifttum kommt noch ein gewisses Unbehagen der Rechtsprechung hinzu, aus rein formellen Gründen eine Entscheidung zu annullieren[72].

cc) Kompromißlösung der Rechtsprechung

Die Rechtsprechung suchte nun zwischen diesen beiden Klippen hindurch einen Weg zu finden, ohne sich zugunsten der einen oder anderen Seite festlegen zu müssen. Bei dieser von ihr eingenommenen Position würde sich durch die Forderung einer allgemeinen Begründungspflicht die Waagschale eindeutig auf die Seite der Individualinteressen neigen.

---

[68] Vgl. die Darstellung bei *Waline* S. 336 Nr. 625.

[69] Bedauernd z. B. *Debbasch* S. 259; häufige Kritik an dieser Rspr. stellt *Fromont*, Rechtsschutz, S. 249 fest. Keinen Grund zur Beibehaltung dieses Grundsatzes sieht *Isaac* S. 557, der entschieden für eine allgemeine Begründungspflicht eintritt, a.a.O. S. 560, 562.

[70] *Odent* S. 1141; *Waline* S. 334 Nr. 620 f.; *Lanz* S. 131; *Isaac* S. 556.

[71] *Waline* S. 334 Nr. 620; auch *Lanz* S. 131 weist auf die damit ausgesprochene Ausnahme vom Grundsatz der Gesetzmäßigkeit der Verwaltung hin.

[72] *Auby-Drago* Bd. II S. 584 Nr. 1080.

Ohne zu verkennen, daß damit zwangsläufig eine bestimmte Unsicherheit nicht vermieden werden kann, sieht die Rechtsprechung einen Weg darin, daß sie die Bedeutung einer Formvorschrift jeweils von den Umständen des Einzelfalls abhängig macht, sofern die Rechtsfolge ihrer Verletzung nicht zwingend vorgeschrieben ist[73]. Zum Verständnis dieser Auffassung muß noch die im Verhältnis zum deutschen Recht grundsätzlich strengere Handhabung des Gewaltenteilungsprinzips im französischen Recht[74] Erwähnung finden, wobei die Selbständigkeit und Eigenständigkeit der Verwaltung einerseits gerade auch von der Rechtsprechung betont wird, diese jedoch andererseits im Verfahren mit pleine juridiction auch die Möglichkeit hat, rechtmäßige Ermessungsmaßnahmen zu ändern.

c) Zusammenfassung

Wie im luxemburgischen und belgischen Verwaltungsrecht unterliegen auch nach französischem Verwaltungsrecht die actes administratifs keiner allgemeinen Begründungspflicht. Die Frage der allgemeinen Begründungspflicht findet jedoch in der Rechtsprechung wie im Schrifttum keine geringe Beachtung.

4. Das italienische Verwaltungsrecht

Auch im italienischen Verwaltungsrecht ist die Frage der Begründungspflicht für Maßnahmen der Verwaltung umstritten. Zum Teil wird die Begründungspflicht als Charakteristikum einer Verwaltungsentscheidung angesehen[75], andere Stimmen wiederum betonen ausdrücklich die Inexistenz einer allgemeinen Begründungspflicht[76]. Eine differenzierende Betrachtung wird dem gegenwärtigen Meinungsstand wohl am ehesten gerecht.

a) Gegensätzliche Auffassungen in der Literatur

Auszugehen ist dabei vom grundsätzlichen Fehlen einer allgemeinen Begründungspflicht. Diesem Grundsatz wird jedoch nahezu der prinzipielle Charakter genommen: Abgesehen von den Fällen der gesetzlich ausdrücklich vorgeschriebenen Begründungspflicht besteht eine

---

[73] *Auby-Drago* Bd. II S. 585; *Lanz* S. 135. Dieser Weg der Rechtsprechung muß allerdings nicht als unabänderlich betrachtet werden[69].

[74] So kennt dieses z. B. keine Verpflichtungsklage, verweist vielmehr den Betroffenen auf einen Schadensersatzprozeß, wenn sich die Verwaltung nicht urteilsgemäß verhält.

[75] *Rivalta* S. 152, 185, 190, 197 sowie S. 157 ff.; *NN* bei *Quadri u. a.* Anm. 1 zu Art. 190.

[76] *Vitta* S. 432; *Benvenuti* S. 168; *Gaudenzi* S. 421 Fn. 52; s. außerdem *Rivalta* S. 157 ff.

umfangreiche Kasuistik von Maßnahmen oder Gruppen von Verwaltungsentscheidungen, die der Begründungspflicht unterworfen werden[77]. Die weitestgehende dieser Gruppen besteht in den Akten, die ihrer Natur nach eine Begründung erfordern[78]. Hierunter sollen im wesentlichen die Akte fallen, die Individualrechte einschränken oder allgemein ablehnende oder belastende Verwaltungsentscheidungen. Auch Ermessensakte werden grundsätzlich als begründungspflichtige Maßnahmen angesehen[79], wobei jedoch dann Einschränkungen gemacht werden, wenn der Verwaltung in ihrer Entscheidung keine Grenzen gesetzt sind[80], bzw. wenn der Akt keiner Kontrolle unterworfen ist[81].

b) Die Begründungspflicht in der Rechtsprechung

Die Rechtsprechung hatte mit Ausnahme von Ermessensakten vorübergehend die grundsätzliche Begründungspflicht für Verwaltungsentscheidungen anerkannt, hat jedoch diesen Standpunkt wieder aufgegeben[82].

Auffallend ist, daß im italienischen Recht neben dem Rechtsschutzinteresse als Argument für die Begründungspflicht mehr als in den übrigen Mitgliedstaaten die Garantie für das gute und korrekte Funktionieren der Verwaltung herausgestellt wird[83].

c) Der Entwurf eines allgemeinen Verwaltungsverfahrensgesetzes

Ebenso wie in Deutschland liegt auch in Italien seit 1963 ein Entwurf eines allgemeinen Verwaltungsverfahrensgesetzes vor, der in weiten Teilen auf die bisherige Rechtsprechung gestützt ist. Art. 34 dieses Entwurfs[84] faßt in etwa die eben geschilderte Situation der Frage der Begründung von Verwaltungsentscheidungen zusammen, indem er in Abs. 1 eine Begründungspflicht für die Fälle und in dem Umfang bestimmt, die das Gesetz oder die Art der Verwaltungsentscheidung vorschreibt. Abs. 2 lautet:

---

77 Vgl. z. B. *Sandulli* S. 386; *Vitta* S. 432.

78 *Benvenuti* S. 168; *Vitta* S. 433; *Rivalta* S. 157 ff., 190, 199; *Luther* S. 149.

79 *Mortati* S. 241; *Vitta* S. 433; *Rivalta* S. 161, 188, 190, 199; a. A. weitgehend die Rspr., vgl. die Zusammenstellung bei *Rivalta* S. 199 ff.

80 *Sandulli* S. 386; *Rivalta* S. 190, 191, nach der unter diese Ausnahme aber lediglich politische Akte fallen.

81 *Vitta* S. 432, der jedoch darauf hinweist, daß diese Einschränkung angesichts des Art. 113 der italienischen Verfassung, nach welchem alle Maßnahmen kontrollierbar sind, heute kaum mehr Bedeutung hat. s. auch *Benvenuti* S. 170.

82 s. *Vitta* S. 432 Fn. 3 mit Zitaten; *Rivalta* S. 165, 188, 198 ff. konnte die neueren Entscheidungen nicht mehr berücksichtigen.

83 *Benvenuti* S. 170; *NN* bei *Quadri u. a.* Anm. 1 zu Art. 190.

84 Abgedruckt bei *Ule*, Ausland, S. 186.

Zu begründen sind insbesondere stets die Akte, mit denen Anträge abgelehnt werden, über die die Verwaltung entscheiden muß, sowie die Akte, die in irgendeiner Weise den Freiheits- und Rechtsbereich der Bürger einschränken. Das Gesetz kann nur in Ausnahmefällen die Begründungspflicht ausschließen oder bestimmen, daß die Gründe für den Erlaß des Aktes nur ganz allgemein angegeben werden."

Damit würde der Bereich der belastenden Verwaltungsentscheidungen erfaßt werden, was dem Gesichtspunkt der Rechtsverteidigung Rechnung trägt.

d) Begründungspflicht bei normativen Akten

Was die Begründung normativer Akte betrifft, so wird auch in Italien eine Begründungspflicht als inexistent angesehen[85]. Eine Begründungspflicht wird zum Teil aber in den Grenzen als wünschenswert betrachtet, in denen Normen Ermessensakten gleichen[86]. Dabei wird insbesondere die durch die Begründung verbesserte Möglichkeit herausgestellt, die Übereinstimmung mit den Intentionen der jeweils übergeordneten Norm zu prüfen sowie allgemein Fehler bei der Willensbildung des normsetzenden Organs zu ermitteln. Daneben wird auf die Verbesserung der Auslegungsmöglichkeit hingewiesen.

e) Im *Ergebnis* kann folglich auch im italienischen Recht von einem allgemeinen Rechtsgrundsatz, der die Begründung von Verwaltungsentscheidungen wie normativen Akten fordert, nicht die Rede sein, jedoch sind die Ausnahmen von der grundsätzlichen Freiheit von der Begründungspflicht recht weit gefaßt.

§ 3 Bedeutung der Behandlung der Begründungspflicht in den Mitgliedstaaten für das Recht der Europäischen Gemeinschaften

1. Vergleichende Gegenüberstellung der Regelung der Frage der Begründungspflicht in den Mitgliedstaaten

Ausgehend von der Suche nach Anhaltspunkten zur Konkretisierung der nach den europäischen Gemeinschaftsverträgen erforderlichen Begründungspflicht läßt sich am Ende der kurzen Untersuchung der Handhabung dieser Frage in den mitgliedstaatlichen Rechtsordnungen feststellen, daß den vorgefundenen Regelungen in den Mitgliedstaaten jedenfalls kein zur Ergänzung des europäischen Rechts heranziehbarer Rechtsquellencharakter zukommen kann[87]. Zu uneinheitlich wird die Frage der Begründungspflicht in den einzelnen Rechtsordnungen be-

---

[85] *Crisafulli* S. 426, 436 ff., 439; *Benvenuti* S. 168; s. auch *Rivalta* S. 178 Fn. 40.

[86] *Mortati* S. 241; *NN* bei *Quadri u. a.* Anm. 1 zu Art. 190; a. A. *Rivalta* S. 178 Fn. 40

[87] Vgl. o. Fn. 27.

handelt. Von der grundsätzlichen Ablehnung einer Begründungspflicht für Verwaltungsentscheidungen in Frankreich, Luxemburg, Belgien und Italien mit unterschiedlich umfangreichen Einschränkungen über die weitgehende Anerkennung einer Begründungspflicht in den Niederlanden bis hin zur grundsätzlichen Anerkennung der Begründungspflicht für Verwaltungsakte in Deutschland erstreckt sich der Rahmen der Auffassungen und Meinungen zu dieser Frage. Wenn sich auch wegen der zum Teil recht weitreichenden Zugeständnisse im Ergebnis die Standpunkte der einzelnen Rechtsordnungen doch näherkommen, als es dem grundsätzlichen Ausgangspunkt nach der Fall zu sein scheint, kann doch von einem gemeinsamen, allgemeinen Rechtsgrundsatz keine Rede sein.

Grundsätzliche Übereinstimmung in den Rechtsordnungen der Mitgliedstaaten besteht nur hinsichtlich der fehlenden Existenz einer generellen Begründungspflicht für normative Bestimmungen[88].

2. Eingeschränkte Verwertbarkeit der Behandlung der Begründungspflicht in den Mitgliedstaaten für das Recht der Europäischen Gemeinschaften

Dennoch ist damit der Blick auf die nationalen Rechtsordnungen nicht zur Bedeutungslosigkeit verurteilt. Auch in den Mitgliedstaaten, in denen eine allgemeine Begründungspflicht abgelehnt wird, sind bestimmte Arten von Verwaltungsmaßnahmen vorhanden, die dem Begründungszwang unterliegen. Auch in diesen Staaten ist daher die Frage der Begründung, insbesondere soweit es Inhalt und Umfang einer erforderlichen Begründung betrifft, nicht unbekannt.

Schon aus diesem Grund dürfte es angebracht sein, bei der Suche und Darstellung von Grundsätzen der europarechtlichen Begründungspflicht einen Blick auf die nationalen Rechtsordnungen nicht zu scheuen und dort Anhaltspunkte bei der Lösung von Einzelfragen zu suchen sowie die Handhabung in den einzelnen Rechtsordnungen bei der Überprüfung der erarbeiteten Ergebnisse mit in Betracht zu ziehen. Der anstehende Fragenkreis betrifft zudem weitgehend allgemeine Probleme des Verwaltungsrechts, die im europäischen wie im nationalen Recht gleichermaßen anzutreffen sind. Sicherlich darf bei einer so gearteten Berücksichtigung des nationalen Rechts die Zielsetzung und Eigenständigkeit der Gemeinschaftsverträge nicht aus dem Auge gelassen werden.

---

[88] Erläuternde Begründungen etwa im Sinne der Gesetzesbegründungen, die nicht Bestandteil der Norm im weiteren Sinn sind (s. dazu u. C IV § 1 2 g) aa)), müssen außer Betracht bleiben.

VI. Die Vereinbarung einer generellen Begründungspflicht für Maßnahmen der Organe der Europäischen Gemeinschaften

1. Die rechtsstaatliche Grundlage der Begründungspflicht als Komplex

Trotz der Disharmonie in der Frage der grundsätzlichen Begründungspflicht ist in allen Mitgliedstaaten unbestritten, daß rechtsstaatliche Prinzipien und insbesondere die Garantie eines effektiven Rechtsschutzes für die Forderung einer generellen Begründungspflicht sprechen. Gerade aus diesem Grund sind bestimmte Arten von Verwaltungsentscheidungen in allen Mitgliedstaaten zu begründen. Wenn dennoch nicht überall die grundsätzliche Begründungspflicht für Verwaltungsmaßnahmen anerkannt wird, so spricht das keineswegs gegen den zweifellos vorhandenen rechtsstaatlichen Charakter der betreffenden Rechtsordnungen, vielmehr liegt dieser Entscheidung eine Abwägung zugrunde, die auf der komplexen Natur des Rechtsstaatsgedankens basiert.

Die Rechtsschutzgarantie durch unabhängige Gerichte stellt nur eine Komponente der Rechtsstaatlichkeit dar, wie sie in den Demokratien der Mitgliedstaaten verstanden wird. Da bei diesem Verständnis vom bürgerlichen Rechtsstaat auszugehen ist, der unter dem Einfluß liberaler und konstitutioneller Ideen als Begriff konturiert wurde, muß allerdings dem Schutz des Individuums besondere Bedeutung beigemessen werden[89].

2. Unterschiedliche Akzentuierung rechtsstaatlicher Komponenten

Wenn sich dennoch gegenüber diesen Überlegungen die Furcht vor einer nicht ausreichend schlagkräftigen Verwaltung zu Lasten einer grundsätzlichen Begründungspflicht in einigen Mitgliedstaaten durchzusetzen vermochte, so waren hierfür verschiedene Gesichtspunkte maßgebend.

a) Funktionsfähige Verwaltung und Gewaltenteilung

Einerseits wurde dem Interesse an einer schnellen, gut funktionierenden Verwaltung dort nicht der Vorzug gegeben, wo man das Fehlen einer Begründung wegen der Natur der Verwaltungsmaßnahme nicht für tragbar hielt. Andererseits liegt eine möglichst rasch handelnde Verwaltung durchaus auch im Interesse der Individuen.

Des weiteren dürfte die unterschiedliche Handhabung des Gewaltenteilungsprinzips nicht ohne Einfluß auf den Umfang der zu begründenden Verwaltungsmaßnahmen sein: Wenn auch angesichts einer fehlenden gesetzlichen Fixierung des Verwaltungsverfahrens die Entwicklung

---

[89] Vgl. *Fuß*, Rechtsstaatsgedanke, S. 14.

bestimmter Grundsätze durch die Rechtsprechung nicht als unzulässige Vermischung gesetzgeberischer und richterlicher Funktionen angesehen werden kann, wird doch der Richter sich um so mehr der Forderung an die Verwaltung zum Gebrauch bestimmter Formen für das Verwaltungshandeln enthalten, je weniger ein Übergreifen der einen Gewalt in den Bereich einer anderen als mit dem Gewaltenteilungsprinzip vereinbar angesehen wird[90].

b) Erforderlichkeit eines Kompromisses

Die Frage, in welchem Umfang eine Begründungspflicht für das Verwaltungshandeln verlangt werden soll, stellt sich demnach als Ergebnis einer Abwägung dar. Hierbei dürfte der Rechtsschutzkomponente zumindest so lange der Vorzug zu geben sein, als die aus ihr sich ergebenden Anforderungen an die Ausgestaltung der einzelnen Maßnahmen die Verwaltung nicht ungebührlich belastet, so lange die geforderten Formerfordernisse den geordneten Ablauf der Verwaltung nicht behindern. Wohl von dieser Grundlage aus wird man sich in einigen Mitgliedstaaten zu dem Kompromiß der grundsätzlichen Ablehnung einer Begründungspflicht mit zahlreichen Ausnahmen entschlossen haben.

3. Gründe für die Vereinbarung einer generellen Begründungspflicht für Maßnahmen nach den Europäischen Gemeinschaftsverträgen

Wenn demgegenüber auch diese Staaten dem Verlangen einer grundsätzlichen Begründungspflicht in den europäischen Gemeinschaftsverträgen zugestimmt haben, so kann dies weder das Ergebnis eines mehr oder weniger mühseligen Kompromisses gewesen sein, wobei der Mangel der Übereinstimmung durch eine unklare oder ungenügend ausgestaltete Abfassung verdeckt werden sollte[91], noch kann der Rechtsschutzgedanke allein die sich in der Mehrzahl befindlichen Staaten ohne Anerkennung einer grundsätzlichen Begründungspflicht dazu bewogen haben, verbindliche und zum Teil auch unverbindliche Maßnahmen der europäischen Gemeinschaftsorgane der generellen Begründungspflicht zu unterwerfen.

a) Teilübereinstimmung der gemeinschaftsrechtlichen Begründungspflicht mit der Begründungspflicht in den mitgliedstaatlichen Rechtsordnungen

Soweit es belastende (individuelle) Entscheidungen betrifft, stellt die Begründungspflicht in den europäischen Gemeinschaftsverträgen auch

---

[90] Vgl. z. B. o. V § 2 3. b).

[91] GA *Lagrange* RsprGH 2, 267. Bezüglich des Bestehens der grundsätzlichen Begründungspflicht sind die Vertragstexte eindeutig

für die Rechtsordnungen dieser Staaten keine generelle Neuerung dar[92]. Im übrigen dürften[93] verschiedene Aspekte zu der bestehenden Begründungspflicht geführt haben.

b) Zunehmende Befürwortung einer generellen Begründungspflicht in den Mitgliedstaaten

Zunächst melden sich zunehmend in den Staaten ohne grundsätzliche Begründungspflicht Stimmen[94], die sich für eine generell erforderliche Begründung bei Verwaltungsentscheidungen aussprechen. Auch geht die Tendenz in diesen Staaten in Richtung einer Ausweitung der Fälle einer ausdrücklich normierten Begründungspflicht. Schon angesichts dieser Entwicklung wäre es unangebracht gewesen, für die in die Zukunft weisenden Gemeinschaftsverträge der wachsenden Bedeutung der Begründungspflicht nicht Rechnung zu tragen.

c) Die Begründungspflicht als Korrektiv für Kompetenzbeschränkungen

Neben den anschließend zu untersuchenden Zwecken der Begründungspflicht dürfte noch eine weitere Überlegung nicht ohne Einfluß auf die Befürwortung einer grundsätzlichen Begründungspflicht gewesen sein.

Die Gemeinschaftsverträge stellen zwar keinen „Einbruch in die Souveränität der Mitgliedstaaten" bei deren heutigem Verständnis dar[95], da den Gemeinschaften keine ausschließlichen oder alternativkonkurrierenden, sondern nur kumulativkonkurrierende Kompetenzen zustehen[96].

Ob man nun von dieser Grundlage aus die Auffassung vertritt, die Kompetenzen der Mitgliedstaaten seien *hinsichtlich ihrer Ausübung*

---

[92] s. o. bei Fn. 55 - 60 und 70.

[93] Materialien über die die Vertragsschlüsse vorbereitenden Verhandlungen wurden nicht veröffentlicht.

[94] s. Fn. 62 und 67.

[95] Zu diesem Fragenkreis s. *Zuleeg* KSE Bd. 9 S. 15 ff. und *Wagner* KSE Bd. 5 S. 48 ff. mit umfangreichen Nachweisen.

[96] Überzeugend *Grabitz* S. 60 ff. (67 ff.), 70; *Wagner* KSE Bd. 5 S. 350 - 355, jeweils unter Darlegung des Streitstandes; *Zuleeg* KSE Bd. 9 S. 90, 127. Der EuGH (z. B. RsprGH 12, 1268 ff.) hat zu dieser Frage im Sinne einer Kompetenzsperre für die Mitgliedstaaten Stellung genommen; ebenso *Wieacker* KSE Bd. 1 S. 491; Gert *Meier* EuR 1970, 327 f.; s. auch RsprGH 16, 80 und 16, 459 sowie den Gesamtüberblick bei *Daig* EuR 1970, 12 ff. *Pescatore* (Eur 1970, 307 f.) spricht von einem Kompetenzvorrang des Gemeinschaftsrechts; ebenso BVerfGE 31, 145; von einem Kompetenzverlust der Mitgliedstaaten spricht der Ls. 1 der zuletzt zit. Entscheidungen des EuGH, s. RsprGH 16, 69 und 16, 451. — Zu den verschiedenen Meinungen und Theorien s. *Zuleeg* KSE Bd. 9 S. 15 ff. (17), 61 ff. und *Grabitz* S. 60 ff. jeweils unter Darlegung der umfangreichen Literatur.

durch Kollisionsnormen der Gemeinschaftsverträge für das primäre wie das sekundäre Gemeinschaftsrecht[97] freiwillig eingeschränkt worden, was sich zwar als Kompetenzverlust auswirke, aber kein solcher sei[98], oder ob man der Auffassung ist, eine Kompetenz, auf deren Ausübung man verzichtet habe, sei kein rechtliches Können mehr, wenn die Folge der pflichtwidrigen Ausübung die Nichtigkeit oder zumindest die Unanwendbarkeit des rechtlichen Handelns sei[99] und deshalb zu dem Ergebnis kommt, die Mitgliedstaaten seien lediglich obligatorisch an das Gemeinschaftsrecht gebunden[100], in jedem Fall ist die Gemeinschaftskompetenz von den Mitgliedstaaten bei der innerstaatlichen Machtausübung zu beachten.

Diese Beschränkung der Mitgliedstaaten in der „rechtlich erheblichen Macht zu rechtlich erheblichem Verhalten“[101] wird auch dazu beigetragen haben, daß diese als gewisses Korrektiv von den Gemeinschaftsorganen die Darlegung der zu einer Maßnahme führenden Beweggründe verlangen, um die Wahrung und Einhaltung der eingeräumten Befugnisse besser einer Kontrolle unterziehen zu können[102]. Denn teils sind die Mitgliedstaaten selbst Adressat der Maßnahmen, teils obliegt ihnen die Ausführung und Erreichung bestimmter, von

---

[97] Als solche können Art. 86 Abs. 2 EGKSV, Art. 5 Abs. 2 EWGV, Art. 192 Abs. 2 EAGV sowie Art. 14 EGKSV, Art. 189 EWGV, Art. 161 EAGV angesehen werden; s. aber u. Fn. 100. Wenn *Zuleeg* KSE Bd. 9 S. 126 f. und S. 156 Art. 14 EGKSV als positiv-rechtlichen Ausdruck einer Kollisionsregelung ablehnt, da diese Norm die seiner Meinung nach entscheidende Festlegung der unmittelbaren Geltung nicht enthalte, so ist dem dem Wortlaut nach zuzustimmen. Da der Begriff der Entscheidung in Art. 14 EGKSV aber sowohl individuelle als auch allgemeine Entscheidungen umfaßt, ergibt sich aus dieser gemeinsamen Regelung, daß die Festlegung der unmittelbaren Geltung in jedem Mitgliedstaat für Entscheidungen schlechthin nicht zu treffen war. Hinsichtlich der allgemeinen Entscheidungen im besonderen besteht insofern eine Lücke. Eine den Art. 189 Abs. 2 EWGV, 161 Abs. 2 EAGV entsprechende Interpretation des Art. 14 EGKSV — soweit es allgemeine Entscheidungen betrifft — dürfte aber sachgemäß sein, zumal auch bisher die unmittelbare Geltung allgemeiner Entscheidungen der EGKS in den Mitgliedstaaten nicht bestritten wurde und ständiger Praxis entspricht, worauf *Zuleeg* S. 16 selbst hinweist. Art. 15 Abs. 3 EGKSV dürfte mit der Regelung des Zeitpunkts der Anwendbarkeit allgemeiner Entscheidungen deren unmittelbare Anwendbarkeit für die Beteiligten (Art. 15 Abs. 2 EGKSV) voraussetzen.

[98] So *Grabitz* S. 60 ff. (63), 70, 89 ff., 111 f.; zustimmend *Suy*, Österreichische Zeitschrift für öffentliches Recht 1970, 437.

[99] In diesem Sinn *Zuleeg* KSE Bd. 9 S. 128 m. w. N., 135, 155; *Daig* EuR 1970, 20 ff.; *Constantinesco* S. 22, 56 f.; Gert *Meier* EuR 1970, 329; *Pescatore*, Revue trim. de droit européen 1969, 700, 722 = EuR 1970, 57, 78.

[100] Die „obligatorische Regelung“ wird insbesondere von *Wagner* KSE Bd. 5 S. 350 ff. m. w. N. und *Emrich* S. 46 ff. befürwortet; dagegen *Grabitz* EuR 1969, 363 ff.

[101] *Wolff*, H. J., Theorie der Vertretung, 1934, S. 275.

[102] *Bebr*, Control, S. 84; *Bülow* AWD 1963, 278; *Steindorff*, Rechtsschutz, S. 73; *Wieacker* KSE Bd. 1, 491.

einem Gemeinschaftsorgan nach Maßgabe der Verträge festgelegter Ziele, zum Teil treten die Maßnahmen der Gemeinschaftsorgane an die Stelle der sonst von ihren staatlichen Organen erlassenen Maßnahmen.

Ohne die Aufgabe des Gerichtshofs zu verkennen, läßt sich hieraus ein berechtigtes Interesse der Mitgliedstaaten feststellen, auch ohne Klage die Handhabung der eingeräumten Befugnisse verfolgen zu können[103], was effektiv nur bei Offenlegung der Motive durch das handelnde Organ geschehen kann.

Aber auch dem erforderlichen Schutzbedürfnis der von einer Maßnahme der Gemeinschaftsorgane betroffenen Individuen wird neben anderem durch das Erfordernis einer obligatorischen Begründung Rechnung getragen, wie die Untersuchung der mit der Begründungspflicht verfolgten Zwecke nun zeigen wird.

---

[103] Vgl. *Gaudenzi* S. 423.

TEIL B

Das Zweckverständnis der Begründungspflicht

I. Die rechtsstaatliche Basis der Begründungspflicht

Die Funktion der Begründungspflicht läßt sich in aufgegliederten Einzelzwecken darstellen; ihr gemeinsamer Nenner ist der Rechtsstaatsgedanke. Eine weitere Unterteilung kann man in solche Zwecke vornehmen, die aus den nationalen Rechtsordnungen bekannt sind, und solche, die mehr spezifisch gemeinschaftsrechtliche Züge tragen.

Bei globaler Betrachtung lassen sich die mit der Begründungspflicht verfolgten Zwecke in zwei Grundfunktionen zusammenfassen; die erläuternde Wirkung und die Kontrollwirkung der Begründung. Diese beiden Grundfunktionen sind jedoch teilweise vermengt und treten auch bei den Einzelzwecken im allgemeinen nicht isoliert auf. Besonders deutlich zeigt sich diese Vermengung bei der generellen Grundlage der Begründungspflicht, dem Rechtsstaatsgedanken. Dieser erfordert wegen der im Verhältnis zu den Mitgliedstaaten unterschiedlichen konstitutionellen Struktur der Gemeinschaften ein etwas differierendes, dieser Eigenart Rechnung tragendes Verständnis.

1. Die verschiedenen angesprochenen Komponenten des Rechtsstaatsgedankens

Der rechtsstaatliche Kern der Begründungspflicht wird häufig durch Formulierungen zum Ausdruck gebracht wie: Die Verpflichtung zur Begründung sei ein Erfordernis des Rechtsstaatsprinzips, da sonst ein „Odium der Willkür“ entstehen könne[1], eine Darstellung, die in der Rechtsprechung auch durch die Generalanwälte *Lagrange*[2] und *Roemer*[3] verwendet wurde. Zum Teil werden schlicht „rechtsstaatliche Schutzprinzipien“[4] als Grund für das Erfordernis der Begründungspflicht genannt, zum Teil wird darauf hingewiesen, daß es das Rechtsstaatsprinzip erforderlich mache, den Betroffenen nicht als bloßen Untertanen, sondern als Individuum anzusehen, das Anspruch auf Mitteilung der

---

[1] s. z. B. *Daig*, Handbuch, Anm. 1 a) zu Art. 190; ähnlich *Hanebuth* S. 307.
[2] RsprGH 6, 941.
[3] RsprGH 8, 650.
[4] *Steindorff*, Rechtsschutz, S. 93.

Gründe für eine Maßnahme der öffentlichen Gewalt habe[5]. Andere Stimmen sehen die Begründung „als wesentliche Voraussetzung für das Funktionieren der Gemeinschaft" an[6].

Bei näherer Betrachtung zeigt sich, daß mit diesen Darstellungen verschiedene Komponenten der Rechtsstaatlichkeit angesprochen werden und zwar die Gewaltenteilung (a), die Gesetzmäßigkeit der Verwaltung (c), die Respektierung der Individualrechtssphäre der vom hoheitlichen Handeln Betroffenen im Zusammenhang mit dem Rechtsschutz durch eine unabhängige Justiz (b).

a) Die Gewaltenteilung im europäischen Recht

In auffallendem Gegensatz zu den nationalen Verfassungsstrukturen steht die Handhabung der Gewaltenteilung im europäischen Recht.

Den gravierendsten Unterschied stellt dabei die (relativ) unbedeutende Beteiligung der Versammlung, des Europäischen Parlaments, am Gesetzgebungsverfahren dar[7]. Immer noch nicht direkt von den Gemeinschaftsbürgern gewählt, sondern nach einem von jedem Mitgliedstaat bestimmten Verfahren aus der Mitte der jeweiligen Parlamente ernannt[8], haben die Mitglieder des Europäischen Parlaments weder ein Initiativrecht noch eine Entscheidungsbefugnis. Wegen der fehlenden Bindung des Rats bzw. der Kommission ist auch die grundsätzliche Anhörung der Versammlung ohne entscheidendes Gewicht. Ebenso ist die Möglichkeit, die Kommission zu stürzen[9], ohne größere Bedeutung, zumal die gleiche Kommission von den Regierungen der Mitgliedstaaten wieder berufen werden könnte.

Die Normsetzungsbefugnisse müssen daher vom Rat und der Kommission wahrgenommen werden. Keinesewgs wird nun aber die Normsetzung vom Rat durchgeführt, während die Kommission andererseits die Exekutivbefugnisse ausübt. Vor allem der EGKSV sieht eine Häufung von Normierungs- und Exekutivbefugnissen bei der (früheren) Hohen Behörde vor[10], wobei dem Rat allerdings eine maßgebliche Mitwirkung zukommt. Demgegenüber wird in den Verträgen von Rom eine weitergehende Scheidung von Normsetzung und Verwaltungskompetenzen vorgenommen. Diese gestehen der Kommission zwar in

---

[5] *Ehle* Anm. 2 zu Art. 190.
[6] *Korsch* KSE Bd. 1 S. 125; *Bonaert u. a.* S. 44, 48.
[7] Dies war ein Grund für die Briten, sich an der EGKS nicht zu beteiligen, s. das Zitat bei *Fuß*, Rechtsstaatsgedanke, S. 18 f.
[8] s. Art. 21 EGKSV, Art. 138 EWGV, Art. 108 EAGV; zu beachten ist auch jeweils der Abs. 3 dieser Art.!
[9] Art. 24 EGKSV, Art. 144 EWGV, 114 EAGV.
[10] s. z. B. Art. 50, 53, 54, 58, 60, 61, 65 EGKSV.

zahlreichen Fällen ein Initiativrecht zu[11], beschränken sie in der Normsetzungsbefugnis jedoch grundsätzlich auf den Erlaß von Ausführungsverordnungen, die in ihrer normativen Bedeutung den innerstaatlichen Rechtsverordnungen nahekommen.

Diese Verteilung der Kompetenzen ist von den mitgliedstaatlichen Verfassungen her gesehen ungewohnt, sollte aber der besonderen Struktur der Gemeinschaften als zwischenstaatlichen Gebilden gerecht werden[12]. Durch die zahlreichen Mitwirkungserfordernisse anderer Organe — wie Anhörungspflicht[13], Vorschlagsrecht[14], Zustimmungserfordernis[15], die sich zugleich als Kontrollmittel gegenüber dem normsetzenden Organ auswirken —, wird sie jedoch dem heutigen Verständnis der Gewaltenteilung vorwiegend im Sinne einer gegenseitigen Kontrolle und damit der Gewaltenhemmung weitgehend gerecht[16]. Dieses System der gegenseitigen Kontrolle der Gemeinschaftsorgane wird durch das Erfordernis der Begründung der Normen unterstützt und ergänzt.

Schon hier kommt die Bedeutung der Begründungspflicht als Mittel zur Durchsetzung der Bindung der Rechtsetzung in den Gemeinschaften zum Ausdruck, denn durch die Begründung werden Art und Umfang der Berücksichtigung der Ansichten des mitwirkenden Organs durch das normsetzende Organ ersichtlich. Zu Recht weisen *Bonaert u. a.*[17] darauf hin, daß in der Pflicht zur Begründung somit ein wichtiges Mittel gegen eine Verschiebung der Gewichte im konstitutionellen Aufbau der Gemeinschaften zugunsten der Kommission liegt.

b) Die Kontrolle durch den Gerichtshof

Dieses der Eigenart der zwischenstaatlichen Gemeinschaften Rechnung tragende, von der politischen Situation bedingte „System der Hemmungen und Gegengewichte“[18] ohne Kontrolle einer unmittelbar gewählten Vertretung der Gemeinschaftsbürger erhält eine weitere rechtsstaat-

---

[11] So, wenn der Rat „auf Vorschlag der Kommission“ tätig wird, vgl. Art. 25 Abs. 1, 33 Abs. 8, 42 Abs. 2, 44 Abs. 4, 51, 54 Abs. 2, 100, 101, 103 Abs. 3, 112 Abs. 1, 116, 127, 128 EWGV, 24, 42, 48, 54, 69, 85, 90, 92, 95, 96 EAGV sowie 155, 149 EWGV und 124, 119 EAGV.

[12] *Fuß*, Rechtsstaatsgedanke, S. 21; auf die wachsende Bedeutung der Exekutive bei der Rechtsetzung in der modernen Industriegesellschaft wies zuletzt wieder *Mitchell* hin, mit dem Wunsch einer Beschränkung der Funktion des Parlaments auf eine politische Kontrolle, s. den Bericht *Steinbergers* in EuR 1970, 168.

[13] z. B. Art. 87 EWGV.

[14] z. B. Art. 149 EWGV.

[15] z. B. Art. 58 EGKSV.

[16] *Delvaux* S. 52 versteht sie als Zünder für eine neue Form der Demokratie.

[17] a.a.O. S. 44 f.

[18] *Fuß*, Rechtsstaatsgedanke, S. 32.

liche Sicherung durch die weitgehende[19] Überprüfungsmöglichkeit der Maßnahmen der Gemeinschaftsorgane durch den Gerichtshof. Ebenso wie für den Betroffenen (dazu unten II 2) ist dabei eine effektive Kontrolle allein anhand des verfügenden Teils der Maßnahmen kaum möglich. Auch für die richterliche Kontrolltätigkeit ist die Offenbarung der Beweggründe für eine Maßnahme grundsätzlich unumgänglich (s. im einzelnen unten II 3).

c) Vertragsmäßigkeit des Organhandelns

Schließlich läßt sich die Begründungspflicht noch in einem weiteren Punkt auf den Rechtsstaatsgedanken zurückführen. Gemeint ist die Durchsetzung der Vertragsmäßigkeit des Organhandelns. Diese Komponente der Rechtsstaatlichkeit ist im europäischen Recht auch auf den Erlaß von Normen durch die Gemeinschaftsorgane auszudehnen und damit von erhöhter Bedeutung, da es sich hierbei nicht um die Ausübung unabgeleiteter Rechtsetzungsbefugnisse handelt, sondern die gemeinschaftsvertraglichen Ermächtigungen stets maßgeblich sind. Abgesehen von den Ausführungsverordnungen, die auf einer doppelten Ableitung beruhen und den innerstaatlichen Rechtsverordnungen entsprechen, stehen die (quasilegislatorischen) Gemeinschaftsverordnungen nur der formellen Seite nach den innerstaatlichen Rechtsverordnungen nahe, ihrer materiellen Wirkung nach jedoch den formellen Gesetzen.

Alle von den Gemeinschaftsorganen ausgeübten Befugnisse müssen aus dem jeweils zur Anwendung kommenden Vertrag ableitbar sein. Dieser Grundsatz[20] läßt sich dadurch sichern, daß die Verträge nicht lediglich die Betroffenen auf die Möglichkeit verweisen, den Gerichtshof anzurufen, falls ihnen eine Maßnahme als nicht vertragsgemäß erscheint, sondern daß sie außerdem geeignete Förmlichkeiten vorsehen, die von vornherein im größtmöglichen Umfang die Übereinstimmung der Maßnahmen der Gemeinschaftsorgane mit dem Vertragsrecht gewährleisten[21].

Hier zeigt sich, daß das Prinzip der Vertragsmäßigkeit des Organhandelns zwei Seiten hat. Auf der materiellen Seite steht das Erfordernis der vertraglichen Grundlage für alle Maßnahmen der Organe[22]. Die

---

[19] Auf Verbesserungsmöglichkeiten weisen z. B. *Ule*, Gutachten, S. 11 ff. (136 f.), *Schrans* Spalte 296, *Weidinger* S. 107 hin.

[20] Nach *Schrans* Sp. 297 hat er grundgesetzliche Bedeutung.

[21] Entsprechend für das jeweilige nationale Recht *Kopp* S. 225; *Pichler-Drexler* S. 569.

[22] Dies gilt zweifellos im europäischen Recht auch für die sog. Leistungsverwaltung. Ein Gestaltungsspielraum im gesetzesfreien Raum, der diese Frage für das Prinzip des Vorbehalts des Gesetzes im nationalen Recht zum Teil zu einem Streitpunkt machte, existiert infolge der generellen Vertragsgebundenheit der europäischen Gemeinschaftsorgane nicht. s. hierzu Art. 4 EWGV, Art. 3 EAGV und *Fuß*, Rechtsstaatsgedanke, S. 52.

formelle Seite dieses Prinzips stellt die Notwendigkeit der Perzeptibilität dieser Grundlage dar, welche durch die Begründung erfüllt wird.

Diese formelle Seite des Gesetzmäßigkeitsprinzips ist angesprochen, wenn zum Ausdruck gebracht wird, daß die „bloße Ausübung der Autorität durch den Versuch der Überzeugung ersetzt werden" soll[23] oder wenn die Begründungspflicht „als Wahrzeichen einer gesetzmäßigen Verwaltung, die Sorgfalt bei der Begründung als Maßstab für das Verständnis der Behörde für eine solche" dargestellt wird[24].

Die Begründungspflicht als Formvorschrift dient folglich auch mit der Sicherung der formellen Seite der Vertragsmäßigkeit des Handelns der Gemeinschaftsorgane einer weiteren Komponente des Rechtsstaatsgedankens.

II. Die einzelnen Zwecke der Begründungspflicht

Nach der Untersuchung dieser generellen Grundlage der Begründungspflicht können nun die auf der Verwirklichung des Rechtsstaatsgedankens beruhenden Einzelzwecke erörtert werden.

Eine Abstufung nach der praktischen Wichtigkeit der einzelnen Zwecke läßt sich kaum vornehmen. Soweit die Zwecke auf den Rechtsstaatsgedanken zurückzuführen sind, ist eine isolierte Betrachtung der Bedeutung eines Zwecks wenig sinnvoll[25]. Auch wenn im Einzelfall die Bedeutung eines Zweckes herausragt, ergänzen sich die einzelnen Zwecke, und folglich kann die Begründung die ihr zugedachte Bedeutung nur erlangen, wenn sich das handelnde Organ dieser Tatsache bewußt ist. Eine Trennungslinie kann allerdings gegenüber denjenigen Zwecken gezogen werden, die speziell für die spezifische Struktur der Gemeinschaften von Bedeutung sind (II 4. und zum Teil II 5.).

Im Rahmen dieser schon eingangs getroffenen Unterteilung treten bestimmte Einzelzwecke durch eine umfangreichere Darstellung oder Erwähnung in Erscheinung. Dies ist — insbesondere auch in der Rechtsprechung — der Fall hinsichtlich der Kontrollmöglichkeit für den

---

[23] *Isaac* S. 546; ähnlich *Krüger* S. 746; *Schwartz* S. 133.

[24] *Pichler-Drexler* S. 534 Fn. 15; der deutsche EVwVerfG 1963, Einzelbegründung S. 145, stellt die Begründungspflicht als „zwingende Folgerung aus dem Grundsatz der Gesetzmäßigkeit der Verwaltung" dar.

[25] Anders *Fuß* EuR 1968, 303, der die Bedeutung der Begründung für die richterliche Tätigkeit hervorhebt. Wenn schon ein Zweck besonders hervorgehoben werden soll, so dürfte wohl noch am ehesten die Bedeutung der Begründung für den Rechtsschutz der Betroffenen dies verdienen, s. *Thierfelder* S. 29 f. m. w. N.; *Deringer* Anm. 20 zu Art. 11; im französilschen Recht: *Isaac* S. 553. Den Zweck der Selbstkontrolle der Verwaltung will *Daig* KSE Bd. 1, 516 in den Vordergrund gestellt wissen; ebenso *NN* bei *Quadri u. a.* Anm. 1 zu Art. 190; *Kopp* S. 248.

Gerichtshof (II 3.) und der Wirksamkeit des Rechtsschutzes des Betroffenen (II 2.). In der Rechtsprechung kaum erwähnt und auch in der Literatur (deshalb?) wenig behandelt ist der in der logisch-zeitlichen Reihenfolge an erster Stelle zu nennende Zweck der Begründung als Mittel der Eigenkontrolle der Verwaltung.

1. Die Begründung als Mittel zur Eigenkontrolle der Gemeinschaftsorgane

Die Gemeinschaftsorgane sind beim Erlaß einer Maßnahme jeweils an bestimmte Vertragsbestimmungen gebunden. Der Vornahme einer Maßnahme muß deshalb die Prüfung vorausgehen, ob die von den Vertragsbestimmungen hierfür geforderten Voraussetzungen erfüllt sind.

Auszugehen ist sicherlich davon, daß eine solche Prüfung durch das die Maßnahme erlassende Organ in aller Regel stattfindet. Auch im europäischen Recht besteht eine Vermutung für die Vertrags- und Rechtmäßigkeit des Organhandelns[26]. Wenn demgemäß die Gemeinschaftsorgane nicht ohne Grund eine Maßnahme erlassen werden, so ist es doch nicht ausgeschlossen, daß ihnen in tatsächlicher oder rechtlicher Hinsicht Fehler oder Irrtümer unterlaufen. Oft genug wird sich eine erste Subsumtion als nicht tragfähig für den Erlaß einer ins Auge gefaßten Maßnahme erweisen und das betreffende Organ zu weiteren Ermittlungen und Untersuchungen veranlassen oder zumindest einstweilen vom Erlaß einer beabsichtigten Maßnahme Abstand nehmen lassen.

In der modernen Verwaltung, die rationell arbeiten muß, die ihren vielfältigen Aufgaben nur gerecht werden kann, „wenn sie auf die rasch wechselnden Situationen zügig reagiert“[27], besteht die theoretische und praktische Möglichkeit, daß infolge des Außerachtlassens der üblichen Sorgfalt als Ergebnis einer weniger eingehenden Untersuchung eine Maßnahme erlassen wird, die bei genauerem Durchdenken nicht oder zumindest nicht in der konkreten Form erlassen worden wäre.

Diese Gefahr des voreiligen Erlassens einer Maßnahme besteht um so mehr in Fällen, in denen den Gemeinschaftsorganen über den sich aus der vertragsausfüllenden bzw. -ausführenden Funktion ihres Handelns ergebenden Gestaltungsspielraum hinaus durch die bei wirtschaftsrechtlichen Normen naturgemäß häufigere Verwendung unbestimmter Ge-

[26] So der GH in den Rs. 7/56 und 3—7/57, RsprGH 3, 87 (Ls. 1) und GA *Lagrange* RsprGH 6, 80.
[27] *Fuß*, Rechtsstaatsgedanke, S. 64.

setzesbegriffe und insbesondere durch das Einräumen eines Ermessensspielraums eine gewisse Lockerung von der Vertragsgebundenheit zugestanden wird.

Wenn es auch möglich ist, daß trotz unzureichender Vorbereitung eine erlassene Maßnahme rechtmäßig ist, so handelt es sich doch nur um ein mehr oder weniger zufällig zutreffendes Ergebnis.

An diesem Punkt wirkt sich nun die Begründungspflicht als Element der Selbstkontrolle und formelle Seite des Vertragsmäßigkeitsprinzips zur Sicherung der materiellen Seite dieses Grundsatzes aus.

a) Indizeffekt

Verschiedentlich wird darauf hingewiesen, daß die Möglichkeit nicht auszuschließen ist, daß es sich bei einer mangelhaften Begründung nicht nur um einen lapsus calami handelt[28], oder positiv ausgedrückt, daß die Begründung ein Indiz für die Sorgfalt der Vorbereitung einer Maßnahme ist[29].

b) Pädagogischer Effekt

Neben dieser äußerlichen, indiziellen Wirkung stellt die Begründungspflicht vor allem einen nicht zu übersehenden pädagogischen Faktor dar. „Die Verpflichtung zu sagen, weshalb man handelt, ist das beste Mittel, um über den Wert des Aktes nachzudenken“[30]. Die Begründungspflicht schützt also vor einer flüchtigen Prüfung, indem sie die Organe zwingt, sich vor Erlaß einer Maßnahme darüber Klarheit zu verschaffen, „was sie in die Welt setzen, wie sie es rechtfertigen und wie sie es künftig wohl gegenüber dem Betroffenen vertreten können“[31], sowie insbesondere bei Verordnungen die möglichen Folgen, die Auswirkungen im Gemeinschaftsalltag zu beachten.

---

[28] RsprGH 14, 477; *Daig* KSE Bd. 1 S. 516. Hierfür sprechen auch die Fälle, in denen der GH eine Maßnahme wegen (unverkennbaren) Fehlens der materiellen Rechtsgrundlage annulierte, ohne auf die Frage der Begründungspflichtverletzung einzugehen (Rs. 4—13/59; 20/59; 106, 107/63). Tatsächlich war die Begründung der jeweiligen Maßnahme in diesen Fällen unzureichend oder zumindest sehr bedenklich, vgl. die jeweiligen Schlußanträge der GAe, RsprGH 6, 317; 6, 683; 11, 547 ff.

[29] GA *Roemer* RsprGH 9, 336; *Schrans* Sp. 297; ähnlich *Bülow* S. 278; *Euler* S. 233; *Everling* KSE Bd. 1 S. 513.

[30] *Buch* S. 99.

[31] *Ipsen* KSE Bd. 1 S. 511; ähnlich *Thierfelder* S. 29; *Louis* S. 27; *Maas* S. 11; *NN bei Quadri u. a.* Anm. 1 zu Art. 190; *Euler* S. 233; aus der Rspr. GA *Roemer* RsprGH 9, 168: „... die nützliche Funktion nicht übersehen werden, die der Begründungszwang ... insofern hat, als er die Exekutive veranlaßt, in der Formulierung der Entscheidungsbegründung sich sorgfältig Rechenschaft über die Entscheidungsvoraussetzungen zu geben.“ s. auch RsprGH 11, 1370. Im nationalen Recht wird diese Funktion der Begründungspflicht oft mit dem Hinweis auf das Interesse an der Wahrung einer „guten Verwaltung“ ausgedrückt, s. z. B. *Auby-Drago* Bd. II S. 592; *Debbasch* S. 259; *Rivalta* S. 186; *NN* bei *Quadri u. a.* Anm. 1 zu Art. 190.

c) Gestaltungseffekt

Durch die Pflicht, ihre Maßnahmen begründen zu müssen, werden die Organe vor möglichen sachfremden Einwirkungen geschützt und zur Objektivität ihrer Überlegungen veranlaßt. Die Begründungspflicht stellt damit nicht nur einen formellen Schutz, sondern auch einen sachlichen Schutz dar. Der Zwang zur Begründung nimmt einen tatsächlichen Einfluß auf den Inhalt der Maßnahme, indem er weitgehend bewirkt, daß sich die Organe mit einer pauschalen Beurteilung nicht zufrieden geben, mögliche irrationale Einflüsse ausschalten, ihre Motive aus einem Bereich, der keiner Überprüfung zugänglich ist, technisch gesehen, in einen Bereich überführen, in welchem deren Beurteilung möglich wird. Der bloße Vorgang eines differenzierten Begründens nötigt die Organe zu einer genauen Würdigung der angewendeten Bestimmungen und der tatsächlichen Situation, zu einer Überprüfung ihrer Kompetenzen[32]. Der Vorgang des Begründens wird offenbaren, ob eine vorgesehene Maßnahme voreilig getroffen werden sollte, mithin neu zu überdenken ist; wer Schwierigkeiten bei der Darlegung der Gründe hat, muß prüfen, ob er sich auf dem falschen Weg befindet. Die Begründungspflicht ist damit ein Prüfstein, der den Erlaß einer unzutreffenden Maßnahme verhindern kann. Wie Verfahrens- und Formvorschriften allgemein ist auch die Begründungspflicht nicht Selbstzweck, sondern Mittel zum Zweck richtigen Entscheidens .

d) Filtereffekt

Die Begründungspflicht nützt aber auch dem erlassenden Organ selbst. Zum einen erleichtert ihm die Begründung die Wahrung der Gleichbehandlungspflicht, zum anderen hilft die Begründung, die Zahl der Rechtsmittel zu vermindern, was nicht nur im Interesse der Betroffenen oder des Gerichtshofs liegt. Die Begründung einer Maßnahme ist es, die dem Betroffenen zeigt, daß die Sach- und Rechtslage eingehend geprüft wurde und daß durch ein Rechtsmittel nichts zu gewinnen ist.

Indem die Erforderlichkeit einer Maßnahme durch die Begründung verständlich gemacht wird, kann sie auch dazu beitragen, das Verhältnis zwischen dem erlassenden Organ und dem Betroffenen zu verbessern, mögliche Verdachtsmomente und Ansatzpunkte für Konflikte zu beseitigen, und das Verständnis für die Maßnahme und deren freiwillige Ausführung fördern. Gerade diese Aufgaben der Begründung lassen deutlich werden, daß es mit einem Hinweis auf den Gerichtshof bzw. die durch ihn gewährte Rechtskontrolle nicht getan ist, da diesem zwangsläufig die Überprüfung insbesondere von Zweckmäßigkeitsfragen grund-

---

[32] *Fuß*, Rechtsstaatsgedanke, S. 73; *Isaac* S. 547.

sätzlich verschlossen ist, wenn er nicht selbst verwaltend tätig werden will. Es zeigt sich vielmehr, daß einer überzeugenden Begründung eine nicht zu unterschätzende Filterwirkung gerade dadurch zukommt, daß sie Ansatzpunkte zur Inanspruchnahme der Rechtsprechung vermindert. Die Vermeidung eines Fehlers durch eine exakte Begründung ist sicherlich auch für das Erlaßorgan vorteilhafter als die rechtlichen Folgen des Fehlers einer Maßnahme im Verfahren vor dem Gerichtshof.

e) Bestätigende Bedeutung der Artikel 169, 170 EWGV bzw. Artikel 141, 142 EAGV

Die Richtigkeit dieser Darstellung wird bekräftigt durch die Regelung der Artikel 169 und 170 EWGV bzw. 141 und 142 EAGV.

aa) Gemäß *Artikel 169 EWGV bzw. 141 EAGV* gibt die Kommission eine mit Gründen versehene Stellungnahme ab, wenn sie der Auffassung ist, daß ein Mitgliedstaat gegen eine Verpflichtung aus dem jeweiligen Vertrag verstoßen hat. Die Besonderheit besteht darin, daß hier ausnahmsweise eine ausdrückliche Pflicht zur Begründung einer Stellungnahme begründet wird[33].

Dieser Zwang zur Begründung soll sicherlich der Information des betroffenen Staates sowie des Gerichtshofs dienen, wenn dieser von der Kommission gemäß Art. 169 Abs. 2 EWGV bzw. Art. 141 Abs. 2 EAGV angerufen wird. Darüber hinaus soll aber gerade der Zwang zur Begründung der Stellungnahme die Kommission zu einer eingehenden Prüfung ihres Vorwurfs veranlassen[34], damit wegen der Schwere der Vorhaltung und der möglichen Folgen einer Klage ein gerichtliches Verfahren möglichst vermieden wird. Aus diesem Grunde ist der betreffende Staat auch ausdrücklich zuvor zu hören[35], eine Pflicht, die nur eine Vorstufe in diesem Verfahren darstellt, deren Abschluß die Stellungnahme mit ihrer Begründung bildet[36]. Eine Stellungnahme mit einer exakten Begründung wird den betreffenden Staat in der Regel veranlassen, den von der Kommission gerügten Verstoß gegen vertragliche Pflichten zu beseitigen, so daß eine Klageerhebung nicht erforderlich wird.

bb) Auf den ersten Blick könnte die Regelung der *Art. 170 EWGV bzw. 142 EAGV* diese Darstellung der Filterwirkung der begründeten Stellungnahme in Frage stellen.

---

[33] s. dagegen Art. 190 EWGV, Art. 162 EAGV.
[34] *Amphoux* S. 383; *Ehle* Anm. 4 zu Art. 169.
[35] Art. 169 Abs. 1 Halbsatz 2 EWGV; Art. 141 Abs. 1 Halbsatz 2 EAGV.
[36] Zum Zusammenhang des rechtlichen Gehörs mit der Begründungspflicht siehe *Ule* DVBl. 1963, 477; DVBl. 1968, 785; *Schick* S. 3; *Thieme* S. 272.

Diese Artikel geben jedem Mitgliedstaat, der der Auffassung ist, daß ein anderer Mitgliedstaat gegen eine Vertragspflicht verstoßen hat, das Recht, den Gerichtshof anzurufen. Zuvor muß er jedoch die Kommission einschalten, die nach Anhörung der beteiligten Staaten eine begründete Stellungnahme abgibt. Da die Kommission hier nicht unmittelbar als möglicher Initiator eines Verfahrens vor dem Gerichtshof erscheint, könnte der Begründung der Stellungnahme rein informatorischer Wert für den klageinteressierten Staat und den Gerichtshof beizumessen sein.

Auch hier soll die begründete Stellungnahme aber Prozesse möglichst vermeiden, da diese gerade bei Meinungsverschiedenheiten zwischen Mitgliedstaaten oft unliebsame rechtliche wie vor allem politische Folgen im Gemeinschaftsleben haben können. Wird der klageinteressierte Staat einerseits durch eine seiner Auffassung widersprechende Stellungnahme der Kommission seine Position neu überdenken, bevor er einen anderen Staat der Verletzung vertraglicher Pflichten anprangert, so wird sich umgekehrt durch eine die Pflichtverletzung bejahende Stellungnahme der Kommission und vor allem durch deren Begründung häufig eine gütliche Bereinigung ohne Gerichtsverfahren erreichen lassen. Auch diese Bestimmungen stellen somit eine Bestätigung des Zwecks der Selbstkontrolle dar.

2. *Effektivierung des Rechtsschutzes für die Betroffenen*

Wenn der soeben behandelte Zweck der Begründungspflicht vorwiegend den Vorteil der Begründung für die Exekutiv- bzw. normsetzenden Organe beleuchtete, so zeigte sich schon dort, daß auch die Begründung einer Maßnahme den Bereich der Gemeinschaftsorgane verlassen und zur Kenntnisnahme des Betroffenen gelangen muß. Diese Notwendigkeit, die nicht unbedingt bestehen würde, wenn der zuletzt untersuchte der ausschlaggebende Zweck der Begründungspflicht wäre, ist Voraussetzung für den weiteren Zweck der Begründungspflicht: die Verbesserung des Rechtsschutzes.

a) Ermöglichung des sinnvollen Gebrauchs eines Rechtsmittels

Die Begründung einer Maßnahme stellt gegenüber den Betroffenen keineswegs nur einen Akt der Höflichkeit dar, sondern soll ihnen die Möglichkeit verschaffen, festzustellen, ob die der Maßnahme zugrunde gelegten Tatsachen der Wahrheit und die aus ihnen gezogenen Schlußfolgerungen dem jeweils angewendeten Vertrag entsprechen. Mit anderen Worten, die Betroffenen müssen die Maßnahme verstehen können und ersehen können, daß ihren Interessen hinreichend Rechnung getragen wurde[37]. Erst die Eröffnung der Gründe versetzt den Betroffenen in die Lage, sich darüber schlüssig zu werden, ob er von einem ihm eingeräumten Rechtsmittel Gebrauch machen soll, ob eine Klage Aussicht auf Erfolg bietet und wie er sie fundiert begründen soll[38], um nicht auf bloßen Verdacht hin eine vielleicht sinnlose, aber kostspielige und zeitraubende Klage zu erheben. Ebenso wird ihm die Begründung die Prüfung erleichtern, ob und wie er von der Möglichkeit der Rechtswidrigkeitseinrede[39] Gebrauch machen oder mit welcher Begründung er die Gültigkeit einer entscheidungserheblichen Organhandlung vor einem nationalen Gericht beanstanden[40] kann.

Der Zusammenhang der Begründungspflicht mit der Befugnis zur Rechtsverteidigung ist damit ohne weiteres ersichtlich[41] und ebenso, daß der Effektivität des Rechtsschutzes durch die Begründung der betreffenden Maßnahme eine erhebliche Steigerung zukommt. Da andererseits ohne Bestehen der Begründungspflicht die Rechtsverteidigung zwar weniger wirksam, aber doch nicht unmöglich ist[42], wie auch die unterschiedliche Handhabung der Begründungspflicht in den Mitgliedstaaten zeigt, dürfte es nur eine terminologische Unausgewogenheit darstellen, wenn in diesem Zusammenhang als Zweck der Begründungspflicht nicht nur die Verstärkung bzw. Erleichterung des Rechtsschutzes[43], sondern die Ermöglichung der Rechtsverteidigung überhaupt herausgestellt wird[44]. Zum Teil wird auch nur allgemein auf den durch die Begründung gewährten Interessenschutz der der Gemeinschaftsgewalt und damit auch der Gerichtsbarkeit des Gerichtshofs Unterworfenen hingewiesen[45].

Aus diesem Zusammenhang der Begründungspflicht mit den Rechtsschutzvorschriften ergibt sich auch, daß die Bedeutung des Zweckes der Verbesserung des Rechtsschutzes proportional mit dem dem handelnden

---

[37] *Daig*, Handbuch, S. 60; *Schrans* Spalte 284.

[38] Ohne Begründung wird dem Betroffenen oft nur die Möglichkeit bleiben, die fehlende Begründung zu rügen. Ein sachliches Eingehen auf die Maßnahme ist ihm jedenfalls kaum möglich.

[39] Art. 184 EWGV, Art. 156 EAGV, Art. 36 Abs. 3 EGKSV. Zum letzterem s. oben Teil A Fn. 17.

[40] Art. 177 EWGV, Art. 150 EAGV, Art. 41 EGKSV.

[41] Besonders deutlich im nationalen Recht die Grundsatzbestimmungen des strafgerichtlichen Verfahrens: § 34 StPO sowie Art. 485 C.P.P.

[42] Zu berücksichtigen sind dabei auch die Vorschriften über die Vertretung vor dem GH: Art. 17 EWG-S., Art. 17 EAG-S., Art. 20 EGKS-S.

[43] *Schrans* Spalte 297; *le Tallec-Ehlermann* S. 151; *Börner* S. 150; *Bülow* S. 278; *Fromont*, Rechtsschutz, S. 243; *Maas* S. 10 f.

[44] *Thierfelder* S. 30; *Steindorff*, Rechtsschutz, S. 71; *Schrans* Spalte 284; *Deringer* Anm. 20 zu Art. 11; *NN* bei *Quadri u. a.* Anm. 1 zu Art. 190; *Ipsen* KSE Bd. 1 S. 485.

[45] *Bebr*, Control, S. 84; *Ehle* Anm. 5 zu Art. 190; *Thierfelder* S. 29; *Mertens de Wilmars* S. 674; *de Laubadère* KSE Bd. 1 S. 485; *Mono* S. 92; *Zuleeg* KSE Bd. 9 S. 256.

Gemeinschaftsorgan zur Verfügung stehenden Beurteilungs- oder Ermessensspielraum steigt. Bei einer „gebundenen Maßnahme“ läßt sich möglicherweise die angewandte Gemeinschaftsnorm feststellen und deren Relevanz aufgrund der tatsächlichen Situation überprüfen. Je mehr jedoch von der strikten Normanwendung abgewichen wird, um so mehr gewinnt die Maßnahme ohne Begründung den Charakter des Unüberschaubaren und damit bezüglich des Rechtsschutzes des Risikobehafteten. Nun soll keineswegs die Begründung dem Betroffenen jegliches Prozeßrisiko abnehmen[46], aber sie soll es doch auf ein tragbares Maß reduzieren. Der wirtschaftlich bzw. technisch geprägte Charakter der Gemeinschaftsnormen und der Rahmencharakter der Verträge von Rom bringen es mit sich, daß nur selten ohne wertende Beurteilung eine Maßnahme ergehen und beurteilt werden kann[47].

b) Die Frage der Abhängigkeit des Zwecks von der Art der Maßnahme und der Adressaten

Hierin liegt auch der Grund dafür, daß die Art der Maßnahme und damit der Adressaten keinen Einfluß auf diesen Zweck der Begründungspflicht hat. Das Interesse an einer Verbesserung des Rechtsschutzes besteht auch bei Adressaten, die über bestmögliche rechtliche Orientierungsmöglichkeiten verfügen, da auch diese Adressaten darauf angewiesen sind, zu erfahren, wie das handelnde Organ die tatsächliche Situation gewürdigt hat[48]. Die Art der Maßnahme kann daher allenfalls auf den Inhalt und Umfang der Begründung Einfluß nehmen, nicht jedoch auf den Zweck der Begründungspflicht.

c) Die Behandlung des Zwecks im nationalen Recht

Der Gedanke des hier behandelten Zweckes der Begründungspflicht ist in den mitgliedstaatlichen Rechtsordnungen gleichermaßen bekannt[49]. Eine eingehendere Darstellung dieser Gedanken über die bisherigen

---

[46] Wie *Fuß* EuR 1968, 302 befürchtet.

[47] s. allein die bei *Fuß*, Rechtsstaatsgedanke, S. 65 aufgeführten Beispiele.

[48] Bei Maßnahmen gegenüber Staaten können diese allerdings — zusätzlich — durch ihre Mitglieder im Rat oder in der Kommission Informationen erhalten.

[49] Für das *deutsche* Recht s. z. B. *Maunz-Dürig-Herzog* Anm. 50 zu Art. 19 Abs. 4; *Forsthoff* S. 230; *Wolff* S. 365; EVwVerfG 1963 Einzelbegründung S. 145; aus der Rspr. insbesondere BVerfGE 6, 44; BVerwGE 10, 43; OVG Koblenz DVBl. 1958, 836 m. w. N. auf die Rspr., aber auch schon Pr.OVGE 58, 407; 101, 259; für das *niederländische* Recht s. *van Poelje-Donner* S. 269; *Ule*, Ausland, S. 366; für das *französische* Recht s. z. B. *Waline*, S. 334; *Rivéro* S. 221; *Isaac* S. 549, 553, 558; *Odent* S. 1141; *Fromont*, Rechtsschutz, S. 249; *Lanz* S. 131; für das *belgische* Recht s. z. B. *Mast* S. 370; *Buch* S. 99; für das *italienische* Recht s. z. B. *Vitta* S. 433 f.; *Rivalta* S. 160, 176 f., 197, 207; *Crisafulli* S. 439, 444; *Sandulli* S. 386; *Mortati* S. 242; *Luther* S. 149.

Ausführungen hinaus, erscheint nicht erforderlich, zumal sie auch in die Rechtsprechung des Gerichtshofs Eingang gefunden haben[50].

d) Die Rechtsprechung des Gerichtshofs zum Zweck der Verbesserung des Rechtsschutzes

Neben dem im folgenden zu behandelnden Zweck der Verbesserung der Kontrollmöglichkeit für den Gerichtshof ist die Effektivierung des Rechtsschutzes für die Betroffenen der am meisten in der Rechtsprechung zum Ausdruck gebrachte Zweck der Begründungspflicht. Hierbei wird vom Gerichtshof insbesondere der Schutzcharakter der Begründung allgemein[51] oder die Ermöglichung einer sinnvollen Inanspruchnahme der Rechtsschutzbestimmungen herausgestellt, wie z. B. durch seine Darlegungen in der Rechtssache 40/59[52] deutlich wird:

> „Die Begründung muß den Betroffenen und gegebenenfalls dem Richter die Feststellung der Umstände ermöglichen, aufgrund derer die Hohe Behörde zu dem Schluß gelangt ist, die erforderlichen Voraussetzungen für die Erteilung der Genehmigungen seien gegeben, damit die Stichhaltigkeit dieser Erwägungen sowohl in tatsächlicher als auch in rechtlicher Hinsicht nachgeprüft werden kann."

3. Verbesserung der Kontrollmöglichkeit für den Gerichtshof

Mit dem soeben behandelten Zweck wird sehr oft der Zweck der Unterstützung für die Rechtskontrolle durch den Gerichtshof, nicht zuletzt durch diesen selbst[53], genannt. Das versteht sich aus der Nähe der beiden Zwecke zueinander.

a) Die Aufgabe des Gerichtshofs

Der Gerichtshof sichert die Wahrung des Rechts bei der Auslegung und Anwendung der Verträge[54]; zu diesem Zweck stehen ihm weitgehende Befugnisse zu. So kann der Gerichtshof von den Parteien die Vorlage aller Urkunden und die Erteilung aller Auskünfte verlangen, die er für wünschenswert hält[55]. Außerdem kann er von den Mitgliedstaaten und den Organen, die nicht Parteien in einem Rechts-

---

[50] Vgl. z. B. RsprGH 5, 114; 6, 922; 8, 552; 9, 145; 9, 677; 11, 448; 13, 125; GA *Roemer* RsprGH 3, 57; 4, 105; 6, 317; 9, 336; 14, 433; GA *Lagrange* RsprGH 9, 136; GA Gand RsprGH 11, 1177 f.

[51] s. z. B. RsprGH 9, 145; 14, 433.

[52] RsprGH 6, 922.

[53] s. RsprGH 4, 29, 30; 4, 69, 70; 5, 114; 8, 552; 9, 145; 9, 678; 10, 1173; 11, 448; 13, 125; 13, 184; GA *Roemer* RsprGH 3, 57; 4, 105; 6, 317; 8, 284; 9, 336; 10, 1191; 11, 568; 12, 187; 17, 466 (Ls. 4); s. auch GA *Lagrange* RsprGH 6, 942; 8, 83; 9, 137; GA *Dutheillet de Lamothe* RsprGH 17, 485.

[54] Art. 164 EWGV; Art. 136 EAGV; Art. 31 EGKSV.

[55] Art. 21 Abs. 1 S. 1 EWG-S.; Art. 22 Abs. 1 S. 1 EAG-S.; Art. 24 EGKS-S.

streit sind, alle Auskünfte verlangen, die er zur Entscheidung dieses Rechtsstreits für erforderlich erachtet[56]. Daneben besteht das Recht, Zeugen zu vernehmen[57] und Gutachten einzuholen[58]. Wird die Entscheidung eines Organs der EGKS mit einer Klage angefochten, so ist dieses Organ verpflichtet, dem Gerichtshof alle Vorgänge zu dieser Streitsache zu übersenden.

Alle diese Rechte und Pflichten stellen wertvolle Hilfsmittel für die richterliche Kontrolltätigkeit dar. Auskünfte und Urkunden können die Auffassung des Gerichtshofs bestärken, können ihm unberücksichtigte Gesichtspunkte aufweisen, können Indizien und Anhaltspunkte für die Rechtmäßigkeitsprüfung bieten. Sie sind jedoch alle mehr oder weniger nur indirekte, ergänzende Subsidien im Rahmen der richterlichen Nachprüfung. Bei der Rechtmäßigkeitskontrolle kommt man nicht umhin, immer wieder auf die zu beurteilende Maßnahme selbst zurückzugreifen. Diese steht im Mittelpunkt der Erörterungen, ist Gegenstand der Beurteilung. Hierbei richtet sich das Hauptaugenmerk auf die Begründung, da der verfügende Teil allein je nach Inhalt und Gegenstand der Maßnahme nur selten ausreichende Anhaltspunkte geben wird, um die Frage der Rechtmäßigkeit abschließend beantworten zu können. Maßgebliche Bedeutung kommt dabei der angewendeten Norm, auf der die Maßnahme basiert (b), weniger der Art des Verfahrens vor dem Gerichtshof (c) zu. Beachtung wird unter Umständen der Art der Maßnahme zu schenken sein (d).

b) Parallelen zur Effektivierung des Rechtsschutzes und Fortführung dieses Zwecks der Begründungspflicht

Unverkennbar ist die Ähnlichkeit mit dem unter 2. dargestellten Zweck der Begründungspflicht, gewissermaßen dessen Fortführung von einem anderen Standpunkt aus. Während dort die Effektivtät des gewährten Rechtsschutzes für den Betroffenen gefördert wird, wirkt sich die Begründung hier in ähnlicher Weise für den Fall aus, daß der Betroffene von dem ihm zustehenden Rechtsmittel tatsächlich Gebrauch macht. Ebenso wie dort dient auch hier die Begründung der Durchsetzung der Vertragsmäßigkeit des Organhandelns, und wie oben der von einer Maßnahme Betroffene greift auch der Gerichtshof um so mehr auf die Begründung zurück, je mehr die angewandte Norm dem han-

---

[56] Art. 21 Abs. 2 EWG-S.; Art. 22 Abs. 2 EAG-S.; weniger weitgehend Art. 24 EGKS-S.

[57] Art. 28 Abs. 2 EGKS-S.; Art. 23 EWG-S.; Art. 24 EAG-S.; Art. 47 ff. VerfO.

[58] Art. 22 EWG-S.; Art. 23 EAG-S.; Art. 25 EGKS-S.

delnden Organ an Spielraum für seine Maßnahme läßt[59]. Gerade bei Normen, die das handelnde Organ nicht an das Vorliegen detailliert beschriebener Voraussetzungen binden, wird es besonders deutlich, daß die Begründung zeigen muß, welche Bestimmungen der vom Gerichtshof zu beurteilenden Maßnahme zugrunde gelegt wurden, welche tatsächlichen Gegebenheiten Veranlassung zu ihrem Erlaß gegeben haben und wie diese gewürdigt wurden. Ohne derartige Angaben in der Begründung erscheint die richterliche Nachprüfung, ob und welche Tatsachen richtig festgestellt wurden, und ob sie die Anwendung der angeführten Vertragsbestimmungen rechtfertigen, nicht in vollem Umfang möglich[60]. Kurz, die Begründung erscheint zur Sicherung der Wahrung des Rechts durch den Gerichtshof unentbehrlich[61].

Wer überprüfen will, ob wirtschaftlich bzw. technisch geprägte Normen oder auch dienstrechtliche Bestimmungen zutreffend ausgelegt oder angewendet wurden, muß die entscheidenden Fakten kennen, die der Interpretation bzw. Subsumtion tatsächlich zugrunde lagen. Welches die Gedankengänge des erlassenden Organs bei Erlaß einer Maßnahme waren, läßt sich aber am sichersten der Begründung der Maßnahme selbst entnehmen. Aus dieser Erkenntnis ist für das erlassende Organ die Pflicht abzuleiten, grundsätzlich alle diejenigen tatsächlichen Umstände klar anzuführen, von denen anzunehmen ist, daß sie dem Richter die Nachprüfung der Rechtmäßigkeit der Maßnahme gestatten[62].

c) Der Einfluß der Verfahrensart

Die jeweilige Verfahrensart beeinflußt die Tragweite dieser Funktion der Begründung nicht.

aa) Im *Nichtigkeitsverfahren* (recours en annulation oder recours pour excès de pouvoir), dem häufigsten Verfahren vor dem Gerichtshof, sind dessen Entscheidungsmöglichkeiten auf die beiden Alternativen der Annullierung der Maßnahme oder der Klageabweisung beschränkt. Der Gerichtshof prüft nur, ob einer der vier in Art. 33 EGKSV, Art. 173 EWGV oder Art. 146 EAGV genannten Klagegründe erfüllt ist, der die Annullierung der Maßnahme zur Folge hat. Unzuständigkeit, Verletzung wesentlicher Formvorschriften, Verletzung des Vertrages oder einer bei seiner Durchführung anzuwendenden Rechtsnorm und Er-

---

[59] GA *Roemer* RsprGH 10, 119; s. auch *Auby-Drago* Bd. II S. 589; *van Poelje-Donner* S. 229 für das nationale Recht.

[60] RsprGH 5, 114; *Thierfelder* S. 29; *Daig*, Handbuch, Anm. 1 a) zu Art. 190; *Ehle* Anm. 5 zu Art. 190.

[61] So auch der GH, vgl. RsprGH 4, 29; 4, 69; s. daneben die in Fn. 43 zit. Rechtsprechung des GH.

[62] Vgl. insbesondere RsprGH 13, 125 sowie 17, 477; GA *Lagrange* RsprGH 6, 942; s. auch *Steindorff*, Rechtsschutz, S. 72.

messensmißbrauch beschränken den Gerichtshof auf eine objektive Legalitätskontrolle. Der Bereich der Ermessensausübung ist seiner Prüfungszuständigkeit entzogen, abgesehen von den rechtlichen Grenzen des Mißbrauchs des Ermessens. Art. 33 Abs. 1 Satz 2 EGKSV verbietet dem Gerichtshof zudem eine Nachprüfung der Würdigung der sich aus den wirtschaftlichen Tatsachen und Umständen ergebenden Gesamtlage[63].

Angesichts dieser Beschränkungen der Kontrollbefugnis ist es verständlich, daß der Gerichtshof über die Einhaltung der Begründungspflicht streng wacht[64], da eine Beschränkung auf die eingangs aufgezählten prozessualen Hilfsmittel die Rechtskontrolle zusätzlich einengen würde.

Im Unterschied zu den deutschen Verwaltungsgerichten, die prüfen, ob die Verwaltung nach der Gesetzes- und Rechtslage einen Verwaltungsakt erlassen konnte, prüft der Gerichtshof entsprechend den französischen Verwaltungsgerichten, ob die von dem erlassenden Organ eruierte Gesamtheit der Umstände die Maßnahme trägt[65].

Von dieser Position aus wird die Begründung der Maßnahme ein unverzichtbares Mittel der Rechtskontrolle. Ohne eine (ausreichende) Begründung ist dem Gerichtshof in aller Regel die Nachprüfung der zutreffenden Anwendung oder Auslegung primären oder sekundären Gemeinschaftsrechts oder eines Ermessensmißbrauchs im Sinne der Verträge[66] mangels ausreichender Anhaltspunkte verschlossen[67]. Gerade die Schwierigkeiten beim Nachweis eines Ermessensmißbrauchs sollen aber durch die Begründungspflicht gemildert werden. Die Begründungspflicht soll die Maßnahmen der Erlaßorgane auch hinsichtlich der Klagegründe der Vertragsverletzung wie des Ermessensmißbrauchs einer

---

[63] Das Verbot der Ensemble-Würdigung gilt wohl auch für den EWGV, wie sich aus der Beschränkung auf die Kontrolle des Ermessensmißbrauchs in Art. 173 EWGV und aus Art. 172 EWGV ergibt, der nur als Ausnahme eine Ermessenskontrolle zuläßt, s. *Ehle* Anm. 65 f. zu Art. 173; *Fuß*, Rechtsstaatsgedanke, S. 67; s. aber auch *Bebr* KSE Bd. 1, 113; kritisch zur Auslegung des Art. 33 Abs. 1 S. 2 EGKSV *Ule*, Gutachten, S. 98.

[64] s. die Rechtsprechung o. in Fn. 43.

[65] s. *Steindorff*, Nichtigkeitsklage I, S. 56; *Becker*, Einfluß, S. 34 f.; *Ehle* Anm. 59 zu Art. 173; s. auch u. Teil C Fn. 429. Wegen dieses Unterschieds ist dieser Zweck im deutschen Recht auch weniger erwähnt, s. z. B. *Schunck-de Clerck* S. 348; *Zschacke* S. 414. Für das französische Recht s. *Auby-Drago* Bd. II S. 584, 589; *Rivéro* S. 228 ff.; Isaac S. 546, 558, 562; *Odent* S. 1142. Für das belgische Recht s. *Wigny* S. 151 (Nr. 193); für das italienische Recht s. *Mortati* S.242; *Rivalta* S. 160, 161, 170; *Crisafulli* S. 439, 444; für das niederländische Recht s. *van Poelje-Donner* S. 269; s. außerdem u. Teil C IV § 2 Teil 1 2 a) bb) und Teil D I 3.

[66] s. hierzu u. Teil C IV § 2 Teil 1 1 a).

[67] s. *Ehle* Anm. 66 zu Art. 173; für das italienische Recht: *Rivalta* S. 158, 161, 163, 167, 179, 187; *Crisafulli* S. 442 f.

Kontrolle zugänglicher machen[68]. Die Bedeutung dieser Funktion war mit ein Grund, die Begründungspflicht als wesentliche Formvorschrift, damit als selbständigen Klagegrund auszugestalten.

Die Bedeutung der Begründungspflicht wird durch die Limitierung der Nachprüfungsbefugnisse des Gerichtshofs demnach nicht eingeschränkt, sondern gerade hervorgehoben.

bb) Im *Verfahren mit unbeschränkter Nachprüfungsbefugnis* (pleine juridiction) ist der Gerichtshof nicht an diese Grenzen gebunden. Dennoch behält auch hier die Begründung ihre Bedeutung für die richterliche Kontrolle. Der Gerichtshof hat zwar die Möglichkeit einer umfassenden Überprüfung, ist insbesondere nicht auf eine strenge Legalitätskontrolle verwiesen, sondern darf in tatsächlicher wie rechtlicher Hinsicht alle Überlegungen nachvollziehen, die zu der angefochtenen Maßnahme geführt haben. Er kann vor allem die Zweckmäßigkeit der Maßnahme prüfen, vorausgesetzt, die Maßnahme ist einer Überprüfung überhaupt zugänglich[69].

Eine solche Ermächtigung zu unbeschränkter Nachprüfung ist vor allem für dienstrechtliche Streitigkeiten nach Art. 91 des Beamtenstatuts[70] vorgesehen, sowie für die richterliche Überprüfung von Sanktionsmaßnahmen[71] und Klagen, die gemäß Art. 12 EAGV zur Festlegung

---

[68] Wegen der Verweisung auf die vier Klagegründe des Nichtigkeitsverfahrens läßt sich dieser Gedanke auch auf die Rechtswidrigkeitseinrede übertragen. Auch im Verfahren der Vorabentscheidung gemäß Art. 41 EGKSV, Art. 177 lit. b EWGV, Art. 150 lit. b EAGV kommt der Begründung diese Bedeutung zu, da diese Vorschriften für Rechtsstreitigkeiten vor mitgliedsstaatlichen Gerichten Aufgaben erfüllen, die Art. 36 Abs. 3 EGKSV, Art. 184 EWGV, Art. 156 EAGV bei Verfahren vor dem Gerichtshof erfüllen und diese Parallele zur Rechtswidrigkeitseinrede auf den Umfang der Begründetheit dieser Einrede auszudehnen ist, vgl. *Steindorff*, Rechtsschutz, S. 67 ff. (69); *Tomuschat*, Vorabentscheidung, S. 163, 164; *Ehle* Anm. 21 zu Art. 177.

[69] s. hierzu u. Teil C IV § 2 insbesondere 2., 3. und Teil C V 1. sowie RsprGH 3, 202; *Euler*, KSE Bd. 4 Anm. A (3) 3. zu Art. 91 (S. 662 ff.) und kritisch *Ule*, Gutachten, S. 95 ff.; beachte im deutschen Verwaltungsprozeßrecht § 113 Abs. 2 VwGO.

[70] Art. 91 Abs. 1 bezieht sich expressis verbis („in den in diesem Statut genannten Fällen") nur auf Art. 22 Abs. 3 und den analog anwendbaren Art. 24 des Statuts, ist jedoch allgemeiner zu verstehen. Zur Auslegung dieser Formulierung s. *Euler* KSE Bd. 4 S. 659 ff.

[71] Art. 172 EWGV; Art. 17 VO Nr. 17/62; Art. 25 Abs. 2 VO Nr. 11/60; Art. 144 b) EAVG; Art. 36 Abs. 2 EGKSV. Zu unterscheiden sind hierbei Geldbußen bei Verstößen gegen einen Vertrag oder eine Ausführungsvorschrift und Zwangsgelder zur Sicherung der Befolgung eines Vertrages bzw. einer Ausführungsvorschrift. s. z. B. Art. 47 Abs. 3, 50 § 3, 54 Abs. 6, 58 § 4, 59 § 7, 64, 65 § 5, 66 § 6, 68 § 6 EGKSV; Art. 15, 16 VO Nr. 17/62; Art. 17, 18 VO Nr. 11/60 EWG.

angemessener Bedingungen für die Erteilung von Lizenzen oder Unterlizenzen durch die Kommission erhoben werden[72].

Anhand einer Sanktionsmaßnahme läßt sich deutlich manifestieren, daß auch bei dieser Klageart die Begründung der Maßnahme von Bedeutung ist. Setzt zum Beispiel die Kommission gemäß Art. 15 der VO Nr. 17/62 gegen ein Unternehmen eine Geldbuße fest, weil dieses in einem Antrag auf ein Negativattest gemäß Art. 2 dieser Verordnung oder in einer Anmeldung einer wettbewerbsverschlechternden Handlung gemäß Art. 4 und 5 der Verordnung Nr. 17 unrichtige oder entstellte Angaben gemacht hat, und wird diese Festsetzung von dem betreffenden Unternehmen anschließend angefochten, so bedarf der Gerichtshof zunächst der Angaben in dieser Entscheidung, worin die jeweilige Unrichtigkeit oder Entstellung zu sehen ist, um die Berechtigung der Entscheidung nachprüfen zu können. Darüber hinaus sind für ihn aber besonders die Angaben von Wichtigkeit, aus denen ersichtlich ist, welches die Gründe für die Kommission waren, die Geldbuße in der konkreten Höhe festzusetzen, da ihr hier ein nicht unerheblicher Spielraum eingeräumt ist[73]. Während letzteres vor allem für die dem Gerichtshof in diesen Fällen mögliche Änderung der Maßnahme wesentlich ist[74], sind die zuerst angesprochenen Angaben für die außerdem mögliche Aufhebung der Maßnahme besonders von Bedeutung. Gerade die bei dem Verfahren der pleine juridiction dem Gerichtshof gegebene Möglichkeit zu variierenden Entscheidungen machen die Begründung der Maßnahme unentbehrlich, wenn der Gerichtshof nicht die Funktion einer Oberbehörde einnehmen und man von einer gerichtlichen Nachprüfung sprechen will. Die Verfahrensart wirkt sich demnach auf die möglichen Rechtsfolgen einer gerichtlichen Überprüfung, nicht aber auf den Charakter der Begründung aus.

d) Die Bedeutung der Art der Maßnahme

Der Zweck der Begründungspflicht, dem Gerichtshof eine vollständige Kontrolle zu erlauben[75], findet sicherlich sein Hauptgewicht bei der

---

[72] Art. 144 a) EAGV; s. außerdem Art. 37 Abs. 3 EGKSV.

[73] s. Art. 15 Abs. 1 der VO Nr. 17 sowie Abs. 3 dieses Artikels. Wenn dort die Berücksichtigung der Schwere des Verstoßes und die Dauer einer Zuwiderhandlung bei der Festsetzung der Höhe der Geldbuße vorgeschrieben wird, so folgt hieraus, daß sich derartige Darlegungen auch in der Begründung der Entscheidung finden müssen. Dies erscheint aber nicht nur bei Art. 15 Abs. 3 VO Nr. 17 erforderlich, sondern muß entsprechend auch bei anderen Sanktionsmaßnahmen gelten.

[74] s. die instruktive Chininhersteller-Entscheidung RsprGH 16, 685 ff. (speziell zur Geldbuße S. 703 ff.) einerseits sowie die angefochtene Entscheidung der Kommission vom 16. 7. 1969, ABl. Nr. L 192 S. 5 ff. (speziell zur Höhe der Geldbuße S. 20 f.) und außerdem RsprGH 14, 416 und GA *Roemer* RsprGH 14, 433 f.

[75] Vgl. *Bebr*, Control, S. 84; *Bebr* KSE Bd. 1, 87; *Becker*, allgemeines Ver-

Überprüfung individueller Entscheidungen. Bei diesen Maßnahmen, die jeweils auf eine konkrete, tatsächliche Situation gestützt sind, ist die Erkennbarkeit der ihnen zugrunde liegenden Tatsachen für eine sichere Nachprüfungsmöglichkeit von eminenter Wichtigkeit. Ohne die Darlegung dieser Tatsachen ist die Beurteilung ihrer Tragfähigkeit und der aus ihnen abgeleiteten rechtlichen Folgerungen, die schließlich zum Erlaß der die konkrete Situation regelnden Maßnahme führen, in Frage gestellt.

Dies ist sicherlich in diesem Maße bei Richtlinien und vor allem bei Verordnungen nicht der Fall. Im Unterschied zu individuellen Entscheidungen regeln diese Maßnahmen grundsätzlich nicht nur einen konkreten Fall, eine punktuelle Situation, sondern greifen einen größeren Komplex des Wirtschaftsgeschehens als Gegenstand ihrer Regelung heraus, sind auf die Regelung allgemeiner, andauernder Situationen ausgerichtet[76].

Bei diesen Maßnahmen werden selbstverständlich die tatsächlichen Gegebenheiten in die zu ihrem Erlaß führenden Erwägungen mit einbezogen. Einzeltatsachen sind hier jedoch in der Regel nur das auslösende Moment für die als erforderlich erachtete und geplante Regelung zur generellen Neuordnung der wirtschaftlichen bzw. kernindustriellen Gegebenheiten des betreffenden Sektors.

Auch beim Erlaß von Richtlinien und Verordnungen können Rat und Kommission nur im Rahmen der vertraglichen Ermächtigungen tätig werden, und der Gerichtshof hat seine Kontrolltätigkeit außer auf Zuständigkeits- und Formfragen auch auf die Überprüfung der Einhaltung der Ermessensgrenzen und der gemeinschaftsrechtlichen Ermächtigungen zu erstrecken. Haben die Erlaßorgane aber — trotz der gesetzesgleichen Wirkung bestimmter, von ihnen erlassener Richtlinien und Verordnungen[77] — nicht einen den nationalen Gesetzgebungsorganen vergleichbaren Status und sind ihre Maßnahmen daher ohne sachliche Einschränkung überprüfbar, ist auch bei diesen Maßnahmen die von den Vertragsnormen geforderte Begründung von nicht geringer Tragweite für die richterliche Kontrolle. Selbst wenn es als zulässig angesehen werden sollte, daß die Begründung bei Verordnungen und

---

waltungsverfahren, S. 56; *Börner* S. 89, 150; *Bonaert u. a.* S. 39, 46; *Bülow* S. 278; *Daig*, Handbuch, Anm. 1 a) zu Art. 190; *Ehle* Anm. 5 zu Art. 190; *Fuß* EuR 1968, 303; *Fuß*, Rechtsstaatsgedanke, S. 33, 73; *Euler* S. 233; *Fromont*, Rechtsschutz, S. 249; *Ipsen* KSE Bd. 1, 511; *de Laubadère* KSE Bd. 1, 486; *Maas* S. 10 f.; *Mertens de Wilmars* S. 674; *Steindorff*, Rechtsschutz, S. 71; *Thierfelder* S. 29; *le Tallec-Ehlermann* S. 151; *Schrans* Sp. 284.

[76] Insoweit können ihnen die an Staaten gerichteten, deren Rechtsetzung betreffenden Entscheidungen gleichgestellt werden, s. *Steindorff*, Rechtsschutz, S. 94 f., 97.

[77] s. hierzu u. Teil C IV § 2 Teil 2 2 b) und c).

Richtlinien ihrer Natur gemäß weniger umfangreich und detailbezogen ausfällt als bei Entscheidungen, kann man daher nicht der Meinung zustimmen, daß die Begründung bei Verordnungen und Richtlinien ausschließlich zur Rechtfertigung einer politisch getroffenen Wahl dient und für die richterliche Kontrolle ohne Belang ist[78].

4. Ausreichende Information beteiligter Nichtadressaten

a) Publizierungspflicht und -befugnis

Während bei Verordnungen mit ihrer Veröffentlichung neben der Geltungsanordnung auch die Sichtbarmachung dessen, was gelten soll, verbunden ist, besteht bei Entscheidungen eine Publizierungspflicht grundsätzlich nicht. Auch bei anderen Maßnahmen als Verordnungen kann aber bei Marktbürgern, die nicht selbst Adressat sind, ein sachliches Interesse an der Kenntnis ihres Inhalts bestehen.

Der EGKSV sieht in Art. 65 § 2 Abs. 5 die Veröffentlichung von Entscheidungen, die über die Genehmigung wettbewerbsbeeinflussender Vereinbarungen befinden, samt der (maßgeblichen[79]) Gründe vor. Auch Genehmigungen von Unternehmenszusammenschlüssen werden mit ihren wesentlichen Gesichtspunkten trotz Fehlens einer Veröffentlichungspflicht in Art. 66 EGKSV von der Kommission publiziert[80]. Diese Veröffentlichungen sind Ausdruck der grundsätzlichen Publizitätsfreundlichkeit des Montanvertrages[80], die sich deutlich in Art. 46 und 47 Abs. 2 offenbart. Auch Art. 4 Abs. 2 der Entscheidung 22/60[81], die zur Ausführung des Art. 15 EGKSV erging, sieht generell vor, daß individuelle Entscheidungen veröffentlicht werden können, soweit es die Hohe Behörde für zweckmäßig hält.

Art. 85 und 86 EWGV, die den Art. 65 und 66 EGKSV entsprechen, enthalten keinen Hinweis auf eine Veröffentlichungspflicht oder -befugnis, was sich aus dem Rahmencharakter des Vertrages erklärt. Entsprechende Veröffentlichungspflichten sind daher vor allem in den den Vertrag ausfüllenden Verordnungen zu suchen.

Neben der Veröffentlichungsbefugnis in Art. 89 Abs. 2 Satz 2 des Vertrages selbst findet sich in Art. 21 der zu Art. 85 und 86 EWGV ergangenen Ausführungsverordnung Nr. 17/62 die Pflicht zur Ver-

---

[78] So *Maas* S. 16; *Louis* S. 32; entschieden a. A. auch *Rabe* S. 27, der den Grund für die Aufnahme einer Begründungspflicht gerade in der Ermöglichung der richterlichen Kontrolle sieht. s. auch RsprGH 14, 144; 12, 50; sowie die Begründung der VOen Nr. 17/62 (ABl. S. 204), Nr. 19/65 (ABl. S. 533), 67/67 (ABl. S. 849), 38/64 (ABl. S. 965) und der Richtlinie 64/220 (ABl. S. 845).

[79] RsprGH 10, 1173; vgl. auch u. Teil C IV § 1 2 a) und d) sowie o. Teil A IV 1 a).

[80] s. hierzu *Hanebuth* S. 221 f. (224 f.).

[81] ABl. S. 1248.

öffentlichung von Kartellentscheidungen und deren wesentlichem Inhalt[82]. Weitere EWG-Verordnungen, die Vorschriften über die Veröffentlichung von Entscheidungen enthalten, sind Art. 2 Abs. 2 und Abs. 4 der Verordnung 26/62[83] und Art. 20 Abs. 2 der Verordnung Nr. 11/60[84].

Aus diesen vereinzelten gemeinschaftsrechtlichen Hinweisen auf die Veröffentlichung von Entscheidungen läßt sich nicht der Schluß ziehen, daß ohne entsprechenden Hinweis eine Publizierung grundsätzlich unzulässig sei. Art. 89 Abs. 2 Satz 2 EWGV, Art. 21 VO Nr. 17/62, Art. 2 Abs. 2 und 4 VO Nr. 26/62, die alle Entscheidungen bezüglich kartellrechtlicher Fragen betreffen, stellen vielmehr nur eine gewisse Einschränkung des Grundsatzes des weitgehenden Schutzes der Unternehmensbelange dar, der generell einer allgemeinen Offenlegung entgegensteht. Deshalb dürfen auch gemäß Art. 2 Abs. 4 VO Nr. 26/62 und Art. 21 Abs. 2 VO 17/62 zwar die Beteiligten, aber nur der wesentliche Inhalt der Entscheidung der Kommission veröffentlicht werden. Den berechtigten Interessen der Unternehmen an der Wahrung ihrer Geschäftsgeheimnisse muß in jedem Fall Rechnung getragen werden.

Das grundsätzliche Recht des Erlaßorgans, eine Maßnahme im Amtsblatt zu veröffentlichen, wird also durch die wenigen eine Publizierung erwähnenden Vorschriften des EWG-Rechts nicht beeinträchtigt. Dementsprechend behält sich z. B. der Rat in Art. 15 Abs. 3 seiner Vorläufigen Geschäftsordnung[85] die Möglichkeit vor, zu entscheiden, ob Richtlinien, Entscheidungen sowie Empfehlungen zu Unterrichtungszwecken im Amtsblatt veröffentlicht werden sollen. Der Gerichtshof hält eine solche Veröffentlichung für wünschenswert[86].

b) Ursache des Publizitätsinteresses

Diese Publizierungspflichten bzw. -befugnisse zeigen, daß sich die Bedeutung von Maßnahmen, die nur an bestimmte Adressaten gerichtet sind, nicht in der Unterrichtung dieser Personen durch Zustellung an sie erschöpft, sondern darüberhinaus ein weiter reichendes Interesse an der Kenntnis dieser Maßnahmen besteht oder bestehen kann. Der Grund hierfür liegt in dem wirtschaftlichen Charakter der durch die Maßnahmen geregelten Materie. Bei Maßnahmen, die teilweise auf recht komplizierten wirtschaftlich-technischen Zusammenhängen be-

---

82 s. auch die Begründung dieser VO!

83 ABl. S. 993.

84 ABl. S. 1121. — Der EAGV läßt verständlicherweise wegen des Gegenstandes der geregelten Materie Publizitätspflichten weitgehend vermissen. Veröffentlichungspflichten in Art. 5 Abs. 3 und 4, Art. 11, 13, 40, 44 sind nicht auf Entscheidungen bezogen, sondern betreffen die Kernforschung in größerem Rahmen. Sie sind zudem meist an Zustimmungserfordernisse gebunden.

85 Abgedruckt bei *Ule*, Ausland, S. 979 ff. (983).

86 RsprGH 10, 29.

ruhen bzw. an wirtschaftspolitischen Zielsetzungen orientiert sind und weitreichende Konsequenzen haben, kann Dritten in vergleichbarer oder wirtschaftlich abhängiger Situation auch die an einen anderen gerichtete Maßnahme nicht gleichgültig sein. Kenntnisse über die Art der Anwendung der Verträge durch die Gemeinschaftsorgane können für sie existenzerheblich sein.

c) Der Personenkreis mit sachlich berechtigtem Informationsinteresse

Als Dritte in diesem Sinn kommen die in Art. 46 Abs. 1 EGKSV als „Beteiligte" Bezeichneten in Betracht: Unternehmer, Arbeitnehmer, Verbraucher, Händler. Damit ist jedoch noch nicht gesagt, daß diese Personenkreise auch stets „Beteiligte" sind. Diese Frage muß vielmehr nach dem Gegenstand der Regelung der jeweiligen Maßnahme beurteilt werden. Dementsprechend kann man als Beteiligten jeden, aber auch nur denjenigen ansehen, dessen Tätigkeitsbereich mit dem Inhalt der Entscheidung in Zusammenhang steht bzw. für den die Offenlegung der Gründe, die zu der Maßnahme führten, von praktischem Nutzen sein kann[87].

Eine derartige Einschränkung erscheint erforderlich, da bei wirtschaftlichen Maßnahmen ein Interesse der nicht betroffenen Marktbürger aus den verschiedensten Gründen — oft auch nur aus Wißbegier — fast regelmäßig vorliegen wird. Alle möglichen Interessen bei der Ausgestaltung der Begründung einer Maßnahme stets zu berücksichtigen, würde die Gemeinschaftsorgane aber zu stark beanspruchen[88].

Da diese wirtschaftlich betroffenen Nichtadressaten nur in engen Grenzen eine Entscheidung selbst vor dem Gerichtshof angreifen können[89], andererseits aber deren Regierung eine politische Verantwortung

---

[87] So Art. 47 Abs. 2 S. 2.

[88] Dem Wortlaut nach weiter, der Sache nach aber ähnlich das nationale Recht: *Langen* Anm. 4 zu § 57 GWB: „allgemeines Interesse an den für die Kartellbehörde maßgebenden Gesichtspunkten"; ähnlich Frankfurter Kommentar Anm. 10 zu § 57; *Rasch-Westrick* Anm. 3 zu § 57; *Müller-Gries-Gießler* Anm. 1 zu § 57 s. auch *Auby-Drago* Bd. II S. 583: „garanties offertes au public".

[89] s. hierzu *Tomuschat*, Vorabentscheidung, S. 91 f.; *Weidinger* S. 37 ff. (39), 51 ff. (54 f., 58), 88 ff., 100 ff. Wenn dieser die Klagebefugnis der wirtschaftlich Betroffenen im Nichtigkeitsverfahren für den praktisch wichtigen Fall der Kartellentscheidungen durch ausdehnende Auslegung der Zulässigkeitsvoraussetzungen in Anlehnung an das deutsche Verfahrensrecht in Kartellsachen erweitern will, so ist diese Tendenz durchaus zu begrüßen. Die Anlehnung *Weidingers* an das deutsche Kartellrecht bei der Eruierung seiner Ergebnisse und damit die Abhängigkeit der Befugnis zur Klageerhebung von dem aus Praktikabilitätsgründen einzuführenden Faktor der Schwere der wirtschaftlichen Betroffenheit bringt aber auch durch die Unbestimmtheit dieses Begriffs Probleme mit sich sowie eine Ungewißheit über die Arbeitsbelastung des Gerichtshofs und damit auch der Exekutivorgane, wenn der Grad der Betroffenheit nicht zu hoch angesetzt und damit die Klagebefugnis wieder auf einzelne Ausnahmefälle beschränkt werden soll.

für sie trägt und zudem ein Klagerecht besitzt, ist die jeweilige Regierung auch aus diesem Grund in den Kreis der Personen mit gesteigertem Informationsbedürfnis einzubeziehen[90].

d) Auswirkung der Publizität auf die Begründung

Wo nun das Vertragsrecht dem Informationsbedürfnis der Beteiligten durch die Pflicht zur Veröffentlichung bestimmter Entscheidungen Rechnung trägt, muß sich dies auch in der Gestaltung der Begründung der Entscheidungen niederschlagen. Weder die Publizierung des Tenors der Entscheidung allein, noch eine Begründung, die nur für die unmittelbar Betroffenen verständlich ist, kann die dargelegte Funktion der Veröffentlichung erfüllen[91]. Andererseits ist es weder zweckentsprechend noch verständnisfördernd, alle Details, die zum Erlaß einer Maßnahme beitragen, anzuführen. Erforderlich und ausreichend zur Erfüllung des Zwecks der Information beteiligter Nichtadressaten ist eine Begründung, die das Verständnis der veröffentlichten Entscheidungen und der mit ihnen verfolgten Wirtschaftspolitik dem sich in ähnlicher Lage befindenden Nichtadressaten bei objektiver Betrachtung ermöglicht[79].

Als Ergebnis läßt sich somit festhalten, daß die Begründung in Fällen, in denen eine Entscheidung veröffentlicht wird, auch den Zweck hat, vom konkreten Fall nicht unmittelbar Betroffene in ähnlicher oder wirtschaftlich tangierter Situation zu orientieren[92].

5. *Die Information des Europäischen Parlaments*

Gemäß Art. 20 EGKSV, Art. 137 EWGV, Art. 107 EAGV, Art. 1 des Abkommens über gemeinsame Organe für die europäischen Gemeinschaften[93] übt die Versammlung, die sich „Europäisches Parlament" nennt, die Beratungs- und Kontrollbefugnisse über die Exekutivorgane aus, die ihr nach dem jeweiligen Vertrag zustehen. Zu diesem Zweck wird ihr ein jährlicher Gesamtbericht von der Kommission vorgelegt[94].

---

[90] s. außerdem o. Teil A VI 3 c).

[91] Zum hierbei entstehenden Spannungsverhältnis zum Geheimnisschutz, den Folgen für die Begründung und den hieraus gezogenen Konsequenzen s. *Hanebuth* S. 224 f.

[92] RsprGH 9, 145; ähnlich schon RsprGH 8, 552 f.; *Bülow* S. 278; *Ehle* Anm. 5 zu Art. 190; *Fuß* EuR 1968, 302 f.; *Fuß*, Rechtsstaatsgedanke, S. 33; *Hanebuth* S. 221; *König* S. 957; *le Tallec-Ehlermann* S. 155; ablehnend *Mono* S. 95 Fn. 52.

[93] BGBl. II 1957 S. 1156.

[94] Art. 24 EGKSV; Art. 143 EWGV; Art. 113 EAGV; Art. 18 des Vertrages zur Einsetzung eines gemeinsamen Rates und einer gemeinsamen Kommission der Europäischen Gemeinschaften (V. gem. R. u. K.), BGBl. 1965 II S. 1454.

Außerdem steht dem Europäischen Parlament sowie dessen Mitgliedern ein Fragerecht gegenüber der Kommission zu[95]. Neben diesem Informationsrecht hat das Europäische Parlament noch das vertragliche Recht, wegen der Tätigkeit der Kommission einen Mißtrauensantrag einzubringen. Wird dieser mit den erforderlichen Mehrheiten angenommen, müssen die Mitglieder der Kommission geschlossen ihr Amt niederlegen[96]. Schon hier zeigt sich die schwache Position des Europäischen Parlaments: Es hat keinen Einfluß auf die Neubesetzung der Kommission[97], so daß die Regierungen die Möglichkeit hätten, die bisherigen Kommissionsmitglieder erneut zu berufen.

Die Kontrollbefugnis des Parlaments ist auch nicht allgemeiner Art, sondern auf die vertraglich eingeräumten Kompetenzen beschränkt[98]. Sie ist rein politischer Natur mit rein politischen Folgen[96] und erstreckt sich deshalb auch nur auf eine Überprüfung der grundsätzlichen Erfüllung der Aufgaben durch die Kommission[99]. Die Rechtmäßigkeitskontrolle im Einzelfall obliegt dem Gerichtshof.

Zwar wird außerdem ein auf parlamentarischen Brauch gestütztes Recht zu Anfragen außerhalb des in den Verträgen vorgesehenen Verfahrens praktiziert[100], und das Parlament hat sich in seiner Geschäftsordnung ein gewisses moralisch-politisches Druckmittel geschaffen, indem es auch unbeantwortete Anfragen nach Ablauf von zwei Monaten im Amtsblatt veröffentlicht[101]. All dies kann aber den Eindruck nicht verwischen, daß das Parlament nur sehr rudimentär mit echten parlamentarischen Kompetenzen ausgestattet ist[102].

Bereits weiter oben[103] wurde darauf hingewiesen, daß die Aufgaben des Parlaments im modernen Industriestaat einem Wandel unterworfen sind, der das Parlament in zunehmendem Maße zu einem überwiegend politischen Kontrollorgan werden läßt. In diese Tendenz paßt sich die politische Kontrollbefugnis des Europäischen Parlaments ein. Allerdings sind auch die ihm zugestandenen politischen Kontrollkompetenzen noch sehr begrenzt.

Die Begründung der Maßnahmen von Kommission und Rat wird nun sicherlich dazu beitragen, das dem Europäischen Parlament zustehende generelle Kontrollrecht zu unterstützen, sein Fragerecht zu intensivie-

---

95 Art. 23 Abs. 3 EGKSV; Art. 140 Abs. 3 EWGV; Art. 110 Abs. 3 EAGV.
96 Art. 24 Abs. 2 und 3 EGKSV; Art. 144 EWGV; Art. 114 EAGV.
97 Art. 11, 12 V. gem. R. u. K.
98 s. die eingangs zit. Bestimmungen.
99 s. dazu *Hanebuth* S. 216, 233 m. w. N.
100 s. die Beispiele bei *Hanebuth* S. 232.
101 Geschäftsordnung des Europäischen Parlaments, Art. 45 Abs. 3 in der Fassung vom 10. 11. 1967 (ABl. Nr. 280).
102 s. auch o. Teil B I 1 a).
103 Fn. 12.

ren, indem ihm auf diese Weise die Auffassungen und Ziele des handelnden Organs sichtbar gemacht werden. Über die Begrenzung der Befugnisse des Europäischen Parlaments könnte allerdings selbst eine noch so detaillierte Begründung nicht hinweghelfen. Das erforderliche Mittel kann hier nur die Erweiterung dieser Kompetenzen sein[104], mit deren Anwachsen auch die Bedeutung der Begründung für die Information des Europäischen Parlaments wachsen wird. Bei dem heutigen Umfang der Kompetenzen des Europäischen Parlaments muß die Tragweite der Begründungspflicht für eine zweckgerichtete Information des Europäischen Parlaments zwangsläufig begrenzt sein und kann auch durch eine Erhöhung der Anforderungen an den Begründungsinhalt in zumutbarem[105] Maße nicht erweitert werden. Demgemäß müssen auch die Erlaßorgane diesem Zweck der Begründungspflicht bei der Abfassung der Begründung ihrer Maßnahmen keine erhöhte Bedeutung beimessen[106] und dürfen die Anforderungen an die Begründung aus der Sicht dieses Zwecks nur seiner möglichen Effektivität entsprechend angesetzt werden.

Die Begründung stellt damit zwar ein Mittel dar, das für die spärlichen politischen Kontrollbefugnisse des Parlaments Berücksichtigung finden kann und wird. Die Information des Europäischen Parlaments stellt aber eher eine positive Folge dar, die es zu nutzen gilt als einen Zweck der Begründungspflicht, zumindest jedoch von der Begründungspflicht aus gesehen einen Zweck von geringerer Wichtigkeit bzw. einen Nebenzweck. Nur in diesem Sinn dürfte auch die knappe Äußerung von GA *Lagrange*[107] zu verstehen sein, auf die sich verschiedentlich Literaturstimmen bei der Erwähnung der Bedeutung der Begründungspflicht für das Europäische Parlament berufen[108]: „... da sie (Begründung) es ermöglicht, das Handeln eines mit bedeutsamen Befugnissen ausgestatteten Exekutivorgans zu verstehen und zu überwachen. Dies ist insbesondere für das Parlament erforderlich.“ Wenn *Maas*[109] hieran die Bemerkung knüpft: „Wir wollen die richterliche Kontrolle nicht so weit ausdehnen, daß sie die parlamentarische Kontrolle ersetzen würde“, so

---

104 Man beachte allein Art. 21 Abs. 3 EGKSV, Art. 138 Abs. 3 EWGV, Art. 108 Abs. 3 EAGV.

105 Angesichts der Massenhaftigkeit der Maßnahmen muß eine geforderte Arbeitsmehrbelastung in Relation zu ihrem Ergebnis gesehen werden; vgl. in diesem Zusammenhang *Wendt* AWD 1970, 485 und u. Teil C III.

106 So wird vom Gerichtshof z. B. auch bezüglich der Ordnungsmäßigkeit des Zustandekommens einer Maßnahme die Angabe der Tatsache als ausreichend betrachtet, daß die Einholung einer erforderlichen Stellungnahme oder die Durchführung einer erforderlichen Anhörung erfolgt ist, s. u. Teil C IV § 1 3 a).

107 RsprGH 6, 941 f.

108 *Daig* Anm. 1 a) zu Art. 190; *Ehle* Anm. 5 zu Art. 190; *Maas* S. 10; *Schrans* Sp. 294; *le Tallec-Ehlermann* S. 151; *Louis* S. 27.

109 a.a.O. S. 10.

zeigt er durch die Anfügung, „die zum größten Teil in den Gemeinschaften noch zu kurz kommt“, wo die Möglichkeiten und die Grenzen der Bedeutung der Begründungspflicht für das Europäische Parlament liegen.

6. Die Bedeutung der Begründungspflicht für die Auslegung

„Für die Auslegung der verbindlichen Beschlüsse des Rates und der Kommission erscheint es wichtig, daß sie mit Gründen versehen sind[110].“ Diese kurz gefaßte Amtliche Erläuterung der vom EWGV in Art. 190 statuierten Begründungspflicht gibt selbst kein Beispiel einer sachgerechten Begründung ab. Daher bedarf diese Erläuterung einer weiteren kurzen Erläuterung.

Es kann nicht ausgeschlossen werden, daß der verfügende Teil einer Maßnahme unzulänglich abgefaßt und damit mißverständlich oder mehrdeutig wird[111], daß Bestimmungen aus sich selbst heraus nicht voll verständlich sind, ihr Wortlaut unklar ist. In diesen Fällen dient die Begründung eindeutig der Verständnisförderung. Nicht anders liegt es aber, wenn die Begründung vor allem im Rahmen der unter II 2. und II 3. erwähnten Zwecke herangezogen wird, um dem handelnden Organ etwa eine Vertragsverletzung oder einen Ermessensmißbrauch nachzuweisen bzw. diesen Vorwurf zu widerlegen. In erster Linie dient die erklärende Wirkung der Begründung in diesen Fällen jedoch der Effektivierung des Rechtsschutzes und der gerichtlichen Kontrolle, zu deren Realisierung die Auslegung der betroffenen Maßnahme allerdings nützlich oder erforderlich sein kann. Die Erleichterung der Auslegung einer Maßnahme durch deren Begründung ist damit aber eher als Hilfsmittel oder Katalysator, als diesen Zwecken dienender Zweck, d. h. als Nebenzweck zu betrachten[112]. Dies muß auch dort gelten, wo die Begründung nur Informationszwecke erfüllt (II 4. und II 5.). Auch in diesen Fällen steht der Zweck der Information im Vordergrund, so daß die Bedeutung der Begründung für eine erforderliche Auslegung demgegenüber als untergeordnete Hilfsfunktion erscheint.

Die erläuternde Funktion der Begründung einer Maßnahme kann sich demnach bei jedem der Einzelzwecke der Begründungspflicht auswirken, wird jedoch von diesen in den Hintergrund gedrängt.

---

110 BT Ds. 3340 2. Wahlperiode S. 150. Zu den Regierungsbegründungen der übrigen Mitgliedstaaten vgl. u. Teil D Fn. 99.

111 RsprGH 6, 183; GA *Roemer* RsprGH 8, 496.

112 Zu diesen „Nebenzwecken“ der Begründung s.: *Ehle* Anm. 5 zu Art. 190; *Daig* Anm. 1 a) zu Art. 190; *Maas,* S. 11; *Thierfelder* S. 30; a. A. *Louis* S. 27. Im nationalen Recht: *van Poelje-Donner* S. 229; *Grauvogel* IV 2 b) zu § 9 BBauG; *Idel* S. 37; *Mortati* S. 241; *Rivalta* S. 163, 185 f.; stärkere Betonung findet die Begründung als Interpretationshilfe bei *Crisafulli* S. 429, 436.

Auf eine spezielle Bedeutung, die die erläuternde Wirkung der Begründung bei normativen Maßnahmen gewinnt, bleibt noch hinzuweisen.

Zwar können im nationalen Recht Gesetzesmaterialien und Gesetzesbegründungen zu Auslegungszwecken herangezogen werden; im Unterschied zum nationalen Recht sind jedoch im Europäischen Recht die normativen Maßnahmen selbst mit der Begründung zu versehen. Die Begründung wird so zu einem Teil der jeweiligen Maßnahme in einem weiter verstandenen Sinn[113], und aus diesem Grund kann und muß ihr schon als Interpretationsmittel eine wesentlich größere Rechtsbedeutung zukommen, als dies etwa hinsichtlich der Gesetzesmaterialien im nationalen Recht möglich ist[114]. Weder Vorbehalte oder einschränkende Erklärungen während der vorbereitenden Beratungen noch inoffizielle Auslegungen in formlosen Mitteilungen des normsetzenden Organs können den Wirkungsbereich der Maßnahme beeinflussen. Die Offenbarung der maßgebenden Meinungen und Ansichten durch die Begründung bei Erlaß einer Maßnahme stellt darüber hinaus eine Grundlage dafür dar, daß die Bestimmung in allen Mitgliedstaaten die gleiche Tragweite hat und damit die einheitliche Anwendung des Gemeinschaftsrechts gewährleistet wird[115]. Diese sich aus dem zwischenstaatlichen Charakter der Gemeinschaftsbestimmungen ergebende Besonderheit gibt der Begründung als Mittel für die Auslegung einen speziellen Sinn.

---

[113] s. u. Teil C IV § 1 2 g) aa).

[114] Ebenso *Ipsen*, Festschrift, S. 83 Fn. 89 bezüglich Richtlinien.

[115] s. hierzu RsprGH 16, 460; daneben kann bei unterschiedlicher Fassung in den Vertragssprachen der objektive Zweck des Rechtsaktes Berücksichtigung finden: RsprGH 15, 419 (Rs. 29/69); keinesfalls kann aber die Auslegung mitgliedstaatlicher Organe Verbindlichkeit erlangen, da sie einen Eingriff in die Kompetenz des GH darstellen würde; s. auch u. Teil C IV § 2 2 b).

TEIL C

Inhalt und Umfang der Begründungspflicht

I. Verhältnis der Begründungspflicht zur Vertragsverletzung

Die Gegenüberstellung und Abgrenzung der Bedeutung der Begründung als Formerfordernis und ihrer Bedeutung bei der Prüfung von Vertragsverletzungen zu Beginn dieses Kapitels erscheint von Vorteil, da aus einer solchen Abgrenzung für die inhaltliche Gestaltung der Begründung erste Rückschlüsse zu ziehen sein werden.

a) Gemeinsamkeiten und Unterschied

Die Begründung ist sowohl bei der Prüfung der Verletzung wesentlicher Formvorschriften als auch bei der Prüfung der Verletzung des Gemeinschaftsrechts von maßgeblicher Bedeutung. Beide Klagegründe stellen zwar einen Aspekt der Rechtswidrigkeit dar, dennoch ist ihre Unterschiedlichkeit zu beachten und eine Vermischung im recours en annulation zu vermeiden[1].

Die Begründung einer Maßnahme ist von ihrer materiellen Rechtmäßigkeit zu unterscheiden, fehlende oder unzureichende Begründung und falsche Begründung sind auseinanderzuhalten.

Mitunter lassen sich diese beiden Fälle der Rechtswidrigkeit nicht einfach voneinander trennen bzw. beide Klagegründe scheinen ineinander überzugehen, da sich die Anforderungen an die Begründung mit der jeweiligen Maßnahme ändern und der Übergang um so flüssiger wird, je größer die an die Begründung zu stellenden Anforderungen sind[2]. In aller Regel lassen sich beide Klagegründe jedoch voneinander unterscheiden.

Die Begründung als Formvorschrift verlangt zunächst die Prüfung, ob überhaupt eine Begründung vorhanden ist[3]. Darüberhinaus ist zu prüfen, ob die gegebene Begründung als Begründung im Sinne der

---

[1] a. A. für das französische Recht *Bénoit* S. 581, der es für entscheidend und ausreichend hält, daß festgestellt wird, daß eine Maßnahme einen excès de pouvoir darstellt; wie hier für das italienische Recht *Rivalta* S. 179, 202.

[2] Hierzu im einzelnen s. u. C IV § 1 2. und *Bülow* S. 278 sowie GA *Roemer* RsprGH 10, 1191.

[3] Dies ist keineswegs nur eine theoretische Fehlermöglichkeit: s. RsprGH 9, 677; 13, 125 sowie GA *Lagrange* RsprGH 8, 83 und u. Teil D II 5.

Verträge angesehen werden kann, d. h. ob die Begründung ausreichend ist, was sich nach den mit dem Formerfordernis der Begründung verfolgten Zwecken zu richten hat. So muß die Begründung etwa den konkreten Sachverhalt genügend klar und unzweideutig abgrenzen[4], darf nicht gegen offensichtliche Denkfehler verstoßen[5], d. h. sie muß schlüssig sein[6].

Die Richtigkeit der rechtlichen Erwägungen des erlassenden Organs ist dagegen ebenso in die Sachprüfung zu verweisen wie die Frage des Zutreffens der tatsächlichen Feststellungen[7]. Denkbar ist dabei durchaus, daß eine Maßnahme materiell zutreffend ist, aber gegen die Pflicht zur ausreichenden Begründung und damit eine wesentliche Formvorschrift verstößt wie umgekehrt eine unter dem Gesichtspunkt der Begründungspflicht ausreichende Begründung eine Vertragsverletzung nicht ausschließt, wenn die sachliche Prüfung ergibt, daß das Erlaßorgan eine irrige Rechtsansicht zugrunde legte oder sich von unzutreffenden Fakten leiten ließ.

Genau genommen liegt auch in dem Verstoß gegen die den Gemeinschaftsorganen obliegende Begründungspflicht eine Verletzung des jeweiligen Vertrages oder einer bei seiner Durchführung anzuwendenden Norm. Die Aufzählung der Verletzung wesentlicher Formvorschriften neben der Vertragsverletzung im Rahmen der Klagegründe des recours en annulation wäre jedoch überflüssig, wenn jeder Verstoß gegen die Begründungspflicht als Vertragsverletzung zu behandeln wäre. Die selbständige Bedeutung, die ihm die Gemeinschaftsverträge einräumen, erlangt der Klagegrund der Verletzung wesentlicher Formvorschriften nur, indem man ihn im Verhältnis zur Vertragsverletzung als spezielleren Klagegrund ansieht. Im Verfahren mit pleine juridiction behält die Verletzung der Begründungspflicht als Formvorschrift, mit der zugleich das Gemeinschaftsrecht verletzt wird, insofern aber Bedeutung, als diese Vertragsverletzung eine Schadensersatzpflicht des handelnden Organs hervorrufen kann[8].

b) Die Rechtsprechung des Gerichtshofs

Der Gerichtshof hat in seiner langjährigen Rechtsprechung des öfteren die Grenzen zwischen der Verletzung der Begründungspflicht als Ver-

---

[4] RsprGH 15, 264; 15, 285.

[5] GA *Roemer* RsprGH 11, 982; *Schrans* Sp. 286; *Mertens de Wilmars* S. 675; *Bonaert u. a.* S. 42.

[6] RsprGH 3, 38; *Maas* S. 11; im einzelnen s. u. C IV § 1 2.

[7] Dabei ist ein sachlicher Irrtum von einer irreführenden Darstellung der Gründe zu unterscheiden, s. u. C IV § 1 2 g).

[8] s. RsprGH 6, 990 bezüglich einer unbegründeten Entlassungsverfügung. Diese Entscheidung stellt daher keine Vermischung der beiden Klagegründe dar, wie *Becker*, Einfluß, S. 120 meint.

letzung einer wesentlichen Formvorschrift und der Vertragsverletzung verwischt. Nachdem er in der Rechtssache 2/56 beide Klagegründe deutlich voneinander trennte[9], in der Rechtssache 31/59[10] die Auffassung der Verletzung der Begründungspflicht als Vertragsverletzung akzeptierte, rechtfertigte er in der Rechtssache 13/60[11] im Rahmen der Prüfung der Verletzung wesentlicher Formvorschriften die Begründung damit, daß er die angegebenen Gründe als durchgreifend ansah. Ähnlich ist auch seine Rechtfertigung in der Rechtssache 14/61, wo der Gerichtshof ausführt: „Wenn auch die Entscheidungsgründe als unzureichend ausgeführt erscheinen mögen, so hat doch die Prüfung ihrer sachlichen Richtigkeit erwiesen, daß sie stichhaltig sind[12].“ In der Rechtssache 34/63[13] hatte der Gerichtshof die notwendige Unterscheidung zwischen Begründung und materieller Rechtmäßigkeit wieder ausdrücklich hervorgehoben, indem er die auf die Verletzung wesentlicher Formvorschriften gestützte Rüge nur insoweit untersucht, als „sie sich nicht gegen die inhaltliche Richtigkeit der Begründung richtet“. Sachliche Erörterungen bei der Überprüfung der Begründungspflichtverletzung finden sich aber wieder in der Rechtssache 3/67[14].

Für diese Aufweichung der Grenzen zwischen dem Klagegrund der Verletzung wesentlicher Formvorschriften und der Vertragsverletzung in einigen Entscheidungen des Gerichtshofs ist wohl kaum eine Verkennung der Notwendigkeit der Unterscheidung beider Klagegründe verantwortlich zu machen. Der Grund hierfür dürfte eher in einem manchmal noch vorhandenen Unbehagen liegen, aus formellen Gründen eine Maßnahme aufzuheben[15], oder in dem Bemühen des Gerichtshofs, möglichst deutlich auf die von dem Kläger vorgebrachten, sich überschneidenden Rügen einzugehen[16]. Grundsätzlich geht der Gerichtshof von der Trennung der Nichtigkeitsgründe aus, wie sie Art. 33 EGKSV, Art. 173 EWGV und Art. 146 EAGV vorsehen, und erkennt deren Selbständigkeit an[17].

---

[9] RsprGH 3, 38; ebenso in derselben Rs. GA *Roemer* RsprGH 3, 56, 57 f.
[10] RsprGH 6, 181.
[11] RsprGH 8, 236.
[12] RsprGH 8, 552.
[13] RsprGH 9, 315.
[14] RsprGH 14, 48; vgl. auch RsprGH 6, 922 bis 929; 11, 970 f. und 17, 427.
[15] s. hierzu u. Teil D II 3.
[16] So z. B. deutlich in der Rs. 2/65, RsprGH 12, 571.
[17] Die eindeutigen Bekenntnisse des GH widerlegen auch die gegenteilige Meinung *Clevers* a.a.O. S. 164, 166, 168, der die teilweise Verwischung der Grenze zwischen beiden Klagegründen als absichtliches Hineinziehen der materiellen Prüfung der Gründe (im Sinne der Kontrolle der motifs im französischen Recht) in den Klagegrund der Verletzung wesentlicher Formvorschriften auslegt. S. 164 verkennt er, daß der GH unter dem Gesichtspunkt der Verletzung der Begründungspflicht nicht die logische Vereinbar-

II. Die Unmöglicheit der generellen Festlegung des Begründungsinhalts

Die Organe der europäischen Gemeinschaften besitzen keine generelle Handlungsbefugnis, sie sind vielmehr an die die Befugnis zum Handeln einräumenden Bestimmungen und deren Bedingungen gebunden, mögen diese mehr oder weniger zahlreich oder mehr oder weniger präzisierend gefaßt sein[18].

Vor dem Erlaß einer Maßnahme stellt das Gemeinschaftsorgan dementsprechend bestimmte Tatsachen fest, nimmt etwa erforderliche Beweise auf, führt eine Beweiswürdigung durch und trifft eine abschließende Sachverhaltsfeststellung vor der rechtlichen Subsumtion dieses festgestellten Sachverhaltes[19].

Da das Verfahren, das dem Erlaß einer Maßnahme vorausgeht, jeweils — dem spezifischen Inhalt der Maßnahme entsprechend — unterschiedlich ist, andererseits aber die Grundlage einer sachgemäßen Begründung bilden muß, wäre es verfehlt, den Inhalt der Begründung a priori generell festlegen zu wollen. Ein solcher Versuch müßte zwangsläufig an der Vielgestaltigkeit der Maßnahmen scheitern. Bestimmender Einfluß auf die Begründung muß folglich der Individualität der jeweiligen Maßnahme — der Rechtsnatur wie dem konkreten Inhalt nach — beigemessen werden. Allgemeingültige Aussagen über den Inhalt der Begründung von Maßnahmen der europäischen Gemeinschaftsorgane werden sich aus diesem Grund auch lediglich insoweit treffen lassen, als sie von den unterschiedlichen Kategorien der Maßnahmen ausgehen und nur bestimmte Mindestanforderungen darstellen, denen generelle Bedeutung zukommt.

Bei der Festlegung dieser Grundlagen wird darüber hinaus zu berücksichtigen sein, daß die Begründungspflicht, wie jedes Formerfordernis,

---

keit der Begründung mit den Vertragsvorschriften, sondern mit dem verfügenden Teil der Maßnahme prüft (s. dazu u. C IV § 1 2 g)).

S. 166 übersieht er, daß die Frage der Rechtfertigung einer Entscheidung durch die Begründung sowohl formell als auch materiell geprüft werden kann und in der zit. Rechtssache die Aufhebung wegen materiell unzureichender Begründung, d. h. mangelnder Begründetheit erfolgte, vgl. RsprGH 12, 12 im Gegensatz zu 12, 11!

Auch das Zitat S. 168 (= RsprGH 6, 989) ist unzutreffend. Aus den folgenden Erörterungen des GH (RsprGH 6, 990) ergibt sich deutlich, daß der GH an der zit. Stelle nur die Anforderungen an die Schlüssigkeit der Begründung untersuchte und nicht eine materielle Kontrolle vornahm. Zu Unrecht beruft sich *Clever* außerdem S. 166 auf *Becker*, Einfluß, S. 120 f.

[18] Vgl. Art. 4 EWGV, Art. 3 EAGV und GA *Lagrange* RsprGH 6, 943.

[19] Im Rahmen dieses Vorgangs oder bei dessen Abschluß sind von dem Erlaßorgan häufig Mitteilungs- oder Anhörungspflichten oder Zustimmungserfordernisse zu beachten oder es ist ein Vorschlagsrecht auszuüben, s. dazu o. Teil B I 1 a).

einen arbeitsmäßigen Aufwand von den Organen der Gemeinschaften erfordert, deren Tätigkeit nicht unnötig und unzumutbar belastet werden darf.

III. Die Behinderung der Verwaltung durch Formvorschriften

Dieser Gesichtspunkt ist keineswegs auf das europäische Recht beschränkt, sondern überall dort anzutreffen, wo es um das Handeln der Verwaltung schlechthin geht. Auch im nationalen Recht der Mitgliedstaaten wird auf das Erfordernis der Schnelligkeit und Einfachheit gerade der modernen Verwaltung hingewiesen[20]. Jedoch sind die Konsequenzen, die hieraus für die Begründungspflicht gezogen werden, unterschiedlich.

a) Argumente im nationalen Recht

Teilweise wird eine Begründung angesichts der umfassenden Prüfung der sachlichen Gesichtspunkte und Beweggründe durch die Rechtsprechung für überflüssig gehalten[21], oder es wird die Suche nach der Verwaltung angenehmen Lösungen gefordert[22].

Andere Meinungen räumen zwar ein, daß die Begründungspflicht das Verwaltungsverfahren kompliziert und daß dieses Argument schon angesichts der Anzahl der Verwaltungsakte nicht ohne Gewicht sein kann, wollen aber nur Teilzugeständnisse an die Verwaltung machen oder sie stellen diesem Argument Gegenargumente entgegen.

So wird einerseits auf die von Fall zu Fall unterschiedliche Tragweite des Begründungszwangs und auf die Möglichkeit hingewiesen, in begrenztem Umfang, wie z. B. bei echten Dringlichkeitsmaßnahmen oder wenn einem Antrag voll entsprochen wird, Ausnahmen zuzulassen[23]. Auf der anderen Seite wird zum Ausdruck gebracht, daß eine noch stärkere Beeinträchtigung des Arbeitsablaufs der Verwaltung

---

[20] s. z. B. für das *belgische* Recht: *Buch* S. 105; für das *deutsche* Recht: EVwVerfG 1963, Einzelbegründung S. 145 (entsprechend Reg. entw., Einzelbegründung S. 48); für das *französische* Recht: *Auby-Drago* Bd. II S. 590; *Isaac* S. 556 f.; *Vedel* S. 522; *Waline* S. 334; *Lanz* S. 131; für das *italienische* Recht: *Vitta* S. 434.

[21] *Auby-Drago* Bd. II S. 590.

[22] *Buch* S. 105; *Werner* S. 302; ähnlich *Vitta* S. 334, nach dessen Meinung der Verwaltung im Gegensatz zu den Gerichten die Zeit zu einer erschöpfenden Begründung fehlt, der aber immerhin eine summarische Erwähnung der Hauptgründe für erforderlich hält. *Waline* S. 334 wünscht sogar, daß die Rspr. nicht jeden Verwaltungsakt annuliert, der nicht allen gesetzlichen (!) Formerfordernissen entspricht, um die bereits zu langsame Verwaltung nicht noch schwerfälliger zu machen.

[23] EVwVerfG 1963, Einzelbegründung S. 145 (ähnlich Reg. entw., Einzelbegründung S. 48); *Isaac* S. 557.

durch die zahlreichen Rechtsmittel erfolgen kann, die gegen nicht oder unzureichend begründete Verwaltungsakte eingelegt werden[24], oder es wird der Arbeitsbelastung der Verwaltung das Vertrauen entgegengesetzt, das ihr infolge der Begründung ihrer Maßnahmen entgegengebracht wird[25] bzw. der mit der Begründungspflicht bezweckte Schutz des Betroffenen betont[26].

Eine zu starke Belastung der Verwaltung durch eine allgemeine Begründungspflicht wird im nationalen Recht also, auch soweit eine generelle Begründungspflicht (noch) nicht besteht, überwiegend ebenso abgelehnt wie eine perfektionistische Begründung[27].

b) Der Meinungsstand im europäischen Recht

Im europäischen Recht, das im Unterschied zu den mitgliedstaatlichen Rechtsordnungen eine generelle Begründungspflicht für verbindliche und zum Teil auch für unverbindliche Maßnahmen vorsieht, stellt diese Belastung der Gemeinschaftsorgane ein Faktum von nicht geringer Bedeutung dar. Der vorwiegend wirtschaftlich-politische oder wissenschaftlich-technische Charakter der Gemeinschaftsmaßnahmen, der eine Begründung schon aus Verständnisgründen unverzichtbar erscheinen läßt, führt zudem zu einer Steigerung der Anforderungen und Arbeitsbelastungen der Organe durch die jeweils vorzunehmenden Wertungen und Würdigungen meist komplexer und nicht nur mehr oder weniger punktueller Situationen als Grundlage und Voraussetzung für den Erlaß einer Maßnahme.

Die Hinweise der Kommission auf die Schwierigkeiten und Unannehmlichkeiten der Begründungspflicht finden daher auch am Gerichtshof durchaus verständnisvolle Ohren[28]. Fraglich ist nur, ob und inwieweit angesichts der erhöhten Bedeutung der Begründung im europäischen Gemeinschaftsrecht[29] Zugeständnisse gegenüber diesen Forderungen akzeptabel sind und inwieweit die Hinweise der Kommission überhaupt Berechtigung haben.

Echte Ausnahmen vom Begründungszwang sind wegen des eindeutigen Wortlauts der Vertragsbestimmungen kaum möglich[30]. Die Frage kann daher nur lauten, inwieweit den Gemeinschaftsorganen

---

[24] *Isaac* S. 556 f.
[25] *Meyer* S. 493; *Crisafulli* S. 417.
[26] *Waline* S. 334.
[27] EVwVerfG 1963, Einzelbegründung S. 145; *Lanz* S. 131; *Isaac* S. 556; *Meyer* S. 493; *Waline* S. 334.
[28] Vgl. u. IV § 1 2 b) und c) sowie insbesondere GA *Lagrange* RsprGH 8, 82 und GA *Roemer* RsprGH 9, 337.
[29] s. in diesem Zusammenhang insbesondere o. Teil B I 1 a).
[30] s. u. C V.

bezüglich des Präzisionsgrades und der inhaltlichen Gestaltung der Begründung Zugeständnisse gemacht werden können. Dies wird Gegenstand der folgenden Untersuchungen sein.

Andererseits sind Warnungen vor einer Überdehnung der an die Begründung zu stellenden Anforderungen[31] nicht erforderlich. Eine Überspitzung der Begründungspflicht ist eo ipso unsachgemäß. Die Begründungspflicht kann nur so weit reichen, wie sie noch als sachgemäß betrachtet werden kann. Zutreffend ist allerdings, daß die Begründung unter Zugrundelegung der mit ihr verfolgten Zwecke sehr umfangreich werden kann, ohne daß von einer überdehnten und damit unsachgemäßen Begründung gesprochen werden könnte.

Den Zweckmäßigkeitsgesichtspunkten und dem Wunsch, das Handeln der Gemeinschaftsorgane möglichst effektiv und einfach zu gestalten, stellen sich, soweit es die Begründungspflicht betrifft, vor allem die mit ihr verfolgten Zwecke entgegen: die Kontrollmöglichkeit für die Beteiligten und den Gerichtshof, aber auch das öffentliche Interesse an der Rechtmäßigkeit des Organhandelns. Einen gangbaren Mittelweg zu finden, ist in erster Linie Aufgabe des Gerichtshofs, die dieser in beachtlichem Maß zu erfüllen weiß[32].

Soweit sich die Kommission mit ihren Hinweisen auf die Schwierigkeiten, die mit der Begründungspflicht verbunden sind, Erleichterungen bei der Gestaltung der Begründungen erhofft, wird man auf diese Wünsche eingehen können. Nicht akzeptiert werden könnte aber, wenn „die Kommission mit ihrem Hinweis (habe) zum Ausdruck bringen wollen, es fehle ihr an der Zeit für eine sorgfältige und ausreichende Bearbeitung ... unter allen erforderlichen Gesichtspunkten, was zweifellos den Vorwurf der Rechtsverletzung begründen würde“[33]. Ob daher die Klagen der Kommission allein wegen der Schwierigkeiten bei der Abfassung einer Begründung, der Schilderung der Erwägungen also, die bei dem Erlaß einer Maßnahme ohnehin präsent sein müssen, berechtigt sind, ist zu Recht bezweifelt worden[33]. Die Erfüllung dieser Pflicht fordert von der Kommission im Rahmen ihres gesamten Aufgabenbereichs sicherlich nur einen relativ geringen Aufwand. Ohne Zweifel bringt aber auch die Formulierung, die schriftliche Darlegung der Erwägungen Schwierigkeiten mit sich. Ein gewisser Arbeitsaufwand liegt jedoch im Sinne der Begründungspflicht, um, wie oben dargelegt,

---

[31] So *Fuß* EuR 1968, 303; *Bonaert u. a.* S. 48.

[32] Nur selten wird dem GH das Fordern einer übertriebenen Begründung vorgeworfen, so *Bebr*, Control, S. 87 bezüglich den Rs. 36—38, 40/59 sowie *Fuß* EuR 1968, 302 und Rechtsstaatsgedanke S. 73. s. dagegen aber *de Laubadère* KSE Bd. 1, 485. Auch auf das gegenteilige Extrem einer zu geringen Anforderung an die Begründung wird hingewiesen: s. *Kapteyn* S. 47.

[33] GA *Roemer* RsprGH 9, 337.

auf diese Weise die Organe zu einem genauen Überdenken der beabsichtigten Maßnahme zu veranlassen.

Soweit es die Zwecke der Begründungspflicht zulassen, sind Erleichterungen bei der Abfassung einer Begründung gewiß zu befürworten, um auf diesem Wege die Organe von verzichtbarem Arbeitsaufwand zu befreien. Diesem Anliegen wollen wohl auch die Verträge von Rom Rechnung tragen, wenn sie auf eine Pflicht zur Begründung unverbindlicher Maßnahmen grundsätzlich verzichten.

Einen anderen Aspekt betrifft die Frage, ob die „Inspektorenverwaltung durch die allgemeine Begründungspflicht überfordert" ist[34], eine Frage, die angesichts der Vielzahl der Maßnahmen ohne Beanstandung der Begründung wohl zu verneinen ist.

Bei der Festlegung der Anforderungen an den Inhalt der Begründung einer Maßnahme wird man sich also Kompromissen nicht verschließen können, wobei erleichternde Zugeständnisse an die Verwaltung zu machen sind, soweit sich diese mit den Aufgaben der Begründungspflicht vereinbaren lassen.

IV. Die Anforderungen an die Begründung

§ 1 Mindestanforderungen und mögliche Erleichterungen bei der Gestaltung der Begründung

1. Der Wortsinn der Vertragsvorschriften über die Begründungspflicht

„Begründen" bedeutet schon dem sprachlichen Sinn nach die Gründe angeben, d. h. Umstände und Erwägungen aufführen, die zu der Maßnahme geführt haben. Der Wendung „mit Gründen versehen" kann die gleiche Bedeutung beigemessen werden. Es sollen demnach die Gesichtspunkte dargestellt werden, die Veranlassung zu der jeweiligen Maßnahme gegeben haben, oder anders formuliert: Die Gründe sollen eine erläuternde Rechtfertigung des Inhalts der Maßnahme geben durch Darlegung der sie veranlassenden Umstände und Erwägungen[36].

Dieser sprachliche Sinn der Begründungspflicht gibt nur wenig Aufschluß über den notwendigen Inhalt einer Begründung. Er soll auch nicht mehr sein als ein erster Anhaltspunkt einer objektiven, interessengerechten Darstellung von Inhalt und Umfang der von den Gemeinschaftsverträgen geforderten Begründung.

---

34 So *Werner* S. 302 für das deutsche Recht, dessen Argumentation angesicht der Praxis beim Erlaß von Maßnahmen im europäischen Recht[35] auch auf dieses übertragen werden kann.

35 s. hierzu *Wendt* AWD 1970, 485.

36 Zum Unterschied zwischen Begründung und Kommentierung s. *Crisafulli* S. 415, 429; *Rivalta* S. 205.

2. *Der Umfang der darzulegenden Umstände und Erwägungen im allgemeinen*

a) Erforderlichkeit einer begrenzten Angabe der Gründe — Maßgeblichkeit der Zwecke

An den Anfang dieser Untersuchungen lassen sich die Leitsätze 3 und 4 des Gerichtshofs[37] in der Rechtssache 24/62[38] stellen:

Ls. 3: „Die Vorschrift von Art. 190, wonach die Exekutive ihre Maßnahmen zu begründen hat, beruht nicht lediglich auf formalen Erwägungen, sondern will den Parteien die Wahrnehmung ihrer Rechte, dem Gerichtshof die Ausübung seiner Rechtskontrolle und den Mitgliedstaaten sowie deren etwa interessierten Angehörigen die Unterrichtung darüber ermöglichen, in welcher Weise die Exekutive den Vertrag angewandt hat.

Ls. 4: Die Begründung von Maßnahmen braucht nur die wichtigsten rechtlichen und tatsächlichen Erwägungen darzulegen, auf denen die Maßnahmen beruhen und die für das Verständnis der Gedankengänge erforderlich sind, welche die Organe zu ihren Maßnahmen geführt haben; dies kann durchaus in knapper Form geschehen, solange Klarheit und Schlüssigkeit nicht beeinträchtigt werden."

Diesen Äußerungen des Gerichtshofs ist zu entnehmen, daß der Begründungsinhalt entscheidend von den mit der Begründungspflicht verfolgten Zwecken geprägt wird. Müssen die Gemeinschaftsorgane die oben geschilderten Zwecke bei der Abfassung der Begründung im Auge behalten und nach diesen den Inhalt ihrer Begründungen bemessen, so ergibt sich sehr leicht eine voluminöse Begründung. Die Gemeinschaftsorgane suchen daher verständlicherweise nach Möglichkeiten, den Begründungsinhalt beschränken zu können.

Wenn der Gerichtshof unter Hinweis auf die mit der Begründungspflicht verfolgten Zwecke zum Ausdruck bringt, daß die Begründungspflicht keineswegs nur auf formalen Erwägungen beruht, so wird damit den Hinweisen der Kommission auf die Schwierigkeiten oder Unannehmlichkeiten der Begründungspflicht angesichts der übrigen Arbeitslast zwar entgegentreten. Nicht werden damit aber Erleichterungen in der Abfassung der Begründung verwehrt, wie sich schon daraus ergibt, daß der Gerichtshof kurz darauf nur die Angabe der „wichtigsten Erwägungen" für erforderlich hält. Der Hinweis des Gerichtshofs sollte demnach wohl nur verdeutlichen, daß angesichts der mit der Begründungspflicht verfolgten Zwecke gewisse Mindestanforderungen nicht unbeachtet bleiben dürfen.

---

[37] Zur Interpretationsmethodik des GH s. *Ehlermann* EuR 1970, 45.
[38] RsprGH 9, 145.

b) Angabe der „wichtigsten Gründe"?

Wenn der Gerichtshof nur die Erwähnung der wichtigsten Erwägungen für erforderlich hält, so ergeben sich gegen eine derartige Präzisierung des Begründungsinhalts Bedenken. Die Frage, welche Erwägungen wichtig sind, ist mit Ausnahme eindeutiger Extremfälle abhängig von der spezifischen Situation des Einzelfalles und wird je nach Standpunkt unterschiedlich beantwortet werden. Was dem Erlaßorgan unwichtig erscheint, mag von einem beteiligten Nichtadressaten noch akzeptiert werden. Für den Adressaten wird die Grenze zwischen wichtig und nicht mehr wichtig verständlicherweise oft nicht dort liegen, wo sie das Erlaßorgan sieht.

Da es auf den Standpunkt des Adressaten nicht ankommt, wenn ihm nur die Tragweite der Maßnahme erkennbar und eine sachgemäße Rechtsverteidigung möglich ist, muß auf den Standpunkt des Organs bei Erlaß der Maßnahme oder die Beurteilung des Gerichtshofs abgestellt werden, wobei sich im letzteren Fall insbesondere zwei Möglichkeiten ergeben: entweder Beurteilung der Wichtigkeit ex post und objektiv oder ex ante vom objektivierten Standpunkt des Erlaßorgans.

Wegen der subjektiven Prägung des Begriffs „wichtig" muß die Maßgeblichkeit des Standpunkts des Erlaßorgans ausscheiden. Andernfalls wäre die Begründungspflicht und ihr Zweckverständnis zur Bedeutungslosigkeit verurteilt. In zu großem Umfang könnte der Bemängelung einer unzureichenden Begründung durch die Deklarierung als nicht zu den wichtigsten Gründen zählend der Boden entzogen werden.

Aber auch eine Beurteilung der Wichtigkeit durch den Gerichtshof ist nicht unbedenklich. Der weite Bereich dessen, was als wichtig bzw. unwichtig bezeichnet werden kann, gibt dem Gerichtshof zwar einen wünschenswerten Wertungsspielraum, jedoch können bei einem derartig subjektiv geprägten Begriff die Beurteilungen zu unterschiedlich ausfallen[39]. Die Suche nach einem weniger subjektiv geprägten Begriff erscheint daher aus Gründen der Rechtssicherheit unumgänglich. Auch das in der Rechtsprechung in diesem Zusammenhang gebrauchte Vokabular bietet dabei Alternativen an.

c) Angabe der „wesentlichen Gründe"?

Für die Formulierung „wesentliche Erwägungen", die sich in den Entscheidungen des Gerichtshofs und den Schlußanträgen der Generalanwälte des öfteren[40] findet und die von der Literatur zu einem großen

[39] Vgl. hierzu die Beispiele u. bei d) sowie RsprGH 9, 314 f. und GA *Roemer* RsprGH 9, 337 ff. andererseits.

[40] RsprGH 9, 314; 11, 448; 14, 47; GA *Roemer* RsprGH 6, 735; 9, 337; 12, 91; der zuletzt von GA *Gand* gebrauchte Ausdruck „hinreichend präzise" stellt ebenfalls keine Konkretisierung dar.

Teil akzeptiert oder übernommen wird[41], kann allerdings im Prinzip trotz des nicht zu übersehenden, einengenden subjektiven Wertungsgehalts infolge der Notwendigkeit einer umfassenderen Angabe von Gründen nichts anderes gelten.

Durch den deutlicheren Ausdruck des die Maßnahme verursachenden Charakters der Gründe bezeichnet der Begriff der „maßgeblichen Gründe“[42] zwar gegenüber den Begriffsbildungen „die wichtigsten Gründe“ und „die wesentlichen Gründe“ denjenigen Teil der Gesamtheit der eine Maßnahme veranlassenden Umstände und Erwägungen, der in der Begründung wiedergegeben werden soll, von einem das Erlaßorgan in stärkerem Maße bindenden Standpunkt aus.

Eine umfassendere und zur Erreichung der Zwecke der Begründungspflicht dienlichere Auswahl aus dem Komplex der eine Maßnahme veranlassenden Umstände und Erwägungen stellt allerdings der weiter gefaßte Begriff der „tragenden Gründe“[43] dar. Dieser Begriff bringt durch seine Begünstigung eines objektivierten Standpunktes und seine deutliche Manifestation des Vollständigkeitsprinzips[44] eine exaktere Beziehung zwischen Gründen und Tenor einer Maßnahme zum Ausdruck: er fordert die Erkennbarkeit des Gedankengangs des Erlaßorgans, weshalb ihm der Vorzug gebührt. Die Pflicht zur Angabe der tragenden Gründe, d. h. der Gründe, auf denen eine Maßnahme beruht, zwingt zu genauer Überlegung, welche Tatsachen und Erwägungen als Rechtfertigung und Anlaß einer Maßnahme in der Begründung wiederzugeben sind, da die Nichtangabe bestimmter Gründe zwangsläufig die Vermutung ihres fehlenden tragenden Charakters zur Folge hat[45].

---

[41] *Daig* Anm. 1 c) zu Art. 190; *Ehle* Anm. 6 zu Art. 190; *de Laubadère* KSE Bd. 1, 485; *Gaudenzi* S. 423; *Quadri u. a.* S. 1425.

[42] *Maas* S. 11; *Hanebuth* S. 308; *Bonaert u. a.* S. 38; *Ipsen* EuR 1969, 337; *Quadri u. a.* S. 1425; *Steindorff*, Nichtigkeitsklage II, S. 64. Nicht jeder wesentliche Grund muß ein für die jeweilige Maßnahme maßgeblicher Grund gewesen sein; vgl. auch die italienischen Wortbildungen „determinante“, „decisivo“ im Unterschied zu „essenziale“, „sostanziale“ und „importante“; ähnlich die französischen Ausdrücke „déterminant“, „décisif“ — „essentiel“, „substantiel“ und „important“, „grave“ sowie die niederländischen Worte „beslissend“, „toonaangevend“ — „essentieel“ und „belangrijk“, „gewichtig“.

[43] RsprGH 1, 232; 3, 232; 14, 417; 15, 285; GA *Roemer* RsprGH 9, 336; 11, 1440; *Ehle* Anm. 8 zu Art. 190; *Thierfelder* S. 30; *Steindorff*, Nichtigkeitsklage II, S. 62; diese Formulierung findet sich auch im nationalen Recht, s. z. B. BVerwGE 10, 43; *Kopp* S. 247; *Vitta* S. 434.

[44] s. hierzu u. i) und 3 a).

[45] Vgl. u. e) aa). Somit tritt eine Bindung der Erlaßorgane an ihre Begründung ein, soweit nicht ein Nachschieben von Gründen zulässig ist (vgl. u. D I 2 b), c), 3.). Mit einer völlig unverbindlichen Begründung lassen sich die Zwecke der Begründungspflicht und ihre rechtsstaatlichen Schutzfunktionen nicht erreichen.

Durch den Gerichtshof und die Generalanwälte wurde die Bedeutung des Begriffs der „tragenden Gründe“ und der Unterschied zwischen den einzelnen, soeben behandelten Begriffen „wichtig“, „wesentlich“, „maßgeblich“ und „tragend“ bisher nicht mit der erforderlichen Klarheit herausgearbeitet. Eine Überprüfung ihrer Entscheidungen bzw. Schlußanträge zeigt vielmehr, daß sie ohne feste Linie jeweils einen dieser genannten, unterschiedlich weit gefaßten Begriffe ihren Anforderungen an den Begründungsinhalt zugrunde legen. Häufig gelangen sie im Ergebnis gleichwohl zu ähnlichen (teilweise einengenden) Beurteilungen der Begründungspflichtverletzung, so daß diese einzelnen Begriffe als austauschbar erscheinen und ihr sachlicher Inhalt nicht erkennbar wird.

d) Divergierende Beurteilung der Begründung durch den Gerichtshof und die Generalanwälte

In der Rechtssache 6/54 legte der Gerichtshof die Begründungspflicht des Art. 15 EGKSV dahingehend aus, daß

> „die hohe Behörde hiernach verpflichtet (sei), in ihre Begründung die wesentlichen tatsächlichen Feststellungen aufzunehmen, die die betreffende Maßnahme tragen“[46].

Die angefochtene Höchstpreisentscheidung der Hohen Behörde gemäß Art. 61 lit. a in Verbindung mit Art. 3 EGKSV enthielt außer der Annahme,

> „daß jedoch ohne eine Festsetzung von Höchstpreisen durch die Hohe Behörde bei der derzeitigen Struktur des gemeinsamen Marktes die Preise für Kohle durch die Verkaufsorganisation des Ruhrreviers und durch die Houillères du Nord et du Pas-de-Calais bestimmt werden würden“[47],

lediglich die knappe, tatsächliche Feststellung, daß sowohl zwischen den Unternehmen des Ruhrreviers, als auch zwischen denjenigen der französischen Reviere Nord und Pas-de-Calais kein wirksamer Wettbewerb bestehe, was die Hohe Behörde zu der Folgerung veranlaßte,

> „daß sich daraus in der Gemeinschaft für die Produktion, die Preise oder die Beschäftigungslage Wirkungen ergeben könnten, die denen nach Art. 3 von der Hohen Behörde zu beachtenden Zielen widersprechen“,

und

> „daher, um diese Ziele zu erreichen, für die Unternehmen des Ruhrreviers und des Reviers Nord und Pas-de-Calais Höchstpreise festgesetzt werden müssen“[47].

---

[46] RsprGH 1, 232.
[47] ABl. 1954 S. 268.

Dem Gerichtshof genügte diese Begründung, die den Gedankengang der Hohen Behörde auf der Grundlage des Art. 61 Abs. 1 lit. a EGKSV zwar vermuten ließ, die vom Gerichtshof geforderten, tragenden tatsächlichen Feststellungen aber nur in sehr rudimentärer Form wiedergab. Diese Begründung glich mehr einer Behauptung, als daß sie tatsächlich erfolgte Feststellungen (Art. 61 Abs. 1 lit. a EGKSV) erkennen ließ, zumal die Hohe Behörde vor den zitierten Erwägungen konstatiert hatte, daß eigentlich

„angesichts der Entwicklung des gemeinsamen Marktes für Kohle eine weitere Aufrechterhaltung von Höchstpreisen für die Unternehmen aller Reviere der Gemeinschaft nicht mehr notwendig ist“[48].

Der Gerichtshof führte zur Rechtfertigung der Begründung aus:

„In der Entscheidung wird ausdrücklich auf eine Lage Bezug genommen, die die Erreichung der in Art. 3 genannten Ziele bezüglich der Preise, der Erzeugung und der Beschäftigungslage beeinträchtigte.

Die Begründung gibt zwar nicht im einzelnen an, welche der in Art. 3 genannten Ziele in erster Linie angestrebt werden, kann jedoch in ihrer vorliegenden Fassung als den Voraussetzungen der Anwendbarkeit von Art. 61 genügend angesehen werden“[49].

Diese Beurteilung läßt erkennen, daß sich der Gerichtshof trotz der geforderten Angabe der tragenden Feststellungen mit einer recht allgemein gehaltenen Begründung zufriedengab, die dem Informations- und Kontrollinteresse der betroffenen Unternehmen wenig entgegenkam[50].

In der Rechtssache 2/56, in der es um die Genehmigungsfähigkeit eines bestimmten Artikels einer Handelsregelung für Ruhrkohle ging, begnügte sich der Gerichtshof mit einer Begründung, die kaum über die Wiedergabe der einschlägigen Artikel 65 § 1 und 2 und Art. 4 lit. d des EGKSV hinausging[51], obwohl er auch in dieser Entscheidung betonte, daß Art. 5 und 15 EGKSV die Hohe Behörde verpflichteten,

„ihre Entscheidungen durch die Angabe der sie tragenden Tatsachen und der für ihren Anlaß maßgebenden Erwägungen zu begründen. Diese Begründung soll die Überlegungen angeben, auf denen die Entscheidung beruht ...“[52].

---

48 ABl. 1954 S. 267 f.
49 RsprGH 1, 232 f.
50 Die Klägerin rügte auch in erster Linie die mangelnde Konkretheit der Begründung.
51 Vgl. die Entscheidung 5/56, ABl. 1956, S. 33 f.; als unzureichend betrachten die Begründung auch *Bebr*, Control, S. 88 und *Bonaert u. a.* S. 39, 45.
52 RsprGH 3, 37.

In der Rechtssache 18/57 wurde durch die Bezugnahme in der angefochtenen Entscheidung 19/57[53] auf die Entscheidung 5/56 die gleiche Begründung wieder Gegenstand der gerichtlichen Prüfung. Allerdings war in diesem Fall die Prüfung der Begründungspflichtverletzung nicht auf die Versagung der Genehmigung gemäß Art. 65 § 2 EGKSV für eine Klausel der Ruhrkohlen-Verkaufsvereinbarungen beschränkt, — was die Hohe Behörde wohl übersehen hatte — sondern erfaßte auch die Begründung für die genehmigten Klauseln. Generalanwalt *Roemer*[54] ging davon aus,

> „eine Entscheidung müsse in der Begründung die Erwägungen angeben, die sie tatsächlich tragen ... Mißt man die angegriffene Entscheidung an diesem Maßstab, so kommt man zu einem positiven Urteil. Sie enthält eine ausreichende Erklärung für die Genehmigung des Zusammenschlusses zum Zwecke des gemeinsamen Einkaufs".

Der Gerichtshof freilich war anderer Auffassung. Er führte aus:

> „In der Begründung der Entscheidung Nr. 16/57 bis 18/57 hat sich die Hohe Behörde darauf beschränkt, hinsichtlich der Festsetzung der Mengenvoraussetzungen für die Zulassung als Großhändler erster Hand auf die allgemeinen Grundsätze zu verweisen, die sich bereits in den Begründungen der Entscheidungen Nr. 5/56 bis 7/56 finden.
>
> In den Entscheidungen von 1956 gibt sie nun zwar eine allgemeine Rechtfertigung für den gemeinsamen Einkauf von Brennstoffen, stellt aber hinsichtlich der in der allgemeinen Handelsregelung vorgesehenen Kriterien für die Direktbelieferung der Großhändler und deren zahlenmäßiger Begrenzung in der 29. Erwägung der Entscheidung Nr. 5/56 (ABl. S. 34/36) lediglich fest, daß die gewählte Abgrenzung ‚weder diskriminierende Wirkungen hat, noch dazu führt, daß ... einige wenige Händler eine Stellung erhalten, die den Wettbewerb ... einschränkt'. Diese Begründung sowie das Fehlen jeglicher Rechtfertigung für die eingeführten mengenmäßigen Begrenzungen lassen nicht erkennen, daß die Hohe Behörde bei Erlaß der angegriffenen Entscheidungen auch geprüft hätte, ob die genannten Abgrenzungen nicht weitergehende Einschränkungen vorsehen, als es die merkliche Verbesserung der Verteilung erfordert, die Gegenstand und Zweck von Art. 65 § 2 Buchstabe b ist"[55]

und annullierte die Maßnahmen insoweit.

Diese Entscheidung zeigt bereits, daß die Rechtsprechung des Gerichtshofs zur Begründungspflicht voller Überraschungen steckte[56], und daß sich der Gerichtshof nicht immer so großzügig wie in den oben geschilderten Rechtssachen zeigte.

Auch in den Rechtssachen 9/56 und 10/56 erklärte er die Zahlungsaufforderungen der Hohen Behörde wegen ihrer unsubstantiierten

---

[53] ABl. 1957 S. 319.

[54] RsprGH 5, 163.

[55] RsprGH 5, 115; den unterschiedlichen Gegenstand der Prüfung übersieht *Bebr*, Control, S. 88.

[56] Vgl. auch u. C IV § 1 3 e).

Begründung für nichtig, da sie „die Ansprüche ... nicht zu tragen vermögen“[57].

In der Begründung der auskunftsrechtlichen Entscheidung[58], um die es in der Rechtssache 31/59 ging, hatte sich die Hohe Behörde auf die Bemerkungen beschränkt, sie

> müsse für die Beachtung der Regeln, die das Funktionieren des gemeinsamen Marktes bestimmen, von den Unternehmen alle Auskünfte erhalten und durch ihre Inspektoren eine Kontrolle bei den Unternehmen ausüben. Sie müsse auf diese Weise den Wert unerlaubter Verkäufe im Sinne des Art. 64 und gegebenenfalls die jährliche Umsatzziffer im Sinne der Art. 47 und 82 des Vertrages feststellen. Die Tatsache, daß Teile der Buchhaltung und der Archive eine Tätigkeit des Unternehmens betreffen, die der Jurisdiktion der Gemeinschaft nicht unterliegt, könne das Recht, Auskünfte und Kontrollen zu verlangen, nicht einschränken. Die Buchhaltung eines Unternehmens mit gemischter Produktionstätigkeit sei unteilbar. Daher wäre die Hohe Behörde nicht imstande, die ihr im Vertrag übertragenen Aufgaben zu erfüllen, hätte sie nicht das Recht, Buchhaltung und Urkunden in ihrer Gesamtheit einer Kontrolle zu unterziehen[59].

Nach Meinung des Gerichtshofs war die Begründung für die Notwendigkeit der angeordneten Ermittlungen

> „zwar unzulänglich gefaßt, aber ausreichend begründet, denn die einfache Bezugnahme auf die Erfüllung der Aufgaben der Hohen Behörde wird durch die Erwähnung des Zwecks vervollständigt, dem die Auskünfte dienen sollten.
>
> Aus den gleichen Gründen ist festzustellen, daß hinsichtlich der angeordneten Nachprüfungen ein Mangel in der Begründung nicht vorliegt“[60].

Der Gerichtshof hatte schon zuvor festgestellt,

> „daß die Begründung und der verfügende Teil der angefochtenen Entscheidung die tatsächlichen Umstände, welche die Maßnahme tragen, in rechtlich ausreichendem Maße darlegen“[61].

Derart eindeutig, wie es nach dieser kurzen Erwähnung durch den Gerichtshof der Fall zu sein scheint, trugen die Gründe die Entscheidung

---

[57] RsprGH 4, 29 f.; 4, 69 f.

[58] Der Tenor der Entscheidung lautet: „Das Unternehmen Acciaieria e Tubificio di Brescia, S. p. A., Brescia Via Zara 12, hat den Inspektoren der Hohen Behörde, die mit der in den Erwägungen zu der vorliegenden Entscheidung erwähnten Prüfung beauftragt sind, während der normalen Bürostunden alle zur Erfüllung ihrer Aufgabe notwendigen Auskünfte zu erteilen und ihnen zu diesem Zweck alle Urkunden und Konten der Gesellschaft vorzulegen, insbesondere die Rechnungen, die Unterlagen über Bankgeschäfte sowie die einzelnen Bestandteile der Verlust- und Gewinnrechnung, wie z. B. das Umsatzkonto und das Unkostenkonto.“ Vgl. RsprGH 6, 194.

[59] Wiedergegeben von GA *Roemer*, RsprGH 6, 194.

[60] RsprGH 6, 183.

[61] RsprGH 6, 181.

aber keineswegs. Bereits Generalanwalt Roemer hatte darauf hingewiesen, daß die Angabe des Prüfungszwecks unter Umständen zur Kennzeichnung der Prüfungsunterlagen genügen könne, daß aber eine genauere Angabe der zu prüfenden Unterlagen verlangt werden muß, soweit Unterlagen für eine bestimmte Prüfung nicht offensichtlich erforderlich sind. Die auskunftsrechtliche Entscheidung müsse die wesentlichen Fragen des Einzelfalls nachprüfbar erfassen. Der Entscheidungsempfänger müsse wissen, welche Arten von Urkunden und Büchern er vorzulegen habe. Für mündliche Auskünfte gelte Entsprechendes[62].

Da die konkret zu beurteilende Entscheidung diesen Anforderungen nicht genügte, vielmehr dem Adressaten die Befolgung der Anweisung der Inspektoren aufgab und damit diesen die Konkretisierung überlassen wurde, sprach sich Generalanwalt *Roemer* wohl zu Recht für eine Annullierung der Maßnahme wegen Verletzung der Begründungspflicht aus[63].

Obwohl der Gerichtshof zutreffend davon ausgegangen war, daß die Entscheidung der Hohen Behörde die *tragenden* Gründe angeben müsse, kam er im Gegensatz zu Generalanwalt *Roemer,* der die Angabe der *wesentlichen* Fragen des Einzelfalles für erforderlich hielt, zu dem Ergebnis, daß keine Verletzung der Begründungspflicht vorliege.

Dieses Beispiel zeigt deutlich, daß die Begriffe „wesentlich" und „tragend" im Verfahren vor dem Gerichtshof nicht zu unterschiedlichen Anforderungen an die Begründung führen, vielmehr als austauschbar erscheinen. Die vom Gerichtshof zugrunde gelegte Auffassung, die Maßnahmen der Exekutive müßten die für ihren Erlaß tragenden Umstände und Erwägungen darlegen, hätte ihn zu dem von Generalanwalt *Roemer* vorgetragenen Resultat führen müssen. Hierfür spricht die Untersuchung der Begriffe „wesentlich" und „tragend" sowie die Prüfung der konkreten Begründung, die gerade wegen des weitgefaßten Tenors der Maßnahme und dessen ausdrücklicher Bezugnahme auf die

---

[62] RsprGH 6, 214, 196.

[63] Die recht unbestimmte Entscheidungsformel wurde durch eine Begründung erläutert, die zwar zur Frage der grundsätzlichen Befugnis zur Nachprüfung von Unterlagen Stellung nahm, die über den Montanbereich hinausreichende, damit dem EGKSV nicht unterworfene Produktionsbereiche betreffen; im übrigen gingen die Gründe aber auf die Notwendigkeit der geforderten Auskünfte und die Erforderlichkeit der Nachprüfungen (Art. 47 bzw. 64 EGKSV) bzw. die Nachweis- oder Aufklärungsbedürftigkeit bestimmter Tatbestandsmerkmale nicht ein, sondern begnügten sich mit einem allgemein gehaltenen Hinweis auf die Aufgaben der HB, ihr Auskunfts- und Kontrollrecht und die im Vertrag vorgesehenen Berechnungsgrößen einer Geldbuße.

Kritisch gegenüber der Entscheidung des GH auch *Deringer* Anm. 20 zu Art. 11, Fn. 9; *Thomä* S. 428 Fn. 44.

Begründung zur Konkretisierung der Auskunftspflicht hätte beitragen sollen.

Ebenfalls unterschiedlicher Meinung hinsichtlich der Begründungspflichtverletzung waren Gerichtshof und Generalanwalt in der Rechtssache 13/60.

Gegenstand dieses Rechtsstreits war die Ablehnung der Genehmigung der vorgelegten Vereinbarungen über die geplante einheitliche Ruhrkohlen-Verkaufsgesellschaft gemäß Art. 65 EGKSV durch die Hohe Behörde.

Der Gerichtshof ging auf die Frage der gerügten Verletzung der Begründungspflicht nicht mit der wünschenswerten, sachlichen Argumentation ein, obwohl Generalanwalt *Roemer* auf Bedenken hinsichtlich der materiellen wie der formellen Begründung hingewiesen hatte[64].

Er stellte fest[65],

„daß die Begründung der Entscheidung Nr. 16/60 durchaus die dort gezogenen Schlüsse zu rechtfertigen vermag. Die von den Klägerinnen behaupteten Widersprüche hat der Gerichtshof dagegen in den Gründen der Entscheidung Nr. 16/60 nicht feststellen können.
Der Gerichtshof erachtet die in der Begründung der Entscheidung Nr. 16/60 enthaltenen Gründe als durchgreifend. Alle anderen Gründe, einschließlich der von den Klägerinnen für widerspruchsvoll oder unzulänglich gehaltenen, sind nicht als tragend anzusehen und können deshalb auch die Aufhebung der Entscheidung nicht rechtfertigen".

Schwer zu übersehen war jedoch, daß die Ausführungen der Hohen Behörde zu lit. b des Art. 65 § 2 EGKSV kaum als Begründung angesehen werden konnten. Die Darlegungen der Hohen Behörde beschränkten sich vielmehr auf Behauptungen bzw. eine derart allgemein gehaltene Wiedergabe ihrer Prüfungen, daß weder deren Ergebnisse noch der Gedankengang der Hohen Behörde erkennbar waren[66].

Auch die Ausführungen zur Frage der Absatzkontrolle im Rahmen des lit. c des Art. 65 § 2 EGKSV waren keineswegs aus der Sicht der Begründungspflicht völlig unbedenklich, wie es den Bemerkungen des Gerichtshofs zufolge den Anschein hat. Die Hohe Behörde stellte fest[67]:

„Nach den vorgelegten Vereinbarungen übertragen die beteiligten Unternehmen das alleinige Recht zum Absatz ihrer Erzeugnisse der gemeinsamen Verkaufsgesellschaft."

Hierauf folgte eine zusammenfassende Wiedergabe der in diesem Zusammenhang relevanten Stellen der Vereinbarung, die mit den Bemerkungen der Hohen Behörde endete:

---

64 RsprGH 8, 262 f., 283 f. („wesentliche Gedankengänge").
65 RsprGH 8, 236 f.
66 Vgl. ABl. 1960 S. 1019 f., Erwägung 7.
67 ABl. 1960 S. 1025.

„Demnach darf die gesamte Förderung und Erzeugung der Beteiligten nur nach Regeln und für Zwecke verwendet werden, die vom Gemeinschaftsverkauf festgesetzt werden. Damit unterliegt der Absatz der gesamten Förderung der Beteiligten der Kontrolle der einheitlichen Verkaufsgesellschaft“,

woraus die Hohe Behörde schloß:

„Infolge dieser Vereinbarungen erlangt die Verkaufsgesellschaft durch die ihr zum Absatz übertragenen Mengen die Möglichkeit, die gezielten Wettbewerbsmaßnahmen wie sie bei der Erörterung der Preisbestimmung bereits dargelegt wurden, durch eine entsprechende Lenkung des Absatzes zu verstärken.

Indem die Verkaufsgesellschaft derartige für alle Beteiligten verbindliche Regeln für den gesamten Absatz selbständig aufstellt und die Möglichkeit besitzt, den Absatz in der geschilderten Weise selbständig zu lenken, kontrolliert sie den Absatz im Sinne des Art. 65 § 2 Buchstabe c) des Vertrages. Diese Kontrolle erstreckt sich auf den gesamten Absatz der Beteiligten und damit gemäß den oben getroffenen Feststellungen auf einen wesentlichen Teil der Erzeugnisse auf dem gemeinsamen Markt[68].“

Durch die quantitativ umfangreiche Begründung[69] hätte sich der Gerichtshof nicht zu einer oberflächlichen Beurteilung einer möglichen Verletzung der Begründungspflicht verleiten lassen sollen. Auch die seiner Meinung nach aus anderen Gründen vorliegende materielle Rechtmäßigkeit der Entscheidung der Hohen Behörde hätte ihn nicht davon abhalten sollen, auf die Frage der Begründungspflichtverletzung genauer einzugehen[70].

Wirtschaftliche Erwägungen oder Erwägungen aufgrund der allgemeinen Ziele des EGKSV, durch die das Vorliegen einer Eignung zur Absatzkontrolle dargetan würde, sind bei genauer Betrachtung der Begründung hinsichtlich dieses Kriteriums ebenfalls nicht erkennbar. Die Hohe Behörde beschränkte sich auch bezüglich dieses Punktes auf eine recht allgemein gehaltene Begründung.

Daß der Gerichtshof die Begründung der Entscheidung nicht bemängelte, da er die in ihr enthaltenen Gründe als durchgreifend erachtete, und andere Gründe *seiner* Meinung nach nicht als tragend anzusehen waren[71], zeigt erneut die Notwendigkeit der Erörterung des Umfangs der Gründe, die als tragende Gründe in der Begründung einer Maßnahme wiedergegeben werden müssen. Die Bedeutung und Erforderlichkeit dieser Untersuchung soll durch einige weitere Beispiele und Bemerkungen zur Rechtsprechung hervorgehoben werden.

---

68 ABl. 1960 S. 1025 f.
69 ABl. 1960 S. 1014 bis 1026.
70 Vgl. hierzu C I b).
71 Vgl. dazu u. C IV § 1 3 a).

Wurde in den letzten beiden Rechtssachen die Auffassung des Generalanwalts, der eine konkretere Begründung für erforderlich hielt, dem Zweckverständnis der Begründungspflicht eher gerecht als die Beurteilung durch den Gerichtshof, so legte umgekehrt in den Rechtssachen 1/36[72], 2/65[73] und 43, 45, 48/59[74] der Gerichtshof einen strengeren Maßstab an die Erfüllung der Begründungspflicht an.

In der Rechtssache 26/66 machte wiederum nur der Generalanwalt Bedenken gegen die Begründung geltend, ohne sich allerdings für eine Annullierung der Maßnahme wegen Verletzung der Begründungspflicht auszusprechen[75].

Auffallend an dieser unterschiedlichen Beurteilung der Begründung durch Gerichtshof und Generalanwälte ist, daß letztere zum Teil eine substantiiertere Begründung fordern, auch wenn sie im Unterschied zum Gerichtshof hinsichtlich des Umfangs der darzulegenden Gründe von dem eine subjektivere Auswahl ermöglichenden und eine weniger exakte Beziehung zwischen Tenor und Gründen einer Maßnahme zum Ausdruck bringenden Begriff der „wesentlichen Gründe" als Maßstab ausgingen. Auch diese Tatsache zeigt, daß durch die fehlende Differenzierung der Begriffe „wichtig", „wesentlich" und „tragend" die Herausbildung einer festen Linie der Anforderungen an den Begründungsinhalt unterblieb, was sich für die Meßbarkeit der Rechtsprechung nachteilig auswirkte.

Eine Entscheidung, mit der Meldungen eines Unternehmens über den beitragspflichtigen Schrottverbrauch im Rahmen des Schrottausgleichsverfahrens berichtigt wurden, gibt nach Meinung des Gerichtshofs die „wesentlichen Gründe" an, wenn sie die Höhe der Differenz zwischen gemeldeten und tatsächlich dem Ausgleichsbeitrag unterliegenden Schrottmengen mitteilt und darlegt, für welche Einzelmengen Berichtigungen erforderlich sind[76]. Hatte das Unternehmen Schrottmen-

---

[72] Vgl. RsprGH 9, 678 (GH) bzw. 9, 691 (GA *Roemer*).

[73] Vgl. RsprGH 12, 571 f. (GH) bzw. 12, 576 f. (GA *Gand*).

[74] Vgl. RsprGH 6, 989 f. (GH) und 6, 1015 (GA *Lagrange*). In diesen Rs. sah der GA allerdings primär den Grund für die Ablehnung der Begründungspflichtverletzung in dem Umstand, daß seiner Meinung nach keine der Begründungspflicht unterliegenden Maßnahmen zu beurteilen waren.

Zu wenig substantiiert war dagegen wieder nur nach Auffassung des GAs die Begründung der angefochtenen Maßnahme in der Rs. 34/62, vgl. RsprGH 9, 339 f., während der GH keine Begründungspflichtverletzung feststellte, vgl. RsprGH 9, 314 f. („eindeutig").

[75] Vgl. RsprGH 13, 166 (GH) und 13, 183 f. (GA *Roemer*). Die Ablehnung der Begründungspflichtverletzung mit der Begründung, daß nur die Klägerin allein von der Maßnahme betroffen und diese aufgrund der vorangegangenen Verhandlungen ausreichend informiert sei (ähnlich bereits GA *Roemer* RsprGH 9, 691), kann allerdings nicht befürwortet werden (s. u. C IV § 1 d)).

[76] So der GH, RsprGH 12, 10, 11 und 12, 77.

gen verarbeitet, die der Ausgleichspflicht unterlagen und solche, die ihr nicht unterlagen, ohne für letztere Belege zum Nachweis vorzulegen, so sei die Vornahme einer Schätzung von Amts wegen unter Hinweis auf diese Situation zwar nicht ausführlich, aber „ausreichend deutlich“ begründet; der „wesentliche Grund“ für dieses Vorgehen sei genannt[76].

Auch Generalanwalt Roemer hatte sich gegen die Forderung der Angabe einzelner Details gewandt. Die Angabe der „wesentlichen tatsächlichen und rechtlichen Elemente“, auf denen eine Entscheidung beruht, erfordere nicht die Aufzählung aller einzelnen Kontrollergebnisse, Schrotteinkaufs- und Stahlverkaufsrechnungen oder des Stromverbrauchs. Mit der Angabe der Grundlage der Schätzung des Schrotteinsatzes und der Überprüfung dieser Schätzung mittels des Stromverbrauchs nach einem bestimmten Schlüssel sei der Begründungspflicht genügt[77].

An anderer Stelle[78] hielt der Gerichtshof eine Schätzung des Schrottverbrauchs dagegen nicht für ausreichend begründet, da mit der Erwägung der Hohen Behörde, daß „das Verhältnis zwischen spezifischem Schrotteinsatz und erzeugtem Stahl unter Berücksichtigung des Rücklaufmaterials aus dem Walzwerk auf 1,015 : 1 bemessen werden kann“ der Umfang der berücksichtigten Wiederverwendung von Abfallschrott als maßgeblicher Faktor der Veranlagungsgrundlagen „keine zureichende Begründung“ finde. Es sei „unerläßlich“, führt der Gerichtshof aus, „anzugeben, mit welchem durchschnittlichen Prozentsatz sein Anteil (= des Abfallschrotts) im konkreten Fall angesetzt worden ist, und diese Angabe zu begründen“. Da diese Angabe fehlte, hob der Gerichtshof die angefochtene Entscheidung wegen Verletzung der Begründungspflicht auf.

Trotz des gleichen Gegenstandes der Maßnahme gingen die Anforderungen des Gerichtshofs an die Begründung in den einzelnen Rechtssachen unterschiedlich weit. Eine Ursache des Fehlens einer festen Linie bei der Auswahl der anzugebenden Gründe!

„Die Notierungen für die aus dritten Ländern eingeführten Tafeltrauben der Güteklasse I ... erreichten seit mehreren Tagen auf verschiedenen Märkten einen Stand unter dem Referenzpreis, soweit es die Erzeugnisse mit Herkunft aus Bulgarien und Rumänien betrifft[79].“

---

[77] RsprGH 12, 91 unter Hinweis auf entsprechende, wiederholte Feststellungen des GH, vgl. auch u. C IV § 1 3 e).

[78] RsprGH 12, 571 f.

[79] VO 144/65/EWG der Kommission, ABl. 1965 S. 2720.

Diese Begründung reicht nach Ansicht des Gerichtshofs aus, „die Gesamtlage (zu erkennen), die zum Erlaß der Maßnahme geführt hat"[80], mit der eine Ausgleichsabgabe auf Einfuhren von Tafeltrauben gemäß der Verordnung Nr. 23[81] festgesetzt wurde.

Zweifellos war es nicht erforderlich, daß die Begründung der „Maßnahmeverordnung"[82] alle zu ihrem Erlaß führenden Details wiedergab. Zur Ermöglichung der Überprüfung insbesondere der tatsächlichen Grundlagen, von denen die Kommission ausging, wären aber Angaben erforderlich und angesichts des geringen Umfangs des zu begründenden Tenors der Maßnahme auch zumutbar gewesen, welches die erwähnten Notierungen waren, an welchen Tagen und auf welchen Märkten sie festgestellt wurden[83].

Angesichts der spärlichen Angaben war die Berechtigung der von der Kommission auf zwei Rechnungseinheiten pro 100 kg Eigengewicht festgesetzten Ausgleichsabgaben kaum überprüfbar, zumal die Kommission auch die Festsetzung dieses Betrages lediglich damit begründete, daß der Referenzpreis 15,9 Rechnungseinheiten betrage und sodann fortfuhr:

> „Pauschal berechnet auf der Grundlage der niedrigsten Kurse, vermindert um die Zölle, anderen Einfuhrabgaben und Transportkosten, beläuft sich der für die Festsetzung der Ausgleichsabgabe festzustellende Einfuhrpreis für die betroffenen Herkunftsländer auf 13,9 Rechnungseinheiten pro 100 kg Eigengewicht[79]."

Mit diesen Ausführungen wurde kaum mehr gesagt, als sich aus dem Wortlaut des Art. 11 Abs. 2 der Verordnung Nr. 23[81] ergibt, wonach eine Ausgleichsabgabe erhoben wird, wenn der Einfuhrpreis eines aus Drittländern eingeführten Erzeugnisses unter dem Referenzpreis liegt und wonach die Ausgleichsabgabe der Differenz zwischen diesen beiden Preisen entspricht. Der Gerichtshof ging zwar davon aus, daß die Begründung die Gesamtlage, die zum Erlaß der Maßnahme geführt hatte, erkennen lassen müsse (was der Angabe der tragenden Gründe nahekommt), er hatte aber keine Bedenken, diese Begründung als den Anforderungen der Begründungspflicht entsprechend zu beurteilen.

---

[80] RsprGH 14, 144.
[81] ABl. 1962 S. 965 in der Fassung der VO 65/65, ABl. 1965 S. 1458.
[82] Vgl. hierzu und zur Begründung von VOen u. C IV § 2 Teil 2 2 b).
[83] Kritisch auch GA *Gand*, RsprGH 14, 160 f., dessen Heranziehung der Rspr. in der Rs. „Schwarze", RsprGH 11, 1166 ff., zur Rechtfertigung der Begründung nicht unbedenklich ist, wie er selbst erkennt.

„Die Begründung muß klar und unzweideutig die Gründe erkennen lassen, auf denen die Maßnahme beruht." Diesem theoretischen Ausgangspunkt des Gerichtshofs in der Rechtssache 1/69[84] kann unbedenklich zugestimmt werden, da er dem Zweckverständnis der Begründungspflicht durch die geforderte Erkennbarkeit des Gedankengangs des Erlaßorgans vollauf gerecht wird. In der praktischen Anwendung durch den Gerichtshof fand dieser Grundsatz allerdings auch in dieser Rechtssache erhebliche Einschränkungen, die bei einem Vergleich mit der zu beurteilenden Begründung[85] kaum befürwortet werden können.

Eine von der italienischen Regierung beantragte Genehmigung von Ausnahmetarifen der italienischen Staatsbahn für landwirtschaftliche Produkte aus Süditalien wurde von der Kommission nur befristet und teilweise unter der Bedingung einer Reduzierung der Tarifermäßigung gewährt.

Zwar wurde in der Begründung die Genehmigungsfähigkeit der Ausnahmetarife gemäß Art. 80 EWGV (insbesondere dessen Abs. 2) dargelegt; die Erforderlichkeit der Befristung bzw. Reduzierung der Genehmigung dagegen wurde ohne die wünschenswerte Substantiierung gerechtfertigt, was auch der Gerichtshof nicht verkannte[84]. Ohne daß die von der Kommission zitierten früheren Maßnahmen eine solche Begründung überflüssig gemacht hätten, beschränkte sich die Kommission auf folgende Erwägungen:

> „Soll die Änderung der Agrarstrukturen jedoch das Hauptziel der gemeinsamen Agrarpolitik darstellen, so wurde dies bis jetzt noch nicht verwirklicht. Soweit bestimmte Übergangsbeihilfen zeitlich befristet sind, können sie, ohne das gute Funktionieren der gemeinsamen Marktorganisation für Obst und Gemüse zu beeinträchtigen, gewährt werden.
> Die gegenwärtige Tariflage sollte nur progressiv geändert werden. Deshalb sollte die schrittweise Verminderung der Tarifermäßigungen vorgesehen werden[86]."

Hieraus folgerte die Kommission:

> „Die vorgesehenen Tarifänderungen können aus den obigen Gründen in der vorgeschlagenen Form zunächst bis zum 31. Dezember 1969 genehmigt werden. Für die Zeit vom 1. Januar bis zum 31. Dezember 1970 werden die Tarifermäßigungen mindestens um 50 % gekürzt und ab 1. Januar 1971 aufgehoben[86]."

Der Gerichtshof bemängelte diese Begründung trotz der von ihm erwähnten Unzulänglichkeiten nicht, da

---

84 RsprGH 15, 285.
85 ABl. 1968 Nr. L 281 S. 18 - 20.
86 ABl. 1968 Nr. L 281 S. 20.

„ihr Wortlaut und insbesondere der Hinweis auf die früheren Entscheidungen der Kommission in den Fußnoten genügten ..., um die Regierung, an die diese Entscheidung gerichtet war, von den herangezogenen Gründen in Kenntnis zu setzen ..."[84, 87].

Recht strenge Anforderungen an die Begründung stellte der Gerichtshof in der Rechtssache 41/69.

„Nach Art. 190 des Vertrages hat die Kommission ihre Entscheidungen mit Gründen zu versehen und alle Tatsachen, von denen die Rechtmäßigkeit der Maßnahme abhängt, sowie die Erwägungen anzuführen, die sie zum Erlaß der Entscheidung veranlaßt haben ... Was insbesondere die Entscheidungen anbelangt, durch die Geldbußen verhängt werden, so ist die Begründung als ausreichend anzusehen, sofern sie klar und folgerichtig die tatsächlichen und rechtlichen Erwägungen erkennen läßt, auf denen die Verurteilung der Beteiligten beruht[88]."

In dieser Rechtssache forderte der Gerichtshof demnach wiederum die Angabe der tragenden Gründe. Die zu beurteilende Bußgeldentscheidung der Kommission im Chininkartellfall war jedoch ein Beispiel für eine äußerst konkrete Begründung, die auch diesen strengen Anforderungen des Gerichtshofs gerecht wurde[89].

So äußerte sich die Kommission etwa hinsichtlich der Höhe der festgesetzten Geldbuße eingehend zur Schwere und Dauer der Zuwiderhandlungen, wies auf die überragende Marktstellung der beteiligten Unternehmen, die beschränkten Substitutionsmöglichkeiten der als Heilmittel verwendeten Erzeugnisse, das bewußte Unterlassen einer Anmeldung und die getroffenen Vorkehrungen zur Geheimhaltung der Absprachen hin, berücksichtigte andererseits auch die Schwierigkeiten der betroffenen Unternehmen bei der Rohstoffversorgung und differenzierte auf der Basis dieser für alle beteiligten Unternehmen gültigen Erwägungen die Höhe des den einzelnen Unternehmen auferlegten Bußgeldes nach der Art und Bedeutung der Beteiligung an den verbotenen Vereinbarungen, der unterschiedlichen Stellung auf dem Chinin- und Chinidinmarkt, der Größe der Unternehmen und der in den Kartellen vorgesehenen Absatzquoten[90].

Diese ausführlichen Erwägungen ließen den Gedankengang der Kommission für Betroffene wie Gerichtshof erkennbar werden und

---

87 Die früheren Entscheidungen der Kommission betrafen aber zum Teil einen anderen Tarif und enthielten im übrigen Äußerungen zur gemeinsamen Agrarpolitik, mit denen (nur) die Versagung der Genehmigung hätte begründet werden können, nicht aber die Genehmigung der Ausnahmetarife sowie deren zeitliche Begrenzung.

88 RsprGH 16, 693.

89 Vgl. die umfangreiche Begründung der Entscheidung im ABl. 1969 Nr. L 192 S. 5 ff.

90 ABl. 1969 Nr. L 192 S. 20 f.

können als vollständige Wiedergabe der tragenden Gründe angesehen werden. Da die Entscheidung auch im übrigen eingehend begründet war, konnte der Gerichtshof die Rüge der Begründungspflichtverletzung ohne Bedenken zurückweisen[91].

Diese Beispiele aus der Rechtsprechung zeigen, daß der Gerichtshof bei seinen theoretischen Ausführungen zwar oft von dem richtigen Ausgangspunkt ausging, indem er die Angabe der tragenden Gründe forderte, in der praktischen Anwendung dieses Grundsatzes aber zu recht unterschiedlichen Ergebnissen kam. Wegen dieser differierenden Beurteilungen der Begründung bei gleichem Ausgangspunkt, darüberhinaus wegen des Fehlens einer festen Linie bei der Wahl eines der Begriffe „wichtig", „wesentlich" oder „tragend" als Grundlage der zu fordernden Angabe der Gründe und zusätzlich wegen der zum Teil unterschiedlichen, sich widersprechenden Auffassungen von Gerichtshof und Generalanwälten trotz Zugrundelegung gleicher Prinzipien und des gleichen Zweckverständnisses der Begründungspflicht, mußte die Meßbarkeit der Rechtsprechung zur Begründungspflicht auch in dem Rahmen ausbleiben, in welchem trotz des Einflusses der Individualität der einzelnen Maßnahmen eine Vorausbestimmung der formellen Rechtmäßigkeit der Begründung erreichbar ist. Die Darstellung der generellen Mindestanforderungen an die Begründung auf der Grundlage der Erforderlichkeit der Angabe der tragenden Gründe soll deshalb Gegenstand der folgenden Untersuchung sein.

e) Die „tragenden Gründe"

Durch die Forderung nach Darlegung der eine Maßnahme tragenden Gründe wird das erlassende Organ gezwungen, sich bewußt zu machen, wodurch es sich zum Erlaß der Maßnahme veranlaßt sieht und wie es die Maßnahme rechtfertigen will, ohne sich bei der Abfassung der Begründung zu sehr mit Details befassen zu müssen. Diese Präzisierung ist auch für die Betroffenen vorteilhafter als die Überhäufung mit letztlich nicht ausschlaggebenden Details[92]. Die Angabe derjenigen Gründe, die aus der Vielzahl der bis zum Erlaß einer Maßnahme berücksichtigten Motive und Argumente als diejenigen Gründe ausgewählt wurden, die eine Maßnahme tragen sollen, ermöglicht dem Destinatar und eventuellen Beteiligten ebenso wie dem Gerichtshof, den Gedankengang des Erlaßorgans zu erkennen und damit effektiv ihre Rechte wahrnehmen bzw. die Rechtskontrolle ausüben zu können. Diese gegenüber den anderen, zuvor erwähnten Begriffen engere Orientierung am

---

[91] RsprGH 16, 694.

[92] Vgl. RsprGH 12, 11; GA *Roemer* RsprGH 12, 91. Eine ins Detail gehende Begründung, wenn es der Einzelfall erfordert, wird damit keineswegs überflüssig.

Gedankengang des Erlaßorgans läßt den Begriff der „tragenden Gründe" als den für die Erreichung der Zwecke der Begründungpflicht geeignetsten erscheinen. Die Kenntlichmachung der Gründe, auf die das Erlaßorgan seine Deduktion stützt, wird zu Recht von Rechtsprechung[93] wie Literatur[94] als entscheidendes Ziel der Begründung hervorgehoben.

Welche Gründe unter Zugrundelegung der Zwecke der Begründungspflicht als tragende beurteilt werden, kann bei Verwendung dieses weniger subjektiv geprägten Begriffs dem Erlaßorgan überlassen werden. Dem Gerichtshof obliegt allerdings die Überprüfung, ob die „tragenden Gründe" die Maßnahme eines Gemeinschaftsorgans wirklich tragen bzw. ob das Erlaßorgan an sich zu den tragenden zählende, damit zu berücksichtigende Gründe unbeachtet gelassen hat und ob die als tragend in der Begründung dargestellten Gründe auch wirklich die für das Erlaßorgan tragenden Gründe waren. Diese Beurteilung richtet sich nach dem Verlauf des gesamten Rechtsstreits und ist unter dem Gesichtspunkt einer Vertragsverletzung oder eines Ermessensmißbrauchs vorzunehmen. Für den Klagegrund der Verletzung wesentlicher Formvorschriften reicht es aus, wenn die angegebenen Gründe die Maßnahme formell in jeder Hinsicht zu tragen vermögen[95], also nicht nur bezüglich des Ergebnisses der Überlegungen, sondern z. B. auch hinsichtlich der Wahl des ergriffenen Mittels[96]. Es müssen demnach die Gesichtspunkte angegeben werden, die erforderlich und ausreichend sind, um zu allen den im Tenor zum Ausdruck kommenden Schlüssen zu gelangen, zu denen das Erlaßorgan gelangte. Eine Wiedergabe aller Aspekte eines konkreten Vorgangs in der Begründung einer Maßnahme ist wegen der formellen Natur der Begründungspflicht nicht erforderlich[97]. Für Begründung und Begründetheit im Sinne materieller Rechtmäßigkeit gelten verschiedene Maßstäbe.

---

93 RsprGH 16, 694; 8, 552; GA *Roemer* RsprGH 13, 183; 9, 337; GA *Gand* RsprGH 12, 18.

94 *Daig* Anm. 1 c) zu Art. 190; *Thierfelder* S. 30; *Schrans* Sp. 286; *Quadri u. a.* S. 1425.

95 Vgl. in dieser Richtung RsprGH 16, 693, 694; GA *Lagrange* RsprGH 9, 396; GA *Gand* RsprGH 12, 18; *Gaudenzi* S. 423 Fn. 57.

96 Vgl. z. B. GA *Roemer* RsprGH 11, 567 sowie Art. 14 Abs. 5 EGKSV.

97 Ebenso *Gaudenzi* S. 422 f.; die weitergehende, auf Rs. 34/62 gestützte Ansicht von *Steindorff*, Nichtigkeitsklage II, S. 63, wonach nur solche Gesichtspunkte unerwähnt bleiben dürfen, die für den konkreten Fall ohne Bedeutung sind, ist unter dem Blickwinkel einer Formvorschrift nicht zu befürworten. Die Erwähnung in der Begründung ist von der sachlichen Beurteilung der Vertragsverletzung zu unterseiden. Daß bedeutungslose Gesichtspunkte nicht in die Begründung aufzunehmen sind, dürfte keinem Zweifel unterliegen. Alle Gründe aber, die nicht ohne Bedeutung waren, in die Begründung aufzunehmen, ist von den Zwecken der Begründungspflicht her nicht erforderlich und stellt eine übertriebene Anforderung an das Erlaßorgan dar; s. auch u. aa).

Bei der Frage der Auswahl der anzugebenden Gründe aus einem engeren oder einem weiteren Kreis der Erwägungen hat sich der Gerichtshof nicht eindeutig festgelegt[98]. Einerseits hat er betont, daß sich die Begründung auf die tragenden Erwägungen beschränken kann[43] und sich mit der Angabe weniger Erwägungen zufrieden gegeben[99], andererseits fordert er zum Teil eine recht weitgehende Begründung[100]. Insgesamt scheint er jedoch eher einer Einschränkung der in der Begründung zu erwähnenden Erwägungen zuzuneigen. Die Frage der Darstellung der tragenden Gründe soll Gegenstand der weiteren Erörterungen sein.

aa) Die an die Nichterwähnung von Gesichtspunkten geknüpfte Vermutung des Gerichtshofs — Kritik

Vorweg erwähnenswert ist jedoch die Vermutung, die der Gerichtshof[101] an die Nichterwähnung bestimmter Gesichtspunkte in der Begründung knüpfte: Dem Schweigen der Begründung ist seiner Meinung nach zu entnehmen, daß die unerwähnt gebliebenen Gesichtspunkte für bedeutungslos bzw. nicht anwendbar gehalten wurden.

Die Vermutung des Gerichtshofs setzt demnach voraus, daß die unerwähnt gebliebenen Gesichtspunkte in Erwägung gezogen wurden[102]. Hat das Erlaßorgan aber bestimmte Gesichtspunkte in die Betrachtung einbezogen, ohne sie in der Begründung der abschließenden Maßnahme zu erwähnen, so kann hieraus entnommen werden, daß es diese Gesichtspunkte für die konkrete Maßnahme nicht für tragend oder zumindest für weniger tragfähig hielt. Zu weit scheint es aber zu gehen, an dieses Verhalten die Vermutung zu knüpfen, die nicht erwähnten Gesichtspunkte habe das Erlaßorgan für nicht anwendbar bzw. bedeutungslos gehalten.

---

[98] Der gegenteiligen Meinung *Gaudenzis* a.a.O. S. 423 Fn. 57 ist entgegenzuhalten, daß dieser verschiedentlich den Gerichtshof unzutreffend zitiert. So erklärte der GH an der von *Gaudenzi* zit. Stelle nicht, daß die Begründungspflicht nicht nur ein formelles Erfordernis sei, sondern daß die Begründungspflicht nicht nur auf formalen Erwägungen beruht. Auch kann der von *Gaudenzi* angegebenen Stelle nicht entnommen werden, daß die Begründung alle entscheidenden Gesichtspunkte prüfen muß, vielmehr ist das Erfordernis der umfassenden Berücksichtigung der Umstände auf das Handeln der Exekutive bezogen, das zum Erlaß der Maßnahme führt.

[99] RsprGH 6, 183; 6, 417; 9, 145; 11, 14; 11, 1167 (bedenklich knapp); 12, 10 f.; 12, 77; 13, 166.

[100] RsprGH 16, 693 (alle Tatsachen); 4, 29 und 4, 69.

[101] RsprGH 9, 314 (292 Ls. 1); 9, 379.

[102] Unzutreffend daher insoweit *Steindorff*, Nichtigkeitsklage II, S. 63. Wurden bestimmte Gesichtspunkte von dem Erlaßorgan nicht berücksichtigt und deshalb zwangsläufig nicht in der Begründung erwähnt, liegt kein Begründungsfehler vor, möglicherweise aber eine Vertragsverletzung oder ein Ermessensmißbrauch im Sinne der Gemeinschaftsverträge. *Steindorffs* Bedenken gegen die Vermutung des Gerichtshofs bestehen jedoch zu Recht.

Für die Begründungspflicht ist folgendes zu beachten: Die Nichterwähnung bestimmter Gesichtspunkte in der Begründung stellt dann eine Verletzung der Begründungspflicht dar, wenn sie vom Erlaßorgan tatsächlich als tragende Erwägungen beurteilt wurden, insbesondere also wenn andere Gründe zur Rechtfertigung einer Maßnahme vorgeschoben werden. Die Schwierigkeit ergibt sich nun daraus, daß der Nichterwähnung bestimmter Erwägungen in der Begründung nicht entnommen werden kann, ob diese berücksichtigt wurden oder nicht. Die Frage wird sich erst im Verfahren vor dem Gerichtshof entscheiden lassen. An das Schweigen der Begründung die Vermutung zu knüpfen, nicht erwähnte Erwägungen seien nicht als zu den tragenden gehörend angesehen worden, erscheint deshalb allein als angemessen. Die Folge der Annullierung wegen Verletzung der Begründungspflicht wird sich nur in seltenen Fällen hieraus ergeben, da sich die Beurteilung der unerwähnt gebliebenen als tragende Erwägungen durch das Erlaßorgan nur selten nachweisen lassen wird. Die Bedeutung dieser Vermutung wirkt sich aber bei den übrigen Klagegründen aus.

bb) Erkennbarkeit des Gedankengangs

Die Darstellung der tragenden Gründe darf sich grundsätzlich nur insoweit auf eine undetaillierte Wiedergabe der zum Erlaß der Maßnahme führenden Umstände und Erwägungen beschränken, als auch hierdurch der Gedankengang des erlassenden Organs eindeutig ersichtlich wird. Der erforderliche Präzisionsgrad richtet sich unter Berücksichtigung der mit der Begründungspflicht verfolgten Zwecke letztlich nach dem konkreten Fall, dem Umfang und der Art der Voraussetzungen, die von den den Erlaß der Maßnahme rechtfertigenden Normen gefordert wird[103], sowie der Bestimmtheit und dem Umfang der in ihnen enthaltenen Befugnisse der Gemeinschaftsorgane[104]. Die tragenden Gründe müssen jedenfalls für alle Bestimmungen des Tenors dargelegt werden.

Die Beschränkung der Begründungspflicht auf die Angabe der tragenden Gründe stellt zwar eine quantitative Begrenzung der darzustellenden, beim Erlaß der Maßnahme berücksichtigten Erwägungen dar, die qualitativen Anforderungen an den notwendigen Inhalt der Begründung ändern sich dadurch nicht.

---

[103] Vgl. hierzu RsprGH 12, 10; 12, 186; GA *Gand* RsprGH 12, 18; GA *Roemer* RsprGH 9, 337 im Gegensatz zu RsprGH 11, 24 und 12, 91; s. auch *Maas* S. 13 sowie die unten erörterten Fallgruppen.

[104] Vgl. *Hanebuth* S. 317; *Deringer* Anm. 20 zu Art. 11 VO Nr. 17; *Ehle* Anm. 9 zu Art. 190.

f) Angabe der tatsächlichen Umstände

Zunächst ist die Angabe von Tatsachen zur Überprüfbarkeit der Maßnahmen für Betroffene und Beteiligte ebenso unumgänglich wie für den Gerichtshof. Aber auch das Gemeinschaftsorgan soll durch die Wiedergabe von Tatsachen zur genauen Prüfung veranlaßt werden, ob die Voraussetzungen vorliegen, an deren Vorhandensein die Befugnis zum Erlaß der Maßnahme gebunden ist. Die besondere Bedeutung der Tatsachenangaben ergibt sich aus dem wirtschaftsrechtlich bzw. technisch geprägten Charakter der Gemeinschaftsverträge. Wegen der umfangreichen Verwendung unbestimmter Rechtsbegriffe und der erhöhten Situationsgebundenheit der Normanwendung besteht ein besonderes Bedürfnis, zur Nachprüfung der Richtigkeit der Normanwendung die zugrundegelegten Tatsachen zu kennen. Ohne eine Angabe dieser Tatsachen, die nicht bereits mit einer Wiederholung des Wortlauts der Ermächtigungsnorm erfolgt ist, lassen sich die mit der Begründungspflicht verfolgten Zwecke nicht erreichen.

Aber nicht nur die Ergebnisse der Tatsachenermittlung bedürfen der Erwähnung in der Begründung. Zu dem Bereich der Tatsachenangaben ist auch die Art und Weise der Tatsachenermittlung zu zählen, falls diese nicht eindeutig ersichtlich ist[105], wobei allerdings die Frage ihrer Unvollständigkeit oder Fehlerhaftigkeit der materiellen Prüfung vorzubehalten ist[106]. Weiterhin können auch die ausschlaggebenden Erwägungen einer durchgeführten Beweiswürdigung nicht unerwähnt bleiben, ohne daß der zum Erlaß einer Maßnahme führende Denkvorgang der Nachvollziehung durch Gerichtshof, Destinatar oder Beteiligte entzogen wird.

Das dem Gerichtshof zustehende Fragerecht[107] kann die Angabe der Tatsachen in der Begründung nicht ersetzen, nur ergänzen. Auf diesem Wege können zwar nachträglich Informationslücken geschlossen werden; die Funktion der Begründungspflicht, das Erlaßorgan zu einer sorgfältigen Abwägung aller Punkte vor Erlaß einer Maßnahme zu veranlassen, dem Betroffenen die Aussichten einer Klage zu verdeutlichen bzw. ihn von der Rechtmäßigkeit einer Maßnahme zu überzeugen und etwa Beteiligte zu informieren, wird aber nur durch die Angabe der Umstände und Erwägungen, die die Maßnahme tragen sollen, in der Begründung selbst erreicht.

---

[105] Vgl. RsprGH 14, 47 bezüglich der Berechnung der beitragspflichtigen Schrottmengen im Schätzungsverfahren.

[106] Dabei soll die besondere Bedeutung nicht übersehen werden, die der EWGV der Tatsachenfeststellung beimißt, indem er in Art. 213 im Gegensatz zu der Parallelvorschrift des Art. 47 EGKSV kein Recht der Kommission vorsieht, die Nachprüfungsbefugnis zu delegieren, vgl. *Steindorff*, Rechtsschutz, S. 79.

[107] Vgl. Teil B Fn. 45.

g) Die rechtlichen Erwägungen

Damit ist bereits der Übergang zu den rechtlichen Erwägungen vorgenommen.

Die Begründung muß auch diejenigen rechtlichen Erwägungen enthalten, die nach Ansicht des Erlaßorgans die Maßnahe tragen. Neben den Angaben, aufgrund welcher Erwägungen sich das Organ berechtigt sieht, von einer bestimmten Befugnis Gebrauch zu machen, gehört hierzu auch die Angabe der ermächtigenden Normen.

Die Meinung *Steindorffs*[108], wonach „die Begründung keines Aktes die Rechtsnormen angeben muß, die bei diesem Akt zwingend zu beachten sind", vielmehr „der Gerichtshof ... sie selbst finden" können muß, „der Nichtigkeitskläger ... sie selbst nachprüfen und hierzu aufsuchen (muß), bevor er eine Klage erhebt", blieb zu Recht vereinzelt[109].

Schon nach Art. 2 der (allgemeinen) Entscheidung 22/60 der Hohen Behörde werden den Entscheidungen und Empfehlungen

„a) die Anführungen der Bestimmungen des Vertrages und gegebenenfalls der Entscheidungen oder sonstigen Akte, auf welchen die Entscheidung oder Empfehlung beruht"

und

„c) die Begründung"

vorangestellt.

Bei vordergründiger Betrachtung könnte man hieraus zwar ableiten, daß die Angabe der eine Maßnahme tragenden Bestimmungen des Vertragsrechts nicht zu der Begründung der Maßnahme zählt. Die Verordnung Nr. 22/60 regelt jedoch lediglich die äußere Form der Maßnahmen sowie deren Zustellung und Veröffentlichung. Hierbei kann es durchaus als zweckmäßig betrachtet werden, die Bestimmungen, auf denen eine Maßnahme beruht — von den rechtlichen Erwägungen getrennt — an den Beginn der Darstellung zu stellen, statt an deren Ende. Auch räumlich durch die Anführung der gegebenenfalls eingeholten Stellungnahmen getrennt, dient die Angabe der Vertrags- und sonstigen Bestimmungen aber doch der Begründung.

Die Angabe der die Maßnahme tragenden Bestimmungen sieht ausdrücklich auch die vorläufige Geschäftsordnung des Rates der EWG[110] vor.

---

[108] Nichtigkeitsklage II S. 62; ebenso für das deutsche Recht *Landmann-Rohmer (Eyermann)* Anm. 8 zu § 63; im italienischen Recht s. *Crisafulli* S. 416.

[109] s. dagegen *Ehle* Anm. 7 zu Art. 190; *Daig* Anm. 1 c) zu Art. 190; *Schrans* Sp. 286; *Maas* S. 11; *Ipsen* EuR 1969, 337; *Quadri u. a.* S. 1425; anders auch *Steindorff*, Rechtsschutz, S. 73; RsprGH 8, 498; 9, 299; 16, 693.

[110] Art. 11 in Verbindung mit Art. 14 Abs. 2, abgedruckt bei *Ule*, Ausland, S. 979 ff.

Zu den anzugebenden Bestimmungen zählen neben den ermächtigenden Normen auch die Vorschriften, deren Berücksichtigung zwingend vorgeschrieben ist[111] und, wenn die ausgeübte Befugnis delegiert wurde, der delegierende Akt. Eine ausdrückliche Angabe dieser Bestimmungen ist allerdings nicht erforderlich, soweit deren Maßgeblichkeit für das Erlaßorgan durch die Darstellung der Gründe eindeutig ersichtlich ist.

Ebenso richtet sich das an die einzelnen rechtlichen Erwägungen zu stellende Maß an Präzisierung nach dem Grad der rechtlichen Gebundenheit des Erlaßorgans. Die Selbstkontrolle des Organs wie die Unterrichtung der Betroffenen oder Beteiligten ist nicht gefährdet, wo das Erlaßorgan rechtlich eng gebunden ist[112]. Der Gedankengang des Erlaßorgans ist in diesem Fall durch die Angabe der einschlägigen Normen und der tragenden Tatsachen ausreichend klar erkenntlich. Ohne enge rechtliche Gebundenheit dagegen müssen die rechtlichen Erwägungen klar und deutlich Stellung nehmen zur Frage, woraus und wie sich die Anwendbarkeit der Norm, die Wahl des Mittels, die konkrete Gestaltung der gesamten Maßnahme ergibt[113]. Auf das Erfordernis der Klarheit der Darstellung wird dabei zu Recht von Rechtsprechung[114] und Literatur[115] hingewiesen.

h) Die Schlüssigkeit

Gleiches gilt für die Schlüssigkeit. Eine Begründung, in der schon die eine Erwägung mit der anderen nicht harmoniert, kann nicht zur Rechtfertigung einer Maßnahme dienen[116]. Da den Zwecken der Begründungspflicht nicht durch die Angabe undeutlicher oder doppeldeutiger Erwägungen genügt werden kann und ohne eine zusammenhängende, folgerichtige Darstellung der tragenden Gründe der Gedankengang, der das Gemeinschaftsorgan zum Erlaß der Maßnahme führte, nicht zu erkennen ist, stellt eine unschlüssige Begründung eine unzulängliche Begründung dar und damit einen Verstoß gegen die vertraglich geforderte Begründungspflicht. Die Unschlüssigkeit kann sich neben der Form der Unschlüssigkeit der Begründung in sich auch aus der Begründung in Verbindung mit dem verbindlichen Teil, dem Tenor der Maßnahme ergeben.

---

[111] Vgl. Art. 29 oder 42 EWGV; dazu GA *Roemer* RsprGH 9, 339.

[112] GA *Roemer* RsprGH 15, 294; *Ipsen* EuR 1969, 337.

[113] Vgl. GA *Roemer* RsprGH 11, 567; *Hanebuth* S. 317.

[114] Außer der eingangs zit. Entscheidung s. RsprGH 9, 315; 9, 443; 11, 14; 11, 740; 13, 125; 14, 47; 15, 285; 16, 693; GA *Roemer* RsprGH 6, 317; 8, 497; 11, 567; 15, 273; GA *Gand* RsprGH 16, 716; bedenklich daher RsprGH 6, 183!

[115] *Ehle* Anm. 8 zu Art. 190; *Thierfelder* S. 30; *Gaudenzi* S. 422; *Hanebuth* S. 308; *Mono* S. 92; *Thomä* S. 428.

[116] Hiervon zu unterscheiden ist die Frage der Überflüssigkeit von Gründen, s. dazu u. C IV § 1 3 f).

aa) Die Begründung als Teil der Maßnahme im weiteren Sinn

Der sprachliche Gebrauch des Begriffs „Maßnahme" ist doppeldeutig. Er wird in einem weiteren und in einem engeren Sinn gebraucht. Zum Teil wird mit dem Begriff der Maßnahme der Tenor, deren bestimmender Teil, bezeichnet (Maßnahme im engeren Sinne), zum Teil ist aber die Maßnahme in toto also von der Bezeichnung der Art der Maßnahme in der Überschrift bis zur Unterzeichnung des Zeichnungsberechtigten des erlassenden Organs gemeint[117].

Die Maßnahmen der Gemeinschaftsorgane sprechen von „folgende Verordnung" oder „folgende Entscheidung" vor Aufführung des bestimmenden Wortlauts, und auch die Entscheidung 22/60 sieht in Art. 2 vor, daß die Begründung „den Entscheidungen und Empfehlungen ... vorangestellt" wird, eine Formulierung, die von einer engen Fassung des Begriffs der Maßnahme ausgeht.

Außerdem sehen die Vertragsbestimmungen, die den sachlichen Geltungsanspruch der Maßnahmen regeln[118], die Begründung nicht als Teil der Maßnahme an, wenn sie davon sprechen, daß eine Maßnahme „in allen ihren Teilen" verbindlich sei.

Art. 15 EGKSV, 190 EWGV, 162 EAGV könnten dagegen den Begriff der Maßnahme in einem weiteren Sinn verstehen, wenn sie fordern, daß bestimmte Maßnahmen „mit Gründen zu versehen" sind und auf etwa einzuholende Vorschläge und Stellungnahmen Bezug nehmen. Diese mögliche Auslegung besteht jedoch außer für den deutschen nur noch für den niederländischen Wortlaut („met redenen omkleed") dieser Bestimmungen, kaum jedoch für den französischen („sont motivés") oder den italienischen („sono motivati") Wortlaut[119]. Die erforderliche Bezugnahme *der Maßnahme* auf notwendigerweise eingeholte Vorschläge und Stellungnahmen zeigt aber, daß der Begriff der Maßnahme nicht auf deren bestimmenden Teil begrenzt sein muß.

Die Möglichkeit einer weiteren Fassung des Begriffs der „Verordnung", „Richtlinie" oder „Entscheidung" ergibt sich auch aus den Rechtsschutzbestimmungen der Art. 33 EGKSV, 173 EWGV, 146 EAGV.

---

117 Vgl. z. B. Art. 11 der Vorläufigen Geschäftsordnung des Rates der EWG (abgedruckt bei *Ule*, Ausland, S. 981 ff.): die Verordnungen des Rates enthalten: d) die Begründung der VO ...". Daß diese Frage nicht ohne nähere Betrachtung in der einen oder anderen Richtung entschieden werden kann, zeigt die unmittelbare Begründung von VOen des Gemeinschaftsrechts im ABl. im Unterschied zur Handhabung der Gesetzesbegründungen im nationalen Recht.

118 Art. 14 EGKSV; 189 EWGV; 161 EAGV.

119 Der beschränkte Wert dieses Auslegungsarguments ergibt sich auch aus Art. 65 § 2 Abs. 5 EGKSV, der „die Entscheidungen ..., ebenso wie die Gründe hierfür" erwähnt.

Wenn nach diesen Bestimmungen die Klage z. B. gegen eine Entscheidung auf die Verletzung wesentlicher Formvorschriften gestützt werden kann, ergibt sich hieraus, daß die Entscheidung bestimmte Formen aufweisen muß, wozu neben der Erwähnung der einzuholenden Vorschläge und Stellungnahmen auch die Begründung zu zählen ist.

Demgemäß hat auch der Gerichtshof in der Rechtssache 1/57 die Begründung als wesentliches Tatbestandsmerkmal einer Stellungnahme des EGKS-Rechts aufgefaßt[120] und die Maßnahme wegen fehlender Begründung als inexistent bezeichnet[121]. Ist der Gerichtshof mit dieser Folge der fehlenden Begründung sicherlich über das Ziel hinausgeschossen[122], so wird doch die Bedeutung der Begründung im Rahmen einer zu begründenden Maßnahme aufgezeigt.

Auch die Literatur betont überwiegend die Zugehörigkeit der Begründung zur Maßnahme[123].

Die Begründung unmittelbar als Teil der Maßnahme selbst aufzufassen erscheint durchaus sinnvoll. Durch die erläuternde Funktion kann die Begründung eine Maßnahme derart beeinflussen, daß die Maßnahme durch eine andere Begründung einen differierenden Sinn erhalten könnte. Auch ist die Kontrollmöglichkeit erleichtert. Damit ist jedoch keineswegs gesagt, daß die Begründung ein verbindlicher Teil der Maßnahme sei, vielmehr steht die Begründung als Teil der in einem weiteren Sinn verstandenen Maßnahme neben der verbindlichen[124] Anordnung der Maßnahme.

Da die Begründung für sämtliche mit ihr verfolgten Zwecke immer im Zusammenhang mit dem Tenor gesehen werden muß, wäre es verfehlt, hieraus nicht die Konsequenz zu ziehen, daß die Begründung auch und gerade in Beziehung zum Tenor der Maßnahme schlüssig dargestellt sein muß[125].

bb) Widersprüchliche und irreführende Begründung

Eine ungeschickte Ausdrucksweise[126] schadet der Schlüssigkeit nicht, kann allerdings gegen das Gebot der Klarheit verstoßen.

Ist die Darlegung der tragenden Gründe dagegen irreführend, läßt die Begründung nicht erkennen, ob das erlassende Organ die Voraus-

---

[120] RsprGH 3, 233; vgl. auch GA *Roemer* RsprGH 8, 497.
[121] Mit der Folge, daß die Klage als unzulässig kostenpflichtig abgewiesen wurde.
[122] Vgl. etwa zur Kritik der Literatur *Bonaert u. a.* S. 43, 46 f.
[123] *Schrans* Sp. 285 (kein „acte détachable“); *le Tallec-Ehlermann* S. 154; *Quadri u. a.* S. 1423, 1427; a. A. allerdings *Maas* S. 12.
[124] Bei Stellungnahmen (s. Art. 15 EGKSV) fehlt eine solche natürlich.
[125] Enger gefaßt wird die Frage der Schlüssigkeit bei *Quadri u. a.* S. 1427.
[126] *Daig* Anm. 1 c) zu Art. 190; RsprGH 6, 183.

setzung für den Erlaß der Maßnahme mit der gebotenen Sorgfalt geprüft hat. Der Adressat wird zur Erhebung einer Klage geradezu provoziert, und etwa Beteiligten kann die Maßnahme nicht zur Unterrichtung dienen. Eine irreführende Begründung stellt damit nicht nur ein Indiz für einen Ermessensmißbrauch oder eine Vertragsverletzung dar, sondern sie ist auch unter dem Gesichtspunkt der Begründungspflicht zu bemängeln[127].

Fehlerhaft ist insbesondere auch eine widersprüchliche Begründung. Mit diesem Einwand hatte sich die Rechtsprechung bereits des öfteren auseinanderzusetzen[128], wobei in einigen Fällen der Vorwurf der Widersprüchlichkeit der Begründung vom Gerichtshof bestätigt wurde[129]. Auch die Widersprüchlichkeit der Begründung ist nicht eine reine Frage der materiellen Rechtmäßigkeit[130], sondern stellt als Fall der Unschlüssigkeit einen Formmangel dar, der die Erreichung der mit der Begründungspflicht verfolgten Zwecke in Frage stellt.

Mit einer schlüssigen Begründung hat eine Maßnahme noch keineswegs alle Hürden in formellrechtlicher Hinsicht genommen. Nicht jede schlüssige Begründung entspricht schon den Anforderungen der Begründungspflicht. Eine Begründung kann auch schlüssig sein, wenn sie die Maßnahme nicht in jeder Beziehung zu tragen vermag, damit unvollständig ist. Andererseits ist eine Begründung, die zwar alle tragenden Tatsachen und Erwägungen enthält, aber nicht schlüssig ist, wegen Verletzung der Begründungspflicht fehlerhaft[131]. Die Schlüssigkeit einer Begründung ist erforderlich, aber nicht allein ausreichend. Der formelle Charakter des Klagegrundes der Verletzung wesentlicher Formvorschriften muß allerdings bei der Prüfung der Schlüssigkeit stets beachtet werden[132].

i) Anforderungen an die Vollständigkeit der Begründung — Begründung und Beweisaufnahme

Unter Einhaltung dieser Anforderungen kann eine Begründung knapp gehalten werden[133]. Eine prägnant formulierte, zusammenfassende Be-

---

[127] Ebenso *Ehle* Anm. 8 zu Art. 190; der GH weist den Vorwurf der Irrtümlichkeit in RsprGH 6, 183 deshalb zurück, weil das Vorbringen hierzu auf den Vorwurf der Vertragsverletzung hinauslief; vgl. auch GA *Roemer* RsprGH 6, 317; 9, 339.

[128] RsprGH 6, 183; 8, 236; 9, 315; 11, 915; 12, 77; 15, 285; 16, 693.

[129] RsprGH 6, 317; 9, 155; GA *Roemer* RsprGH 9, 388 im Gegensatz zu RsprGH 9, 315.

[130] So GA *Lagrange* RsprGH 9, 396; a. A. GA *Roemer* RsprGH 11, 267; *Quadri u. a.* S. 1427; *Maas* S. 14; *le Tallec-Ehlermann* S. 151; *Ehle* Anm. 8 zu Art. 190; *Schrans* Sp. 285.

[131] a. A. bezüglich der beiden Alternativen *Bülow* S. 278.

[132] In dieser Richtung auch GA *Roemer* RsprGH 11, 927.

[133] s. dazu eingehender u. 3 e).

gründung ist einer weitläufigen sogar vorzuziehen. Die Quantität ist kein generelles Indiz einer guten Begründung. Gerade eine kurze Begründung kann durch die Auswahl der angegebenen Erwägungen Ausdruck einer eingehenden Prüfung des Erlaßorgans und einer sicheren Beherrschung der zu regelnden Situation sein. Sie ermöglicht Betroffenen wie Beteiligten, auf den ersten Blick zu erkennen, worauf das Gemeinschaftsorgan den entscheidenden Wert bei Erlaß seiner Maßnahme legte.

Eine Begründung, die knapp ist, aber dennoch auf der Grundlage der mit der Begründungspflicht verfolgten Zwecke die tragenden tatsächlichen wie rechtlichen Grundlagen einer Maßnahme enthält, stellt allerdings eine Idealform dar, die sich bei wirtschaftsrechtlichen Normen nur selten verwirklichen lassen wird. Grundsätzlich ist daher gegenüber einer knappen Begründung ein gewisses Mißtrauen angebracht, denn die in der Regel diffizilen und differenzierten Überlegungen der Erlaßorgane lassen sich nicht in der gleichen wünschenswerten Weise gerafft darstellen wie etwa ordnungspolizeiliche Maßnahmen im nationalen Recht. Aber auch die Handhabung der Begründung bei wirtschaftsrechtlichen Maßnahmen im nationalen Recht läßt sich infolge der besonderen Gewaltenteilung und der besonderen Rechtsschutzbedürfnisse in den Gemeinschaften nicht ohne weiteres auf diese übertragen.

Keineswegs kann die Ausbreitung umfangreichen statistischen Materials in der Begründung gefordert werden, das einer Maßnahme zugrunde liegt. Hier ist eine zusammenfassende Darstellung unumgänglich[134]. Ebensowenig können Schriftstücke wie Rechnungen, Verträge, wettbewerbsbeschränkende Vereinbarungen, Unterlagen über Waren- und Geldbewegungen im Ein- und Verkauf vollständig in der Begründung wiedergegeben werden. Die Beschränkung auf eine auszugsweise oder summarische Wiedergabe, die den Gedankengang des Erlaßorgans verständlich werden läßt und die Nachprüfung gestattet, ist ausreichend und vorzuziehen, um die Begründung nicht unnötig zu belasten. Für die Angabe des vollständigen Wortlauts bzw. die Vorlage der Schriftstücke ist die Beweisaufnahme zu nutzen[135]. Der Platz der Darlegung einzelner Details ist nicht die Begründung einer Maßnahme, sondern das Verfahren vor dem Gerichtshof. Dennoch darf der Unterschied zwischen einer Begründung und einer bloßen Behauptung nicht übersehen werden. Ohne Angabe der zugrunde liegenden Tatsachen durch präzisierende Erläuterungen wird eine Begründung den mit ihr verfolgten Zwecken nicht gerecht werden können.

---

134 Vgl. *Daig* Anm. 1 c) zu Art. 190.

135 RsprGH 10, 1192; 12, 91; 16, 694; *le Tallec-Ehlermann* S. 153.

Sicherlich kann die Pflicht zur Beachtung der Geschäftsgeheimnisse der Wiedergabe bestimmter Tatsachen und insbesondere vertraulicher Informationen im Wege stehen. Ob eine Berufung auf Geschäftsgeheimnisse gerechtfertigt ist, bedarf jeweils eingehender Prüfung[136]. Im übrigen steht einer bloßen Andeutung der Tatsachen oder einer summarischen Ausführung das zur Erreichung der Zwecke der Begründungspflicht notwendige Erfordernis der Vollständigkeit der Darlegung der tragenden Motive auch bei einer knappen Begründung grundsätzlich entgegen. Inwieweit Vereinfachungen der Begründung zulässigerweise zu einer knappen Begründung führen können, bedarf daher besonderer Untersuchungen.

3. *Möglichkeiten der Erleichterung bei der Gestaltung der Begründung*

a) Die Rechtsauffassung des Erlaßorgans als Ausgangspunkt

Einen entscheidenden Beitrag zu einer Begrenzung des Begründungsinhalts leistet die in ständiger Rechtsprechung vom Gerichtshof akzeptierte Auffassung[137] der Gemeinschaftsorgane, daß sie nur ihre eigene Maßnahme als solche begründen und die von ihrem Standpunkt aus erforderlichen Tatsachenangaben in der Begründung aufführen müssen[139].

Die Generalanwälte vertreten die gleiche Auffassung, wenn auch nicht ganz mit der gleichen Konzessionslosigkeit[140].

Aus der Rechtsprechung läßt sich die zutreffende Ansicht des Gerichtshofs entnehmen, daß das erlassende Organ die nach dem

---

[136] s. auch u. V 5.

[137] Zu Unrecht geht *Clever* S. 164 daher davon aus, um die „Mangelhaftigkeit der Begründung feststellen zu können, ist eine rechtliche Würdigung in der Sache erforderlich, die gewissermaßen vorher vollzogen worden ist und dem Gerichtshof als Maßstab dafür dient, ob er die Begründnug überzeugend findet oder nicht“. Der GH setzt jedoch nur die Rechtsauffassung des Erlaßorgans mit der Begründung in Beziehung und prüft, ob die Begründung die Maßnahme von diesem Standpunkt aus trägt. Eine objektive Rechtmäßigkeitskontrolle nimmt er in diesem Zusammenhang nicht vor, was sich auch aus der von *Clever* S. 161 selbst zit. Entscheidung des GH ergibt, wo es heißt: „Im Rahmen der Prüfung der Frage, ob eine Verletzung wesentlicher Formvorschriften vorliegt, braucht nicht auf die Frage eingegangen zu werden, ob die Rechtsauffassungen der Hohen Behörde zutreffen; hier kommt es lediglich auf ihre logische Vereinbarkeit *mit der getroffenen Entscheidung* an[138].“

[138] RsprGH 3, 38.

[139] Vgl. RsprGH 1, 108; 1, 208; 3, 37; 6, 417; 6, 507; 7, 716; 9, 292; 9, 379; 11, 260; 13, 166; 14, 48; 14, 417; 16, 693; a. A. nur RsprGH 6, 179 für auskunftsrechtliche Entscheidungen; unbeachtet bei RsprGH 17, 427.

[140] Vgl. GA *Lagrange* RsprGH 1, 127; GA *Roemer* RsprGH 9, 168; 11, 469; 10, 1197; 11, 1440; 14, 63 f.; 17, 441 einerseits sowie GA *Roemer* RsprGH 6, 735; 9, 339; 13, 183; 14, 432 f. andererseits.

Vertrag erforderliche Einholung einer Stellungnahme zwar als erfolgt erwähnen muß, die darin etwa geäußerten abweichenden Meinungen in der Begründung aber weder darstellen, noch sich mit ihnen auseinandersetzen muß.

Für die während des Verwaltungsverfahrens geäußerten Einwände der von einer Maßnahme Betroffenen gilt (erst recht[141]) nichts anderes, wobei mangels vertraglicher Verpflichtung hier selbst die Erwähnung entfallen kann. Auch mit Einwendungen, die später, etwa im Gerichtsverfahren, erhoben werden könnten, braucht sich das Gemeinschaftsorgan nicht auseinanderzusetzen, da die Begründungspflicht keine Ausarbeitung einer Theorie bzw. eines Gutachtens verlangt, noch das antizipierte Resümee eines etwaigen Prozeßvortrags darstellen soll[142]. Der Umfang der Begründungspflicht bemißt sich nicht „nach den bei einer objektiven Interpretation des Vertragstextes erkennbaren Handlungsvoraussetzungen, sondern nach den von der Hohen Behörde für richtig gehaltenen Gedankengängen und Deduktionen"[143]. Daher verlangt die Begründungspflicht auch keine Ausführungen darüber, warum von bestimmten, durch den Adressaten der Maßnahme benannten Beweismitteln kein Gebrauch gemacht wurde[144].

aa) Ausnahme bei Art. 88 EGKSV?

Wenn Generalanwalt Roemer trotz Befürwortung dieses Ausgangspunktes in der Rechtssache 20/59 bei einer Entscheidung gemäß Art. 88 EGKSV[145] eine Auseinandersetzung mit den wesentlichen Einlassungen des betroffenen Staates in der Begründung mit Rücksicht darauf verlangt, daß eine solche Entscheidung „kein isolierter Akt" der Hohen Behörde sei, sondern das Endergebnis eines mehrgliedrigen Verfahrens darstelle, so liegt darin eine Sonderbehandlung, die weder durch das Verfahren noch durch die Person des Adressaten der Maßnahme gerechtfertigt ist. Nicht nur eine Entscheidung gemäß Art. 88 EGKSV stellt keinen isolierten Akt dar; die Anhörung des Destinatars im Verwaltungsverfahren ist kein auf das besondere Verfahren nach Art. 88 EGKSV beschränkter Vorgang[146]. Der Gerichtshof ist dieser Auffassung des Generalanwalts in einem späteren Verfahren daher zu Recht nicht beigetreten[147].

---

141 So GA *Roemer* RsprGH 14, 64.
142 RsprGH 6, 417; GA *Roemer* RsprGH 9, 168.
143 GA *Roemer* RsprGH 11, 469.
144 GA *Roemer* RsprGH 10, 778.
145 RsprGH 6, 735 f.; ähnlich auch *Everling* KSE Bd. 1, 513.
146 Zur Bedeutung der Anhörung vgl. o. Teil B II 1 e) aa); zur Begründungspflicht im Verfahren nach Art. 88 EGKSV, 169 f. EWGV, 141 f. EAGV s. o. Teil B II 1 e).
147 RsprGH 7, 716.

bb) Begründung für die Änderung der Rechtsauffassung?

Bedenken bestehen vom Standpunkt der Rechtsprechung aus des weiteren auch gegenüber der Forderung, das Erlaßorgan habe eine Änderung seines Rechtsstandpunkts, sei es vor oder während des Verwaltungsverfahrens, besonders zu begründen[148].

Hat das Erlaßorgan nur seine eigene Rechtsauffassung positiv darzulegen, ohne auf etwaige Einwände und gegenteilige Meinungsäußerungen eingehen zu müssen, so mag die Angabe von Gründen, die die Änderung seines Standpunkts betreffen, wünschenswert erscheinen, erforderlich ist sie nicht. Das Organ wird seiner Maßnahme in diesen Fällen zwar nicht die gleichen Motive als tragende Gründe zugrunde legen können, die es zuvor von einem anderen Standpunkt aus anführte. Darzustellen hat es jedoch nur die Erwägungen, die nach seiner Auffassung im Zeitpunkt des Erlasses die Maßnahme tragen sollen[149]. Die Änderung der Auffassung des Erlaßorgans wird für den Destinatar durch die rechtlichen Erwägungen nicht zu verkennen sein, ihre Berechtigung ist keine Frage der Begründungspflicht, sondern der materiellen Überprüfung.

Diese formelle Sicht wird damit auch dem hier besonders interessierenden Zweck der Effektivierung des Rechtsschutzes gerecht. Zur Darstellung der tragenden Gründe, die eine Maßnahme vom veränderten Standpunkt des Erlaßorgans aus rechtfertigen sollen, bedarf es zusätzlich keiner Begründung für die Tatsache der Änderung der Auffassung des Erlaßorgans.

---

148 So GA *Lagrange* RsprGH 6, 78 und 6, 944 sowie GA *Roemer* RsprGH 6, 735 f.

149 Auch für das Verfahren nach Art. 88 EGKSV und die entsprechenden Verfahren des EWGV und des EAGV kann nichts anderes gelten. Zu beachten ist jedoch, daß dort, wo eine Anhörung des Adressaten vor Erlaß einer Maßnahme vorgesehen (vgl. z. B. Art. 65 § 5 Abs. 2 EGKSV, Art. 19 VO Nr. 17) oder rechtlich geboten ist und auch durchgeführt wurde, der Erlaß einer Maßnahme unter Zugrundelegung eines abweichenden Standpunkts dem Zweck der Anhörung widerspricht, da das Organ die Auffassung des Betroffenen zu diesem veränderten Standpunkt nicht berücksichtigen konnte und der Angehörte bei seiner Äußerung die Auffassung des Erlaßorgans nicht kannte. Eine Darlegung dieses abweichenden Standpunkts in der Begründung ist auch in diesem Fall nicht das richtige Mittel; vorzuziehen ist zumindest bei einem zuungunsten des Betroffenen abweichenden Standpunkt die nochmalige Anhörung des Betroffenen. Ändert das Organ infolge der Äußerungen des Betroffenen (teilweise) seinen Standpunkt zu dessen Gunsten oder behält es seine Auffassung bei, so genügt es, daß sich dies aus der Darstellung der tragenden Gründe ergibt. Die Änderung des Standpunkts des Erlaßorgans hat somit keine besonderen Anforderungen an die Begründung zur Folge, wirkt sich aber unter Umständen auf den Wert und den Zweck der Anhörung aus.

cc) Der Standpunkt der Literatur

Die Literatur stimmt im wesentlichen mit der Rechtsprechung überein[150]. *Steindorff*[151] stellt allerdings auch hier größere Anforderungen an die Begründung. Daß sich eine Begründung nicht mit Gegenargumenten auseinanderzusetzen brauche, die Beteiligte im Verwaltungsverfahren vorbrachten, billigt er nur mit Einschränkungen. „Soweit die Gegenargumente entscheidungserhebliche Gesichtspunkte betreffen, muß die Begründung erkennen lassen, ob und wie weit diese Gesichtspunkte berücksichtigt worden sind und welcher von ihnen als ausschlaggebend beurteilt worden ist." Wenn demnach nur für die Entscheidung unerhebliche Argumente keiner Erörterung in der Begründung bedürfen, so läßt sich für diese Auffassung zwar der Gerichtshof zitieren[152], Zweifeln sollte sie insoweit aber kaum unterliegen. Dagegen führt eine Auseinandersetzung in der Begründung mit allen die Maßnahme beeinflussenden Argumenten zu einer unzumutbaren Belastung der Gemeinschaftsorgane und steht mit dem formellen Charakter der Begründungspflicht nicht in Einklang, ohne daß die Zwecke der Begründungspflicht eine derartige Ausdehnung erforderten.

Daß dieser formelle Standpunkt bei den Adressaten nur auf wenig Verständnis und Entgegenkommen stößt, wie sich aus der häufigen Befassung des Gerichtshofs mit dieser Frage ergibt, ist von der Interessenlage her verständlich, zwingt aber nicht zu einer Aufgabe dieses Standpunkts. Es ist demnach festzuhalten:

dd) Zusammenfassung und Kritik

Die Gemeinschaftsorgane sind verpflichtet, bestimmte von ihnen zu erlassende Maßnahmen zu begründen. Bei der Subsumtion eines bestimmten Sachverhalts unter bestimmte Gemeinschaftsnormen legen sie ihre Rechtsauffassung zugrunde. Diese Auffassung gilt es offenbar werden zu lassen. Hierbei dürfen sich die Erlaßorgane auf die Darlegung derjenigen Erwägungen beschränken, die die jeweilige Maßnahme tragen sollen[153]. Eine vollständige Wiedergabe der Gesamtheit der erheblichen Erwägungen in der Begründung ist nicht erforderlich und wohl auch kaum praktikabel. Die Darlegung von Einzelheiten kann dem Verfahren vor dem Gerichtshof vorbehalten werden.

---

150 Vgl. *Bonaert u. a.* S. 42; *Hanebuth* S. 308; *Maas* S. 11; *Quadri u. a.* S. 1424, 1425; *Schrans* Sp. 286, 290.

151 Nichtigkeitsklage II S. 62; ähnlich *Hanebuth* S. 310 unter Hinweis auf RsprGH 6, 179 für den Fall von Auskunftsverlangen. Ebenso im deutschen Recht *Klinger* S. 367; VGH Baden-Württemberg BW VBl. 1963, 122 (Urteil vom 6. 11. 62); s. dagegen für das italienische Recht *Vitta* S. 434.

152 RsprGH 9, 292; 14, 48.

153 Ob diese ausreichend und zutreffend sind, ist eine Frage der sachlichen Prüfung.

Unter die Gesamtheit der Erwägungen fällt auch die Berücksichtigung der Auseinandersetzung mit abweichenden Meinungsäußerungen, die folglich auch zu dem Kreis der potentiell in die Begründung einer Maßnahme aufzunehmenden, tragenden Motive zählt. Je nachdem zu welchem Ergebnis das Gemeinschaftsorgan bei der Abwägung des pro und contra einer im Verwaltungsverfahren geäußerten abweichenden Meinung kommt, wird es diesen Erwägungen in der Begründung Rechnung tragen. Die Nichterwähnung eines Gegenarguments in der Begründung bringt demnach zum Ausdruck, daß dieses vom Erlaßorgan nicht als tragend betrachtet wurde, nicht jedoch daß es bei der Vorbereitung des Erlasses der Maßnahme nicht berücksichtigt wurde.

Von dieser Beurteilung war auch in der Rechtssache 19/58 auszugehen. Die Auffassung des Gerichtshofs, von der Hohen Behörde könne nicht verlangt werden, daß sie in allen anderen Fällen angebe, warum sie einen in einem Einzelfall als Rechtfertigung für eine Ausnahmebehandlung anerkannten Umstand nicht berücksichtige[154], trifft den Kern der Sache nicht. Eine Äußerung der Hohen Behörde kommt nur in Fällen in Betracht, in denen die Ähnlichkeit der Situation nicht ohne weiteres von der Hand zu weisen ist. In diesen Fällen erfordert der Gleichheitsgrundsatz ein Eingehen auf die Frage der Gleichbehandlung, da eine positive wie negative Entscheidung dieser Frage die Maßnahme mit trägt.

Indem die Hohe Behörde den Umstand der Zonengrenznähe in einem Fall als Rechtfertigung für die Gewährung eines Ausnahmetarifs ansah und in einem ähnlich gelagerten Fall diesen Umstand nicht erwähnte, brachte sie zum Ausdruck, daß nach ihrer Meinung dieser Ähnlichkeit keine tragende Bedeutung zukam[155]. Andernfalls wäre wegen der nicht zu leugnenden Vergleichbarkeit hierauf in der Begründung einzugehen und eventuell darzulegen gewesen, aus welchen Gründen dennoch eine unterschiedliche Beurteilung vorzunehmen war. Nur aus dieser Sicht war die formelle Begründung nicht zu beanstanden, die Indizwirkung bezüglich einer Verletzung des Vertragsrechts oder eines Ermessensmißbrauchs bleibt allerdings bestehen.

b) Gesamtbegründung und Begründung aus dem Zusammenhang

Bei komplexen Maßnahmen, bei Maßnahmen, die mehrere, sich ergänzende oder auch in gewissem Maße inhaltlich selbständige Bestimmungen enthalten[156], empfiehlt es sich aus Gründen der Klarheit,

---

[154] RsprGH 6, 507.

[155] s. o. 2 d) aa).

[156] Insbesondere Maßnahmen mit Normcharakter, aber auch Individualakte wie etwa Kartellentscheidungen mit bestimmten Änderungen oder Bedingungen.

der Verständniserleichterung und damit auch zur Förderung der Zwecke der Begründungspflicht, Erwägungen und Tatsachen, denen für die Maßnahme generelle Bedeutung zukommt, bei der Begründung voranzustellen. Darüber hinaus wird sich eine komplexe Maßnahme oft nicht in Einzelteile zergliedern, sondern nur als Ganzes begründen lassen, so daß für jeden Teil der Maßnahme die tragenden Motive in der Gesamtbegründung zu suchen sind[157].

Da von den mit der Begründungspflicht verfolgten Zwecken her grundsätzlich keine Bedenken gegen eine vor die Klammer gezogene Begründung oder eine Begründung aus dem Gesamtzusammenhang bestehen, die Erreichung dieser Zwecke hierdurch vielmehr begünstigt wird, die Pflicht zur Begründung jeder Einzelbestimmung damit aber eine nicht erforderliche, unter Umständen dem Verständnis der Maßnahme sogar abträgliche Belastung der Gemeinschaftsorgane bedeuten würde, sind diese Erleichterungen in der Abfassung einer Begründung zu Recht in der Rechtsprechung und Literatur anerkannt[158]. Die Grenzen dieses Grundsatzes liegen dort, wo generelle Erwägungen der Individualität einzelner Bestimmungen einer Maßnahme nicht gerecht werden können, d. h. bestimmte Einzelbestimmungen nicht mit tragen. Dies ist etwa der Fall bei einer an verschiedene Adressaten gerichteten Maßnahme, deren jeweils besondere Situation es neben einem für alle gleichen Ausgangspunkt zu berücksichtigen gilt, oder soweit Sonderbelastungen vorgesehen sind, oder wenn einzelne Bestimmungen einer Maßnahme sich inhaltlich so weit von der Gesamtkonzeption entfernen, daß sich ihre tragenden Gründe nicht aus den gemeinsamen Gesichtspunkten ergeben.

Die Begründung eines bestimmten Teils einer Maßnahme aus einer generellen oder aus einer zusammenhängenden Begründung der ganzen Maßnahme kann allerdings nur dann den Zwecken der Begründungspflicht gerecht werden, wenn sie sich klar und deutlich aus dem Gesamtzusammenhang entnehmen läßt. Hierbei bringen die nicht völlig eindeutig abgrenzbaren Begriffe „klar“ und „deutlich“ eine gewisse Schwierigkeit. Berücksichtigen Erlaßorgan, Betroffene, Beteiligte und Gerichtshof aber die Zwecke, die die Begründung erfüllen soll, so wird sich die Grenzziehung zwischen „noch deutlich genug“ und „nicht mehr deutlich genug“ leichter ziehen lassen.

Maßgeblich muß dabei immer der objektive Wortlaut sein. Es darf nicht durch subjektive Kenntnisse, Annahmen oder Prognosen etwas

---

[157] GA *Roemer* RsprGH 3, 56.

[158] Vgl. RsprGH 3, 37; 8, 553; 11, 260; GA *Roemer* RsprGH 3, 56 f., 59; 13, 182. Aus der Literatur: *Bonaert u. a.* S. 41; *Daig* Anm. 1 e) zu Art. 190; *Ehle* Anm. 9 zu Art. 190; *Fromont*, Rechtsschutz, S. 250; *Hanebuth* S. 308; *Mono* S. 92; *de Laubadère* KSE Bd. 1, 486; *Schrans* Sp. 283, 290; *Steindorff*, Rechtsschutz, S. 70.

in eine Gesamtbegründung hineininterpretiert werden, was für Betroffene, Beteiligte oder Gerichtshof nicht eindeutig oder nur aufgrund von Vermutungen zu entnehmen ist.

Bedenken müssen daher gegenüber der Rechtsprechung des Gerichtshofs in der Rechtssache 14/61 geltend gemacht werden. Bei der Überprüfung der Begründung und hierbei insbesondere hinsichtlich der Interessenabwägung der Hohen Behörde bei der Frage der Rücknahme einer zu Unrecht erteilten Vergünstigung mit Wirkung ex tunc stellte er fest[159],

> „daß die angefochtene Entscheidung die Gründe klar erkennen läßt, die die Beklagte veranlaßt haben, im vorliegenden Fall dem Grundsatz der Gesetzmäßigkeit den Vorzug zu geben. Wenn die Beklagte andererseits geglaubt hat, sie brauche die — zweifellos nicht zu vernachlässigenden — Auswirkungen nicht zu erwähnen, die, wie sich bei konkreter Würdigung der beteiligten Interessen ergibt, mit der Rücknahme ex tunc für die Klägerin zwangsläufig verbunden waren, so erklärt sich dies ohne weiteres damit, daß nach Ansicht der Hohen Behörde die offensichtlich guten wirtschaftlichen Verhältnisse der Klägerin das Gewicht dieser Auswirkungen im Rahmen der Interessenabwägung verhältnismäßig gering erscheinen ließen.
>
> Da diese Überlegungen dem Gesamtzusammenhang der Entscheidung klar zu entnehmen sind, und zwar sowohl vom Standpunkt der Adressatin wie von dem des Gerichtshofs aus, läßt sich ein wesentlicher Begründungsmangel in diesem Punkt nicht feststellen“.

Tatsächlich enthielt die Entscheidung, was die Berücksichtigung der Interessen der Klägerin betrifft, nur folgende Erwägungen[160]:

> „... auf der einen Seite das Interesse von Hoogovens am Fortbestehen dieser Vergütung, die sie in gutem Glauben erlangt hatte, so daß sie ihre Geschäfte im Vertrauen auf die Beständigkeit dieser Lage führen durfte“;

sowie

> „Hoogoven kann dieser Entscheidung nicht zu Recht entgegenhalten, es werde ihr eine im Vergleich zu den Vorteilen, die sich für die übrigen Unternehmen daraus ergeben, unangemessene Belastung auferlegt.“

Die Ansicht der Hohen Behörde, infolge der guten wirtschaftlichen Verhältnisse könnten materielle Nachteile geringer bewertet werden — kein unbedenkliches Argument übrigens —, kommt in der Begründung nicht klar zum Ausdruck, wenn die Belastung für Hoogovens den Vorteilen für die übrigen Unternehmen gegenübergestellt wird. Die guten wirtschaftlichen Verhältnisse der Klägerin scheinen dagegen möglicherweise auch nicht ohne Einfluß gewesen zu sein, wenn der Gerichtshof selbst erklärt[161], die unzulänglich ausgeführte Begründung

---

[159] RsprGH 8, 553.
[160] RsprGH 8, 521.
[161] RsprGH 8, 552.

könne die Entscheidung tragen, da sich die sachliche Richtigkeit der angefochtenen Entscheidung ergeben habe[162].

c) Begründung per relationem

Als weitere Möglichkeit zur Vereinfachung der Begründung kann die Bezugnahme oder Verweisung auf Formulierungen an anderer Stelle angesehen werden, die sich das Erlaßorgan hierdurch zu eigen macht. Objekt einer solchen Bezugnahme kann dabei verschiedenes sein.

aa) Verweisung auf Normen des Gemeinschaftsrechts

Immer wieder verlockend scheint die Verweisung auf den Wortlaut von Normen des primären und sekundären Gemeinschaftsrechts zu sein, insbesondere dann, wenn es sich, wie es bei wirtschaftsrechtlichen Normen oft der Fall ist, um umfangreiche Normen handelt, die aus mehreren, jeweils bestimmte wirtschaftliche Situationen erfassenden Tatbestandsvoraussetzungen bestehen. Stützt sich eine Maßnahme auf solche Normen, kann sich die Begründung dennoch nicht auf wenige knappe Formulierungen beschränken, wenn sie nicht durch den Zusammenhang mit einem detailliert gefaßten verfügenden Teil der Maßnahme den Gedankengang des Erlaßorgans erkennen läßt. Der geringere Grad an Abstraktheit solcher, bestimmte wirtschaftliche Gegebenheiten und Faktoren umschreibender Normen scheint zwar eine eingehende Begründung weniger notwendig zu machen. Die Bezugnahme auf bestimmte Normen des Gemeinschaftsrechts ebenso wie deren Wiedergabe in rein terminologisch unterschiedlicher Form lassen jedoch einen Meinungsbildungsprozeß auch in diesen Fällen nicht ausreichend erkennen und die erforderliche Konkretisierung vermissen.

Generalanwalt *Roemer* hat in einer neueren Rechtssache[163] entgegen seinen früheren Äußerungen[164] besondere Erläuterungen zu einer von der Kommission aufgestellten Prognose nicht für erforderlich gehalten, da „der Text der von der Kommission angezogenen Verordnung Nr. 159 für sich selbst spricht".

Tatsächlich kam dieser Verordnung für die angefochtene Entscheidung ausschlaggebende Bedeutung zu, da sie den in verschiedenen vorangegangenen Entscheidungen[165] genehmigten Ausnahmetarifen für Frachten und Beförderungsbedingungen der italienischen Staatsbahn

---

162 s. hierzu o. C I.

163 Vgl. RsprGH 15, 294.

164 RsprGH 3, 57; 8, 496; 12, 187; anders aber auch 11, 466; in der Rs. 1/63 RsprGH 9, 691 spricht sich GA *Roemer* ausdrücklich für strenge Anforderungen an die Begründungspflicht aus.

165 Vgl. RsprGH 15, 292.

für gewisse Agrarprodukte aus bestimmten Regionen Italiens entgegenstand[166]. In der angefochtenen Entscheidung hatte die Kommission die Ausnahmetarife daher nur unter Bedingungen bzw. für eine Übergangszeit befristet genehmigt[167]. In der Begründung hatte sie aber im wesentlichen nur die Genehmigung der Tarife, nicht auch deren zeitliche Begrenzung gerechtfertigt, ohne daß „der Text der angezogenen Verordnung Nr. 159" eine diesbezüglich besondere Begründung überflüssig machte.

Der Auffassung des Generalanwalts *Roemer* stimmt *Ipsen* in einer Anmerkung zu dieser Rechtssache[168] zu, indem er ausführt,

> „daß der Entscheidungsempfänger ... zur rechtlichen Begründung einer Entscheidung keiner Aussage bedarf, wenn er die rechtliche Motivierung verkündeten Rechtsvorschriften — wie hier der Verordnung Nr. 159 — entnehmen kann. Man wird also sagen dürfen: in dem Maße, in dem bei dem Entscheidungsempfänger die Kenntnis der für die Entscheidung maßgeblichen Rechtserwägungen dem positiven Recht entnommen werden kann, bedarf es ihrer Reproduktion in der Entscheidungsbegründung nicht, wenn ihre in Anspruch genommene Maßgeblichkeit an sich nur hinreichend verdeutlicht worden ist".

Diese Auffassungen sind jedoch aus Gründen der Sicherung des Zweckverständnisses der Begründungspflicht nicht unbedenklich. Zumindest muß die Formulierung „in dem Maße ..." und „hinreichend verdeutlicht" hervorgehoben werden. Zutreffend ist, daß das Zitat einer maßgeblichen Norm sich erübrigt, wenn deren Maßgeblichkeit durch die Begründung hinreichend deutlich wird. Auf die Darlegung der rechtlichen Erwägungen, warum und inwieweit diese maßgebliche Norm etwa einer Genehmigung von Ausnahmetarifen entgegensteht, kann aber im allgemeinen nicht verzichtet werden[169]. Der Hinweis auf die Einschlägigkeit einer zitierten Norm läßt den Gedankengang des Erlaßorgans nicht mit der erforderlichen Deutlichkeit erkennen[169] und wird dem Zweck der Selbstkontrolle nicht gerecht[170]. Es kann

---

166 Vgl. Art. 80 EWGV einerseits sowie VO Nr. 159/66 (ABl. 1966 S. 3286 bis 3293) andererseits.

167 Die Bedingung war eine zunächst mindestens 50 %ige Rücknahme der Ausnahmetarife ab 1. Januar 1970 und deren gänzlicher Wegfall bis 1. Januar 1971. Vgl. zu dieser Entscheidung auch o. S. 100 f.

168 EuR 1969, 337.

169 In einem Ausnahmefall mag das unter Umständen der Fall sein, ein solcher lag in der zit. Rs. aber nicht vor; der Hinweis auf die die Verweigerung der Genehmigung rechtfertigende VO (Nr. 159/66) konnte nicht die dieser VO entgegenstehende zeitlich begrenzte Zustimmung zu den Ausnahmetarifen begründen.

170 Die Konkretisierung abstrakter Rechtsregeln ist gerade Aufgabe der Exekutive. Auf die Geltung dieser Aufgabe auch bei der sog. gebundenen Verwaltung weist für das italienische Recht insbesondere *Rivalta* S. 184 hin.

nicht verlangt werden, daß sich der Adressat nach einem Hinweis auf eine einschlägige Norm die Begründung dafür, warum und inwieweit diese einschlägig ist, selbst suchen muß.

bb) Bezugnahme auf Berichte, Auskünfte, Stellungnahmen

Als weiterer Bezugspunkt, der vorwiegend im Dienstrecht die Rechtsprechung beschäftigte, sind Auskunfte und Stellungnahmen (etwa des Überleitungsausschusses) bzw. Berichte der Vorgesetzten zu nennen[171].

Im nationalen Recht herrschen in diesem Punkt gegensätzliche Auffassungen. Das französische Recht und insbesondere die französische Rechtsprechung lassen eine Begründung durch Bezugnahme im Disziplinarrecht zum Beispiel selbst dann nicht zu, wenn auf eine konforme, ausreichend begründete Stellungnahme verwiesen wird[172]. Für diese strenge Haltung wird geltend gemacht, daß eine ausdrückliche Begründung die sorgfältige Prüfung durch die Behörde sichert, Irrtümer und Nachlässigkeiten vermeidet und auch für eine Prüfung durch die Öffentlichkeit und den Betroffenen von Vorteil ist[173]. Im italienischen Recht wird demgegenüber hinsichtlich einer Bezugnahme eine generell großzügigere Haltung eingenommen[174], die für das Beamtenrecht nicht eingeengt wird.

Da auch die Bezugnahme auf eine Stellungnahme einer beratenden Stelle einer sorgfältigen Prüfung bedarf, wenn sie nicht fehlerhaft sein soll, wird der Zweck der Selbstkontrolle, der im französischen Recht als Gegenargument herangezogen wird, bei einer Bezugnahme auf Stellungnahmen und Berichte gewahrt. Die Interessen des Betroffenen, sein Rechtsschutz, erfordern allerdings, daß er die in Bezug genommenen Äußerungen kennt und sie ihm zugänglich sind. Da dies für den Gerichtshof möglich ist, stehen aus seiner Sicht einer Bezugnahme keine Bedenken entgegen[171].

Der Gerichtshof scheint jedoch in der Zulassung einer Bezugnahme als Begründung recht weit gehen zu wollen. In der Rechtssache 16/63[175] gibt er zu verstehen, daß er die Verweisung auf einen Bericht, der eine Beurteilung des Gesamtverhaltens des klagenden Beamten zum

---

171 Vgl. RsprGH 9, 444; 10, 765; 10, 812; 12, 175.

172 s. die umfangreichen Rechtsprechungsnachweise bei *Odent* S. 1142; *Isaac* S. 549.

173 *Isaac* S. 549.

174 Vgl. *Mortati* S. 241; *Sandulli* S. 386; *Vitta* S. 434. Ausführlich legt *Rivalta* die möglichen Bezugspunkte und Voraussetzungen einer Bezugnahme dar, vgl. S. 168 ff., 175, 192, 199, 201, 203; s. auch *Crisafulli* S. 436, 434, 417; vgl. auch Art. 34 Abs. 3 des „Entwurf eines allgemeinen Verwaltungsverfahrensgesetzes“, abgedruckt bei *Ule*, Ausland, S. 186.

175 RsprGH 9, 444.

Inhalt hatte, für ausreichend hält, auch wenn in der bezugnehmenden Begründung selbst keine Einzeltatsachen dargelegt werden.

Die Bezugnahme auf diesen Bericht, der seinem Zweck nach keine Einzelfragen zu behandeln brauchte, stößt jedoch auf Bedenken. Wenn in einem solchen Fall weder die Begründung der negativen Stellungnahe des Überleitungsausschusses noch der in bezug genommene Bericht selbst erkennen läßt, auf welchen Umständen die Ablehnung bzw. die negative Stellungnahme beruht, besteht für den Betroffenen keine Möglichkeit zu prüfen, ob diese Maßnahme seine rechtlichen Belange verletzt oder nicht, denn auch einer Beurteilung des Gesamtverhaltens müssen einzelne Fakten zugrunde liegen[176].

cc) Den wichtigsten Bezugspunkt stellen *früher ergangene Gemeinschaftsakte* und insbesondere deren Begründung dar. Eine solche Bezugnahme wird überwiegend zu Recht für prinzipiell zulässig erachtet[177], da die Erreichung der Zwecke der Begründungspflicht hierdurch nicht vereitelt wird (s. u. dd)).

Erläßt die Kommission eine als Grundsatzentscheidung zu bezeichnende Maßnahme, der in bestimmten, kürzeren Abständen oder auch sporadisch weitere Entscheidungen folgen, die auf der gleichen Rechtsgrundlage beruhen und vergleichbare Sachverhalte regeln, so kann die Kommission entweder in der Grundsatzentscheidung mit der Ankündigung weiterer entsprechender Entscheidungen die Geltung bestimmter genereller Gründe der Grundsatzentscheidung für die folgenden Maßnahmen ankündigen oder sich in diesen auf die Grundsatzentscheidung und deren Begründung beziehen[178].

Die hiermit zum Ausdruck kommende Annäherung an normative Maßnahmen läßt die Bezugnahme auf Grundsatzentscheidungen nicht als unzulässig erscheinen, denn die Gemeinschaftsorgane erfüllen ihre Aufgaben nur nach Maßgabe der Verträge, sie besitzen keine unabgeleitete Rechtsetzungsbefugnis und können demgemäß nicht wie der Gesetzgeber im nationalen Rechtskreis jeden Vorgang durch Rechts-

---

[176] Der Gerichtshof hielt jedoch im Ergebnis die Begründung zu Recht durch die Bezugnahme für ausreichend. Zu seinen eben kritisierten Bemerkungen hatte er sich durch die Rügen des Klägers verleiten lassen, jene Bemerkungen seien zu allgmein gehalten. Tatsächlich enthielt der in bezug genommene Bericht sehr weitgehend Beurteilungen einzelner, zu berücksichtigender Umstände, vgl. GA *Lagrange* RsprGH 9, 457.

[177] Vgl. RsprGH 5, 115; 10, 352; 11, 14; 11, 488, 461; 11, 1166; 15, 285; GA *Roemer* RsprGH 9, 691; 17, 441; a. A. RsprGH 9, 678; aus der Literatur: *Daig*, Handbuch, Anm. 1 d) zu Art. 190; *Ehle* Anm. 9 zu Art. 190; *Fromont*, Rechtsschutz, S. 250; *Hanebuth* S. 308; *Mono* S. 92; *Wolfarth-Schloh* S. 425 Nr. 1169; *Thierfelder* S. 31; teilweise abweichend *Bonaert u. a.* S. 46; uneinheitlich *Schrans* Sp. 285.

[178] Vgl. RsprGH 11, 1166 f.; GA *Gand* RsprGH 11, 1176.

norm regeln, bedürfen vielmehr stets einer Ermächtigungsgrundlage hierfür, und auch die Funktion der normativen Maßnahme als abstrakt-genereller Regelung erleidet durch diese Praxis der Bezugnahme in ihrer Bedeutung keine Beeinträchtigung.

Der Erlaß einer Entscheidung statt des möglichen Erlasses einer Verordnung kann sich unter Umständen aber wegen des geringeren Zeitbedarfs als notwendig erweisen. In jedem Fall muß aber bei einer Grundsatzentscheidung eine Veröffentlichung im Amtsblatt oder eine individuelle Bekanntgabe erfolgen, wenn als Adressat der Bezug nehmenden Entscheidung nicht nur der oder die Adressaten der Grundsatzentscheidung in Betracht kommen.

Eine Bezugnahme erscheint auch angebracht, wenn in kürzeren Abständen eine Reihe von Entscheidungen des gleichen Gemeinschaftsorgans an den gleichen Adressaten ergeht[179], die eine bestimmte tatsächliche oder rechtliche Situation zugrunde legen, diese vom Adressaten nicht angefochten wurde und auch keine Änderung der Situation eingetreten ist. Weniger von Bedeutung, aber ebenfalls zulässig, ist die Verweisung auf die Begründung einer früheren Maßnahme in einer einzelnen späteren Maßnahme.

dd) Rechtfertigung der Zulässigkeit der Begründung per relationem; kritische Fälle in der Rechtsprechung und Zusammenfassung

Vom Zweck der Selbstkontrolle des Erlaßorgans her bestehen gegen die Bezugnahme grundsätzlich keine Bedenken. Auch die Bezugnahme auf Gründe einer anderen Maßnahme bedarf sorgfältiger Prüfung, ob die in Bezug genommene und damit als eigene übernommene Begründung die Maßnahme tragen kann. Verweisung oder Bezugnahme stellen damit eine Erleichterung in der Abfassung der Begründung dar, lassen aber den Vorgang des Begründens im Bereich des Erlaßorgans nicht entfallen. Da somit die Zweckerreichung der Begründungspflicht nicht gefährdet wird, erscheint diese Erleichterung trotz der mit ihr verbundenen, geringen Belastung des von einer Maßnahme Betroffenen sachgemäß. Eine Verweisung wird zudem nur bezüglich Einzelheiten oder Teilen einer Maßnahme möglich sein, da zwei Maßnahmen kaum völlig kongruent sind.

Die Interessen des Betroffenen oder etwaiger Beteiligter sind gewahrt, wenn ihnen die übernommene Begründung bekannt ist. Auch die Kontrollmöglichkeit des Gerichtshofs wird nicht beeinträchtigt. Die Kenntnis der in Bezug genommenen Begründung erhält er durch die Vorlagepflicht, Unklarheiten oder Lücken schließt er durch das

[179] Vgl. RsprGH 11, 461; 15, 285 sowie GA *Roemer* RsprGH 11, 466 und 15, 294.

Fragerecht. Die Kontrolle der Gründe, auf die das Gemeinschaftsorgan seine Maßnahme stützt, wird folglich durch die Übernahme von Gründen mittels Verweisung auf eine andere Begründung durchaus ermöglicht. Eine Bezugnahme auf eine frühere Unterredung oder mündliche Mitteilung muß dagegen wegen deren fehlender, exakter Reproduktionsmöglichkeit auch dann ausscheiden, wenn der Adressat der Maßnahme der einzige Betroffene ist[180].

Verweist eine vollstreckbare Entscheidung bezüglich der Zusammensetzung der Forderung auf ein Schreiben, das das gleiche Organ zuvor an den Adressaten gerichtet hatte, so könnten hiergegen vom Gesichtspunkt des Zwecks der Effektivierung des Rechtschutzes Bedenken bestehen, falls es sich nicht um eine eindeutig individuelle Entscheidung handelt, falls nicht auszuschließen ist, daß sonstigen Beteiligten gegen diese Maßnahme ein Rechtsmittel zustehen könnte, die keine Kenntnis des Schreibens haben. Dem Gerichtshof wird hierdurch aber nicht die Kontrollmöglichkeit genommen. Die Ablehnung der Zulässigkeit einer Bezugnahme auf frühere Schreiben als Begründung wegen Beeinträchtigung dieses Zwecks der Begründungspflicht[181] muß daher selbst der Ablehnung verfallen[182].

Das hilfsweise Argument des Gerichtshofs, daß die angefochtene Entscheidung sich nicht ausdrücklich auf solche Maßnahmen beziehe, weist dagegen zutreffend darauf hin, daß die Übernahme der Begründung einer früheren Maßnahme mit unbestreitbarer Deutlichkeit erfolgen muß. Im konkreten Fall fehlte es an der erforderlichen Deutlichkeit aber nicht[183].

Die Begründung, auf die Bezug genommen wird, muß auf Vorschriften beruhen, die ihren Zielen und Aufgaben nach denjenigen Vorschriften zumindest entsprechen, auf die sich die verweisende Maßnahme stützt, wenn beide Maßnahmen nicht auf der gleichen Rechtsgrundlage ergingen. Die übernommene Begründung muß außerdem zusammen mit den in der verweisenden Maßnahme angegebenen Gründen ausreichen, um diese zu tragen[184].

Daß die Entscheidung 19/57 der Hohen Behörde an diesem Erfordernis scheiterte, muß für die Hohe Behörde im ersten Moment erstaunlich

---

[180] RsprGH 6, 990; 12, 175; a. A. *le Tallec-Ehlermann* S. 153; s. dazu u. d).

[181] Rs. 1/63, RsprGH 9, 678.

[182] Diese Auffassung des GH blieb auch in der Rechtsprechung vereinzelt, vgl. die Zitate in Fn. 118 und insbesondere RsprGH 11, 14; GA *Roemer* äußerte in der gleichen Rs. zwar auch Bedenken gegen die Zulässigkeit einer Bezugnahme, seine Zweifel gingen jedoch allein von der Gewährleistung eines sachgemäßen Rechtsschutzes aus, vgl. RsprGH 9, 691.

[183] Vgl. GA *Roemer* RsprGH 9, 690 f.

[184] Vgl. hierzu RsprGH 5, 115; GA *Roemer* RsprGH 11, 927 und o. IV § 1 2 d) und g); bei den Entscheidungen, um die es in der Rs. 9/56 (RsprGH 4, 30) und 10/56 (RsprGH 4, 70) ging, war dies nicht der Fall.

gewesen sein. Die angefochtene Entscheidung bezog sich auf die Entscheidungen 16 - 18/57, die wiederum in ihrer Begründung auf die Entscheidungen 5 - 7/56 verwiesen. Die Entscheidung 5/56 war Gegenstand der Rechtssache 2/56[185]. In dem früheren Rechtsstreit hatte der Gerichtshof keinen Begründungsfehler festgestellt, bemängelte jedoch jetzt, daß die Begründung der Kriterien für die Direktbelieferung der Großhändler im wesentlichen lediglich den Vertragstext wiedergab und die eingeführte Tonnengrenze nicht rechtfertigte, und ließ die Wirksamkeit der Genehmigung nach Art. 65 § 2 EGKSV an der unzureichenden Begründung scheitern[186].

Zusammenfassend läßt sich feststellen, daß eine Begründung per relationem zulässig ist, wenn das gleiche Organ aufgrund der gleichen oder nach Aufgaben und Zielen entsprechenden Bestimmungen tätig wird, der Text der in Bezug genommenen Stelle dem Betroffenen und etwaigen Beteiligten bekannt ist und die Begründung zusammen mit den durch die Verweisung übernommenen Gründen die Maßnahme trägt.

d) Angabe von Bekanntem?

Von der Bezugnahme als Begründung ist die Frage zu unterscheiden, ob bekannte Tatsachen und Erwägungen keiner Darlegung in der Begründung bedürfen.

Notorisch bekannte[187] oder offenkundige Tatsachen[188] bedürfen sicherlich keiner Erläuterung, da insoweit ein Begründen nicht erforderlich ist. Zurückhaltung bei der Deklaration als offenkundige Tatsache ist allerdings angebracht, da es über die Anwendung von Begriffen wie „Lebenserfahrung“ oder „offenkundige Tatsachen“ auf wirtschaftliche Realitäten leicht zu Meinungsverschiedenheiten kommen kann[187].

Die Nichterwähnung „bekannter“ Tatsachen oder Rechtsauffassungen, deren Kenntnis[189] auf früheren Auskünften, Mitteilungen, Verhandlungen oder Anhörungen beruht, wird im nationalen Recht, soweit eine

---

185 RsprGH 3, 37.

186 In der Rs. 2/56 hatte der GH im wesentlichen die Ablehnung einer zusätzlichen Klausel für die Zulassung als Großhändler erster Hand durch die Hohe Behörde gerechtfertigt, ohne auf die Vereinbarkeit der sonstigen genehmigten Mengenkriterien mit Art. 65 § 2 Abs. 1 EGKSV in einer Weise einzugehen, die eine Prüfung der angenommenen Vereinbarkeit erkennen ließ, was von der HB wohl übersehen worden war; s. auch u. bei Fn. 202.

187 RsprGH 9, 298; GA *Gand* RsprGH 14, 161 (tägliche Veröffentlichung der Notierungen in den Mitgliedstaaten, die zur Festsetzung der Einfuhrpreise in bestimmter Höhe führten).

188 Vgl. *le Tallec-Ehlermann* S. 153; *Schrans* Sp. 290.

189 Da diese Frage der Kenntnis von den Erfahrungen bei der Abfassung der Maßnahme beurteilt wird, handelt es sich oft eher um ein Kennenmüssen der tragenden Gründe!

Begründung gefordert wird, weitgehend als sachgemäß befürwortet[190]. Kennt der Betroffene die Gründe eines Verwaltungsaktes bereits, so wäre die Begründung ein überflüssiger Formalismus[191], wird argumentiert.

Diese Meinung, die vom Zweck der Begründung ausgeht, dem Betroffenen ein wirksames Gebrauchmachen seiner Rechtsbehelfe zu ermöglichen, wird im europäischen Recht weitgehend von Generalanwalt *Roemer* geteilt:

„... da die Klägerin nach wiederholten schriftlichen und mündlichen Kontakten mit Vertretern der Hohen Behörde über deren Standpunkt informiert, also in ihrer Rechtsverteidigung nicht beeinträchtigt war, sollten die angedeuteten Bedenken ... zurückgestellt werden[192]."

Daß diese Meinung aber auch für den Betroffenen, dessen Rechtsschutz sie doch für gesichert hält, nicht ungefährlich ist, zeigen schon die Korrektive, die im nationalen Recht für notwendig gehalten werden[193]:

„Hier werden allerdings Verwaltungsvorschriften und Dienstaufsicht dafür sorgen müssen, daß der Anwendungsbereich der Vorschrift (gemeint ist § 30 Abs. 2 Nr. 2 des EVwVerfG) nicht mißbräuchlich ausgeweitet wird."

Entscheidend gegen die Möglichkeit, als bekannt Vorausgesetztes in der Begründung einer Maßnahme nicht anzugeben, spricht daneben jedoch, daß die Begründung nicht nur der Unterrichtung des Adressaten dient. Neben dem Zweck der Selbstkontrolle, der schon in den Korrektiven des nationalen Rechts zum Ausdruck kommt, soll die Begründung vor allem auch den Gerichtshof über die Gründe informieren, die das Gemeinschaftsorgan bei Erlaß einer Maßnahme für tragend hielt. Sind diese Gründe bei einer ausdrücklichen Bezugnahme noch objektiv feststellbar, so fehlt bei einer Nichterwähnung jeglicher Bezugspunkt. Dem Gerichtshof ist daher voll zuzustimmen, wenn er feststellt:

„Eine möglicherweise dem Kläger mündlich gemachte Mitteilung der gegen ihn erhobenen Vorwürfe kann nicht als ergänzende Begründung

---

[190] Vgl. BVerwGE 10, 43; 20, 166; § 30 Abs. 2 Nr. 2 EVwVerfG 1963; *Bachof* JZ 62, 747; *Mono* S. 94; *Thieme* S. 272; *Vitta* S. 434.

[191] Vgl. EVwVerfG 1963, Einzelbegründung S. 146.

[192] RsprGH 14, 433; vgl. außerdem GA *Roemer* RsprGH 13, 184; 11, 466; 8, 496; auch der GH lehnte in einer neueren Rs. für einen von der Kommission angefochtenen Beschluß des Rates die Begründungspflicht mit der Begründung ab, die Kommission habe an der Beratung des Rates teilgenommen und könne sich daher nicht auf die in Art. 190 EWGV vorgesehene Begründungspflicht berufen, da sie damit schon alle Rechtsgarantien erlangt habe, die Art. 190 EWGV sichern soll, vgl. RsprGH 17, 264 (Ls. 8), 283; gegen diese Argumentation spricht jedoch das in dieser Rs. zu enge Zweckverständnis des GH. Ähnlich bei „sachkundigen Beteiligten" *Thierfelder* S. 31.

[193] EVwVerfG 1963, Einzelbegründung S. 146.

angesehen werden, da der Richter sie bei der Prüfung der Gründe, die für das Handeln der Verwaltung bestimmend waren, nicht berücksichtigen kann[194]."

Eine Begründung, die eine Maßnahme nur unter Einbeziehung von als bekannt vorausgesetzten Tatsachen oder Rechtserwägungen zu tragen vermag, wird damit der Begründungspflicht der Gemeinschaftsverträge nicht gerecht.

e) Schlagwortartige und knappe Begründung — kritische Untersuchung der uneinheitlichen Rechtsprechung

Wird eine Ausuferung der Begründungspflicht vor allem dadurch vermieden, daß das Gemeinschaftsorgan bei der Begründung seiner Maßnahmen nur die Gründe darzulegen hat, die nach seiner Rechtsauffassung die Maßnahmen tragen sollen, und wird die Abfassung der Begründung durch die Anerkennung einer Begründung aus dem Gesamtzusammenhang, bei besonders umfangreichen Maßnahmen durch die Zulassung der Bezugnahme auf veröffentlichte oder dem Anfechtungsberechtigten zugestellte Gründe erleichtert, so ist auch darüber hinaus eine knapp gehaltene Begründung zu befürworten. Eine knappe Formulierung der tragenden Gründe ist jedoch von einer nichtssagenden, allgemeinen, auf verschiedene Sachverhalte passenden Begründung zu unterscheiden.

Für beide Formen einer Begründung lassen sich in der Rechtsprechung reichlich Beispiele finden, wobei der Gerichtshof zum Teil zu uneinheitlichen und wenig zweckdienlichen Ergebnissen kommt, wie der folgende chronologische Überblick zeigt.

In den Rechtssachen 6/54[195] und 2/56[196] stellte der Gerichtshof nur geringe Anforderungen an die Begründungspflicht. Begründungen, die kaum über allgemein gehaltene Behauptungen und eine Wiedergabe der einschlägigen Vertragsnormen hinausgingen[197], wurden von ihm nicht beanstandet.

Die allgemeine Formulierung „unter den gegenwärtigen Umständen" qualifizierte der Gerichtshof dagegen (zu Recht) nicht als Begründung[198] und hielt die Stellungnahme der Hohen Behörde nach Art. 54 Abs. 4 EGKSV wegen des Fehlens einer Begründung für inexistent[199].

---

194 RsprGH 12, 175; vgl. auch RsprGH 9, 678; 4, 30; 4, 70; (weniger eindeutig 6, 990); GA *Roemer* RsprGH 12, 187.

195 RsprGH 1, 232.

196 RsprGH 3, 37 f.

197 Vgl. ABl. 1956 S. 33, 34 bzw. ABl. 1954 S. 268; s. hierzu auch *Bebr*, Control, S. 88 und *Bonaert u. a.* S. 39 f. und 45.

198 Vgl. RsprGH 3, 222 und 233.

199 Vgl. hierzu o. Fn. 62 und u. Teil D II 5.

Eine vollstreckbare Entscheidung der Hohen Behörde, die nach Erlaß einer Zahlungsaufforderung der Ausgleichskasse für Schrott als Begründung lediglich die Tatsache der unterlassenen Zahlung der geschuldeten Beiträge und deren Höhe angab, wurde vom Gerichtshof infolge der fehlenden Spezifizierung der Forderung wegen Verstoßes gegen die Begründungspflicht für nichtig erklärt[200].

Gerade diese letzten Entscheidungen stellen ein Beispiel dafür dar, daß zu allgemein gehaltene Begründungen das Fehlen einer konkreten Prüfung des Sachverhalts erkennen lassen. Im Gerichtsverfahren verwies die Hohe Behörde zur Rechtfertigung ihrer unvollständigen Begründung auf die vorausgegangenen Zahlungsaufforderungen der Ausgleichskasse. Daß sie aber die individuelle Prüfung der Sache wohl unterlassen hatte, kann daraus entnommen werden, daß die Hohe Behörde sich auf Maßnahmen bezog, die ebenfalls nicht fähig waren, ihre Entscheidung zu tragen[201].

Beachtung muß auch die Rechtssache 18/57 finden, die — wie bereits erwähnt — im Gegensatz zu der Rechtssache 2/56 zu stehen scheint, da sich die angefochtene Entscheidung auf Entscheidungen bezog, die bereits Gegenstand der Rechtssache 2/56 gewesen waren.

Hier wie dort ging es um die Genehmigung von Zulassungsregelungen für den Kohlenbezug als Großhändler erster Hand.

Der Gerichtshof stellte jetzt weitaus strengere Anforderungen an die Begründung und erklärte die Begründung für unzureichend, da sie die Vereinbarkeit der eingeführten Mengenkriterien mit Art. 65 § 2 Abs. 1 EGKSV nur behauptete, eine konkrete Prüfung des Vorliegens der Voraussetzungen des Art. 65 § 2 Abs. 1 aber nicht erkennen ließ[202]. Bei ihrer Verweisung hatte die Hohe Behörde wohl auch übersehen, daß in der Rechtssache 2/56 die Versagung der Genehmigung eines einzelnen Mengenkriteriums angefochten worden war. Diese war konkreter gerechtfertigt als die Genehmigung der sonstigen, mit der früheren Klage nicht beanstandeten Mengenkriterien, auf deren Begründung sich die Hohe Behörde in den angefochtenen Entscheidungen der Rechtssache 18/57 bezogen hatte.

Als „unzulänglich gefaßt, aber ausreichend begründet“ hielt der Gerichtshof in der Rechtssache 31/59 eine Entscheidung der Hohen Behörde, die das klagende Unternehmen zur Abgabe von Auskünften und zur Vorlage von Urkunden gemäß Art. 47 EGKSV verpflichtete, „denn die einfache Bezugnahme auf die Erfüllung der Aufgaben der

---

200 Vgl. RsprGH 4, 30; 4, 70.
201 Vgl. RsprGH 4, 30; 4, 70.
202 Vgl. RsprGH 5, 114 f. und ABl. 1956 S. 33 f.

Hohen Behörde wird durch die Erwähnung des Zwecks vervollständigt, dem die Auskünfte dienen sollen"[203].

Auch in dieser Entscheidung dürfte der Gerichtshof die Anforderungen an eine ausreichende Begründung zu zurückhaltend beurteilt haben.

Nachdem sich das klagende Unternehmen hartnäckig geweigert hatte, bestimmt Auskünfte zu erteilen, zu deren Angabe es sich nicht verpflichtet hielt, ging die Hohe Behörde — ohne die vorangegangene Korrespondenz zu erwähnen — wohl davon aus, daß bei dem Unternehmen kein Zweifel über Zweck und Art der die Hohe Behörde speziell interessierenden Auskünfte und Unterlagen bestehen konnte. Ein solches Vorgehen kann aber nicht als der Begründungspflicht adäquat angesehen werden, denn dem pauschalen Hinweis auf die (mannigfaltigen) Aufgaben der Hohen Behörde, gekoppelt mit der umfassenden Auskunfts- und Vorlagepflicht stand nur eine wenig präzise Angabe des Auskunftszwecks gegenüber, so daß es den Anschein hat, die Hohe Behörde wollte mit ihrer Entscheidung das klagende Unternehmen über seine Pflichten gemäß Art. 47 EGKSV belehren, anstatt ein konkretes Auskunftsverlangen zu rechtfertigen[204].

Ein Entlassungsschreiben, das außer der Tatsache der Entlassung keinerlei Begründung enthält und nur durch allgemein gehaltene Mitteilungen vor längerer Zeit überhaupt verstanden werden kann, kann jedenfalls nicht mehr nur als unzulänglich gefaßt[205], sondern muß als unbegründet im Sinne der Begründungspflicht behandelt werden.

Gegenstand der Rechtssache 9/61 war eine angefochtene Empfehlung auf dem Gebiete der Verkehrspolitik. Art. 1 Abs. 2 dieser Empfehlung lautete[206]:

„Die Maßnahmen gemäß Abs. 1 sind in einer Weise zu ergreifen, daß sie das gute Funktionieren des gemeinsamen Marktes, so wie dies in den Vorschriften des Vertrages, insbesondere in seinen Art. 2 bis 5 und 60, sowie in den dazu ergangenen Entscheidungen der Hohen Behörde vorgesehen ist, fördern."

Auch Generalanwalt *Roemer*[206] räumte ein, daß sich der Tenor der Empfehlung nicht durch besondere Präzision auszeichnet. Die Begründung der Empfehlung, deren Aufgabe es zudem nicht sein kann, den Bestimmtheitsgrundsatz zu ersetzen, stellte nicht mehr als eine fast wörtliche Wiederholung dieses Wortlauts dar[206]. Generalanwalt *Roemer* rechtfertigte sie dennoch mit der Erwägung, daß die in der Empfehlung

---

[203] RsprGH 6, 183.
[204] Vgl. RsprGH 6, 167.
[205] Vgl. RsprGH 6, 976, 990.
[206] s. RsprGH 8, 496 f. Der GH ging auf die Frage der Begründungspflichtverletzung nicht ein.

angeführten Ziele nach dem Wortlaut des Vertrages selbst nicht in eingehender Weise spezifiziert seien und allen Beteiligten infolge der jahrelangen Verhandlungen längst klar sei, was die Hohe Behörde im Zusammenhang mit Art. 70 Abs. 3 EGKSV unter „gutes Funktionieren des gemeinsamen Marktes" versteht.

Diese Erwägungen können die nichtssagende Begründung nicht zu einer ausreichenden Begründung machen. Gerade bei der fehlenden Spezifizierung der angeführten Ziele im Vertrag käme einer Konkretisierung eine wünschenswert klärende Wirkung zu. Daß darüber hinaus die Nichterwähnung des als bekannt Vorausgesetzten nicht als Begründung angesehen werden kann, wurde schon ausgeführt. Mit Generalanwalt *Roemer* wird man zwar eine eingehende Erörterung angesichts der jahrelangen, unveränderten Erklärungen der Hohen Behörde nicht verlangen wollen und müssen. Eine zusammenfassende Darstellung dieser Erklärungen, die im Hinblick auf Einzelheiten auf bestimmte Dokumente verweisen konnte, war aber vom Zweckverständnis der Begründungspflicht her durchaus zu fordern.

In der Rechtssache 13/60[207] hatte Generalanwalt *Roemer* einer weitaus konkreteren Begründung[208] die Anerkennung versagt, da sie „nicht mehr als eine außerordentlich summarische Darstellung des Prüfungsverfahrens und des Prüfungsgegenstandes" im Rahmen der Feststellungen zu Art. 65 § 2 lit. b) gäbe. Sicherlich ging diese Begründung nicht auf alle notwendigen Aspekte ein, wie die Hohe Behörde selbst einräumte[209], sie ließ jedoch den Gedankengang der Hohen Behörde im Gegensatz zu der Begründung der angefochtenen Empfehlung in der Rechtssache 9/61 noch erkennen.

Die Ablehnung eines Zollkontingents für Destillationswein in der beantragten Höhe wegen zu erwartender schwerwiegender Störungen auf dem Markt der in Betracht kommenden Waren[210] begründete die Kommission damit, daß

> „aufgrund der vorliegenden Angaben festgestellt (werden konnte), daß die Erzeugung der betreffenden Weine in der Gemeinschaft bei weitem ausreichend ist".

Im Gegensatz zu dieser, ihrer Begründung sah die Kommission für das von ihr bewilligte Kontingent in geringerer, aber immer noch beachtlicher Höhe diese Gefahr nicht. Weiter führte sie aus:

> „Es bestehen keine Anzeichen dafür, daß diese Industriezweige in der Bundesrepublik Deutschland aufgrund der bestehenden Marktverhältnisse

---

[207] RsprGH 8, 284.
[208] ABl. 1960 S. 1014 ff. (1019 f.).
[209] Vgl. ABl. 1960 S. 1020 und RsprGH 8, 284.
[210] Art. 25 Abs. 3 EWGV.

in der Gemeinschaft sich nicht in mengenmäßiger und qualitätsmäßiger Hinsicht ... ausreichend eindecken könnten[211]."

Welches die vorliegenden Angaben und die bestehenden Marktverhältnisse waren, von denen die Kommission ausging, blieb im Dunkeln. Die schlagwortartigen Formulierungen erinnern sehr stark an die ähnliche Begründungsabfassung in der Rechtssache 1/57. Der Gerichtshof wandte sich daher zu Recht auch in dieser Rechtssache gegen das summarische Vorgehen der Kommission bei der Abfassung ihrer Begründung und annullierte die Entscheidung[212].

In der Rechtssache 34/62 bestand nach Meinung der Kommission keine Gefahr einer schwerwiegenden Störung auf dem Markt der in Betracht kommenden Waren im Falle der Gewährung eines Zollkontingents, so daß sie diesbezüglich das ihr in Art. 25 Abs. 3 EWGV eingeräumte Ermessen auszuüben hatte. Auch diese Entscheidung der Kommission blieb sehr allgemein gehalten[213]. Generalanwalt *Roemer* sprach sich daher nach den Äußerungen des Gerichtshofs in der Brennweinentscheidung auch in diesem Fall für eine Annullierung aus. Der Gerichtshof aber stellte in dieser Rechtssache weniger strenge Anforderungen an die Begründungspflicht und wies die Rüge des Begründungsmangels zurück[214].

Das von der Klägerin in der Rechtssache 36/64 beanstandete Fehlen der Angabe von Tatsachen hinsichtlich der lakonischen Feststellung, die Mitgliedschaft der in der SOREMA zusammengefaßten französischen Großhändler in der OKU[215] falle unter Art. 65 Abs. 1 EGKSV[216], stellte keinen Begründungsfehler dar, da die angefochtene Entscheidung im Zusammenhang mit einer Reihe früherer unangefochtener Entscheidungen stand, die jeweils von der Anwendbarkeit des Art. 65 Abs. 1 EGKSV auf die SOREMA ausgegangen waren.

Nicht nur „außerordentlich knapp gehalten"[217], sondern unzulässig allgemein war die Begründung der Entscheidung der Kommission vom 3. 10. 1963[218], mit der die Bundesrepublik Deutschland zur Beibehaltung der Schutzmaßnahmen nach Art. 22 der Verordnung Nr. 19/62[219] bei der Einfuhr von Mais, Hirse und Sorghum-Hirse ermächtigt wurde. Die Ausführungen der Kommission,

---

211 Vgl. ABl. 1962 S. 1368.
212 RsprGH 9, 145, 156 f.
213 Vgl. RsprGH 9, 338.
214 RsprGH 9, 315 f.
215 Zur Bedeutung der Abkürzungen s. RsprGH 11, 450.
216 Vgl. RsprGH 11, 461 sowie 465 f.
217 So GA *Roemer* RsprGH 11, 567.
218 ABl. 1963 S. 2479 f.
219 ABl. 1962, S. 993 ff.

„bei den zuständigen Stellen der Bundesrepublik Deutschland wurden am 1. Oktober 1963 für sehr erhebliche Mengen Anträge auf Erteilung von Einfuhrgenehmigungen mit vorheriger Festsetzung des Abschöpfungsbetrags eingereicht; die Annahme dieser Anträge hätte dazu geführt, daß im Januar erhebliche Mengen von Mais in die Bundesrepublik zu Preisen eingeführt worden wären, die erheblich unter dem Schwellenpreis liegen"

sowie

„die von der Regierung der Bundesrepublik Deutschland beschlossene Aussetzung der Erteilung der Einfuhrgenehmigungen für Mais ab 1. Oktober dürfte die geeignetste Maßnahme sein, um dieser Lage zu begegnen",

können nicht zufriedenstellen. Derart pauschale und schlagwortartige Wendungen lassen eine Kontrolle nicht zu und wecken bei den Betroffenen das Mißtrauen gegenüber der Rechtmäßigkeit des Handelns der Kommission. Angaben über die Höhe der erheblichen Mengen von Anträgen und der erwarteten Einfuhr von Mais zu Preisen erheblich unter dem Schwellenpreis wären ebenso erforderlich gewesen wie Angaben zur Notwendigkeit der völligen Aussetzung der Erteilung von Einfuhrgenehmigungen im Gegensatz zu dem milderen Mittel der Repartierung[220]. Schlagwortartige Begründungen hatte der Gerichtshof bereits in den Rechtssachen 1/57 und 24/62 als ungenügend zurückgewiesen!

Praktisch eliminiert wurde die Begründungspflicht in der Rechtssache 16/65[221], in der der Gerichtshof feststellte, die Begründung einer Frei-Grenze-Preis-Entscheidung müsse den tatsächlichen Möglichkeiten sowie den technischen und zeitlichen Bedingungen angepaßt werden, unter denen sie ergeht. Die Mitteilung der Faktoren, auf denen die Festsetzung der Frei-Grenze-Preise beruhe, könne dem gerichtlichen Verfahren vorbehalten werden[222].

Zutreffend war, daß wegen der Aufeinanderfolge der Frei-Grenze-Preis-Entscheidungen die angefochtene Entscheidung auf die dauernd bestehenden allgemeinen Gründe Bezug nehmen durfte[223]. Bedenklich ist dagegen, die Bekanntgabe der für die Frei-Grenze-Preise maßgeblichen, teilweise aus vertraulichen Informationen gewonnenen Faktoren erst im gerichtlichen Verfahren vorzunehmen.

Sicherlich versiegen die Informationsquellen der Kommission, die auf vertraulichen Mitteilungen beruhen, wenn die vereinbarte Ver-

---

220 Tatsächlich überschritten die am 1. 10. 1963 gestellten Anträge auf Importlizenzen für Januar 1964 kaum den Durchschnitt der normalen monatlichen Einfuhren, wie die Kommission in der mündlichen Verhandlung zugestehen mußte, s. RsprGH 11, 557.

221 RsprGH 11, 1166 ff.

222 RsprGH 11, 1168.

223 RsprGH 11, 1166.

traulichkeit nicht eingehalten wird oder Geschäftsgeheimnisse publiziert werden[224].

Auf der anderen Seite werden die Betroffenen ohne Kenntnis der maßgebenden Tatsachen gezwungen, einen Rechtsstreit zu beginnen, dessen Ausgang mit sämtlichen Folgen nicht abschätzbar ist. Zudem würden die vertraulichen Informationsquellen auch dann spärlicher fließen, wenn von der Klagemöglichkeit starker Gebrauch gemacht wird, da die Informanten im Gerichtsverfahren erkennbar werden können.

Ein anderer Gesichtspunkt wird daher mehr Bedeutung für die Entscheidung des Gerichtshofs gehabt haben. Die Ausführung der Verordnung Nr. 19/62[219] beruht weitgehend auf täglichen oder wöchentlichen Entscheidungen, die cif- oder Frei-Grenze-Preise festsetzen. Hätte der Gerichtshof die Anforderungen, die er etwa in der Rechtssache 24/62 an die Begründungspflicht stellte, auf diese Entscheidungen übertragen, wären diese wegen unzulänglicher Begründung aufzuheben gewesen.

Für den Gerichtshof bestand demnach die Schwierigkeit der Wahl zwischen der Durchführbarkeit der Agrarpolitik und einem vertraglichen Formerfordernis.

Die Entscheidung des Gerichtshofs zugunsten der Agrarpolitik ist allerdings nicht nur wegen der dadurch zwangsläufig eingehandelten Beschränkung der Rechtsschutzmöglichkeiten nicht unbedenklich, sondern vor allem auch durch die damit ausgesprochene Billigung des Verfahrens: Durch den Erlaß einer Verordnung, — also sekundären Gemeinschaftsrechts, — die ein Verfahren zum Erlaß von Maßnahmen vorsieht, welches eine Begründung kaum zuläßt, wenn die Maßnahmen ihre Wirkung nicht verlieren sollen, wird eine grundlegende Bestimmung der Gemeinschaftsverträge praktisch außer Kraft gesetzt!

Die Kritik an dieser schwierigen und schwerwiegenden Entscheidung des Gerichtshofs[225] würde an praktischem Wert gewinnen, wenn ein gleichwertiges Verfahren, das den vom Gerichtshof vernachlässigten Interessen mehr Rechnung tragen würde, ausgearbeitet werden könnte;

---

[224] So die Argumentation bei GA *Gand* RsprGH 11, 1177; *le Tallec-Ehlermann* S. 154.

[225] s. etwa *Tomuschat*, Cahiers, S. 85; *Schibel* S. 458; die Rs. 5/67 bestätigt jedoch im wesentlichen die hier kritisierte Entscheidung, vgl. RsprGH 14, 132, 144, 159 f. (die Einfuhrpreise hätten „seit mehreren Tagen auf verschiedenen Märkten einen Stand unter dem Referenzpreis [erreicht], soweit es die Erzeugnisse mit Herkunft aus Bulgarien ... betrifft".) Der Hinweis des GH auf die allgemeinere Fassung der Begründung bei VOen, ist bei VOen, die sich wie die hier betroffene als „Maßnahme-VO"[226] darstellen, nicht selbstverständlich, s. u. C IV § 2 Teil 2 2 b) dd).

[226] Zu diesem Begriff vgl. *Forsthoff*, Gedächtnisschrift für Jellinek, 1955 S. 221 ff.

dies ändert aber nichts an der Bedenklichkeit des Systems der Frei-Grenze-Preis-Festsetzungen.

Knapp aber ausreichend war die Begründung der Hohen Behörde in der angefochtenen Entscheidung der Rechtssache 8/65[227]. Ein Unternehmen, das einen Teil des von ihm verwerteten Schrotts in einer integrierten Eisengießerei verarbeitete, für den eine Ausgleichspflicht nicht bestand, hatte diese Beträge pflichtwidrig falsch angegeben. Die Hohe Behörde legte die Feststellung der Differenzen dar und stützte ihre Entscheidung auf die unrichtige Meldung des von der Beitragspflicht freigestellten Schrotts. Die Darstellung, wo der nichtgemeldete Schrott verarbeitet worden war, oblag nicht der Hohen Behörde bei der Begründung ihrer Entscheidung, sondern dem klagenden Unternehmen.

Als Behauptung, nicht als Begründung stellt sich dagegen die Feststellung dar, daß

„die Untersuchung ergeben hat, daß das Verhalten des Herrn Gutmann gegenüber seinen Untergebenen sowie seine Amtsführung mit den Pflichten eines Dienststellenleiters nicht vereinbar sind"

und

„daß die vorläufige Dienstenthebung geboten erscheint, damit der Sachverhalt besser aufgeklärt werden kann"[228].

Für den Betroffenen mochte diese „Begründung" durch etwaige zuvor geführte Unterredungen oder Mitteilungen noch erklärlich sein, für den Gerichtshof bestand diese Möglichkeit nicht. Von einer sorgfältigen Prüfung des Sachverhalts hinsichtlich der Voraussetzungen des Art. 88 des Personalstatuts durch den die Verfügung erlassenden Generaldirektor der Forschungsanstalt Ispra läßt diese Begründung nichts erkennen. Die unsubstantiierten Feststellungen kommen vielmehr einer bloßen Wiederholung des Gesetzestextes nahe.

Gleiches gilt für die Entscheidung der Kommission, die Bewerbungen mehrerer Beamter abzulehnen und eine Stellenbesetzung ohne das übliche Auswahlverfahren vorzunehmen. Nach Art. 29 Abs. 2 des Beamtenstatuts

„... (kann) in Ausnahmefällen für Dienstposten, die besondere Fachkenntnisse erfordern, ... die Anstellungsbehörde ein anderes Verfahren als das Auswahlverfahren anwenden".

Die Wahl „eines anderen Verfahrens" wurde von der Kommission wie folgt begründet:

---

[227] RsprGH 12, 4 und 10; ebenso 9, 379, 380 und wohl auch 12, 571 entgegen der Ansicht des GH.

[228] Verfügung vom 25. 9. 1964, vgl. RsprGH 12, 157 und 175 f.

„Die Anstellungsbehörde stellt fest, daß die Kenntnisse, die zur Erfüllung der dem zu besetzenden Dienstposten zugeordneten Aufgaben erforderlich sind, besondere Fachkenntnisse im Sinne von Art. 29 Abs. 2 des Statuts sind. Sie stellt gleichfalls fest, daß hinsichtlich der Einstellung eines für die mit dem genannten Dienstposten verbundenen Aufgaben geeigneten Beamten ein Ausnahmefall im Sinne dieser Bestimmung vorliegt[229]."

Die für ein besonderes Ernennungsverfahren nach Art. 29 Abs. 2 des Beamtenstatuts erforderlichen besonderen Fachkenntnisse waren aus dieser Begründung ebensowenig ersichtlich wie das weitere, von dieser Bestimmung geforderte Merkmal des Vorliegens eines Ausnahmefalles. Wegen dieser offensichtlichen Vernachlässigung der Begründungspflicht folgte der Gerichtshof dem Antrag des Generalanwalts und hob die Entscheidung der Kommission wegen Verletzung einer wesentlichen Formvorschrift auf[230].

Kam es nach der Rechtsauffassung der Hohen Behörde für die Beitragspflicht zur Schrottausgleichskasse nur darauf an, daß Schrott entgeltlich erworben wurde, so genügte es, in der Entscheidungsbegründung anzugeben, daß der bei Lohnwalzarbeiten bei dem betreffenden Unternehmen angefallene Schrott nach bestimmten Klauseln gegen Entgelt habe zurückbehalten werden dürfen und dies tatsächlich auch geschehen sei. Hieraus ergibt sich, daß es sich bei dem verarbeiteten Stahl um fremden Stahl handelte. Diese Begründung ist zwar knapp, läßt aber doch den Gedankengang der Hohen Behörde erkennen[231]. Die Darlegung der einzelnen Vertragsbeziehungen zwischen den beteiligten Unternehmen konnte dem gerichtlichen Verfahren vorbehalten werden.

Diese Darstellung zeigt, daß die Rechtsprechung nicht nur knapp gefaßte Begründungen zuläßt, sondern auch gegenüber allgemein gehaltenen Begründungen zum Teil eine recht großzügige Auffassung vertritt[232]. So vorteilhaft diese Einstellung für die Erlaßorgane und eine von diesen verfolgte Politik sein mag, die Nachteile, die hierdurch auf der anderen Seite eingehandelt werden, wie insbesondere die Einschränkung eines sachgerechten Rechtsschutzes und die mögliche Verminderung der Eigenkontrolle der Organe, dürfen nicht übersehen und ihrer Bedeutung entsprechend zu gering eingeschätzt werden.

So wenig gegen eine knappe, aber vollständige Begründung zu sagen ist[233], so energisch und konsequent sollte die Rechtsprechung daher

---

[229] Vgl. RsprGH 17, 477 bzw. 485.

[230] RsprGH 17, 477 f.; GA *Dutheillet de Lamothe* RsprGH 17, 485.

[231] Vgl. RsprGH 13, 157, 166, 183.

[232] Weitere hier nicht behandelte Beispiele einer zu allgemein gehaltenen Begründung s. RsprGH 6, 316 f.; 11, 407; 13, 160, 125; 14, 416 f., 432 f.

[233] Vgl. *Bonaert u. a.* S. 45; *Fuß*, EuR 1968, 303; *Gaudenzi* S. 423; *Hanebuth* S. 308; *de Laubadère* KSE Bd. 1, 485; *Thierfelder* S. 30; *Schrans* Sp. 286; *Daig*, Handbuch, Anm. 1 d) zu Art. 190.

gegen Begründungen vorgehen, die sich ohne Substantiierung mit schlagwortartigen Formulierungen zufriedengeben, ohne die Prüfung des konkreten Falles erkennen zu lassen und ohne eine Nachprüfung zu ermöglichen[234]. Der keineswegs rein formale Charakter der Begründungspflicht muß mit aller Deutlichkeit zur Geltung gebracht werden.

Wenn auch derart unzulängliche Begründungen nicht gerade selten sind, so muß zugunsten der Erlaßorgane und in Anbetracht der Vielzahl der von ihnen erlassenen Maßnahmen doch gesagt werden, daß im allgemeinen die von ihnen gegebenen Begründungen vollständig sind. Diese Tatsache läßt erkennen, daß sich die Erlaßorgane der Bedeutung durchaus bewußt sind, die einer vollständigen Begründung zukommt.

f) Über das formell erforderliche Maß hinausgehende Angabe von Gründen

Die Möglichkeit einer knappen Begründung hindert die Erlaßorgane nicht an einer umfangreicheren Begründung. Enthält die Begründung neben den vom Standpunkt der Begründungspflicht aus erforderlichen Gründen noch weitere Argumente, sind folgende Gesichtspunkte zu beachten: Die Nebenargumente erhalten insbesondere Bedeutung bei der Frage der Begründetheit. Stellen sich die Hauptargumente als (zum Teil) unzulänglich heraus, wird die Maßnahme nicht aufgehoben, wenn sie Hilfserwägungen enthält, die zur Rechtfertigung der Maßnahme ausreichen. Hinsichtlich der Begründungspflicht ist zu beachten: Durch die Nebenargumente darf die Gesamtbegründung nicht unschlüssig oder widersprüchlich werden. Stützt das Organ seine Maßnahme auf mehrere Gründe, von denen jeder oder mehrere geeignet sind, die Maßnahme zu tragen, ist die Fehlerhaftigkeit der Begründung bezüglich eines Grundes ohne Einfluß auf die übrige, die Maßnahme tragende Begründung[235]. Die Angabe mehrerer Gründe scheint demnach für die Erlaßorgane von Vorteil zu sein[236]. Nicht zu übersehen ist jedoch, daß jeder zusätzlich angegebene Grund auch eine zusätzliche Angriffsfläche bilden kann.

---

[234] Vgl. *Deringer* Anm. 20 zu Art. 11 VO Nr. 17; *Hanebuth* S. 308; *Thomä* S. 428; *Maas* S. 14; *Schrans* Sp. 289; *Ehle* Anm. 8 zu Art. 190. Aus dem nationalen Recht: *Drews-Wacke* S. 301; *Isaac* S. 558 f.; *van Poelje-Donner* S. 268; *Rivalta* S. 178; *Crisafulli* S. 425 f.

[235] Ebenso GA *Roemer* RsprGH 9, 169; *Maas* S. 11; a. A. *Steindorff*, Nichtigkeitsklage I, S. 144; wie hier im nationalen Recht: *Mast* S. 373; *van Poelje-Donner* S. 268; *Rivalta* S. 202. Beachte aber auch o. C IV § 1 2 g), insbesondere bb).

[236] Für die Angabe mehrerer Gründe neben den bereits in Fn. 173 Genannten: *Gaudenzi* S. 424. Für die Beschränkung auf einen Grund im nationalen Recht: *Redeker-von Oertzen* Anm. 17 zu § 73; *Schunck-de Clerck* Anm. 6 zu § 73; *Thieme* S. 272 Rdnr. 968; *Vitta* S. 433.

Welche der beiden Möglichkeiten das Organ wählt, ist seinem Geschick überlassen. Maßgebliche Bedeutung wird dabei der Sicherheit, der Evidenz der Gründe und deren Beweisbarkeit im Prozeß zukommen.

§ 2 Abhängigkeit der Anforderungen der Begründungspflicht von Art und Inhalt der Maßnahme

Teil 1: Der Einfluß des Inhalts einer Maßnahme auf die Begründungspflicht

Nach der Untersuchung genereller Mindestanforderungen, denen der Begründungsinhalt entsprechen muß, und bestimmter Möglichkeiten der Erleichterung bei der Abfassung der Begründung sollen nun einzelne Gruppen von Maßnahmen hinsichtlich ihrer Begründungen geprüft werden.

1. Ermessensakte

Als erstes soll die interessante Frage der Begründungspflicht bei Ermessensakten[237] untersucht werden. Diese Frage gewinnt insbesondere deshalb an Interesse, weil die die Begründungspflicht statuierenden Vertragsnormen jegliche Stellungnahme vermissen lassen und diesbezüglich völlig gegensätzliche Auffassungen existieren. Die Verschiedenheit der Standpunkte[238] kann nur aus einer unterschiedlichen Beurteilung der aus dem Charakter der Ermessensmaßnahmen ableitbaren Konsequenzen resultieren.

Als Ermessensakt ist eine Maßnahme anzusehen, bei deren Erlaß dem Organ die Möglichkeit der Wahl zwischen mehreren, in gleicher Weise rechtmäßigen Handlungsmodalitäten zusteht. Maßgeblich für die endgültige, konkrete Verhaltensweise des Erlaßorgans sind Zweckmäßigkeitserwägungen.

a) Die richterliche Kontrollbefugnis bei Ermessensakten

Große Bedeutung wird besonders der Frage zukommen, in welchem Umfang Ermessensakte der gerichtlichen Kontrolle zugänglich sind, d. h. inwieweit die Handhabung des Ermessens hinsichtlich möglicher Fehler überprüft werden kann. Hieraus werden sich zwangsläufig Konsequenzen für die Begründung von Ermessensakten ergeben müssen. Zum Verständnis der unterschiedlichen Meinungen erscheint ein Blick auf die nationalen Rechtsordnungen förderlich.

---

[237] s. *Fuß*, Rechtsstaatsgedanke, S. 47.

[238] s. u. b).

aa) *Forsthoff*[239] sieht für das deutsche Recht drei denkbare Möglichkeiten von Ermessensfehlern: 1. den Irrtum über das Vorliegen oder die Grenzen einer Ermessensbetätigung oder deren bewußte Überschreitung, 2. den Irrtum über die erlaubten Motive oder die absichtliche Außerachtlassung derselben, 3. Mängel in der Würdigung der zu berücksichtigenden Tatsachen.

Die herrschende Meinung *in der BRD* nimmt eine weniger von rein logischen Gesichtspunkten getragene Einteilung vor und unterscheidet wohl im Hinblick auf § 114 VwGO Ermessensfehler innerhalb der Ermessenssphäre und solche den Ermessensbereich überschreitenden Fehler[240]. Die letztere Fehlergruppe wird dabei als Ermessensüberschreitung bezeichnet, die erstere als Ermessensfehlgebrauch oder auch Ermessensmißbrauch[241]. Während der Fehler in der ersten Gruppe darin besteht, daß objektiv das Ermessen in einem Bereich ausgeübt wird, in dem eine Ermessensbefugnis nicht besteht, betrifft die zweite Gruppe das subjektive Fehlverhalten, Fehler bei der Ausübung des Ermessens. Der überprüfbare Bereich der Ermessensfehler ist damit recht weit gefaßt, selbst wenn man rechtsdogmatisch die Fälle der Ermessensüberschreitung eher als Verstoß gegen Rechtsnormen auffassen sollte[242], da hinsichtlich des Bestehens der Ermessensbefugnis eine insoweit zwingende Norm verletzt wird.

Von der Ermessensbefugnis wird im deutschen Recht der der Verwaltung hinsichtlich unbestimmter Gesetzesbegriffe zustehende Beurteilungsspielraum unterschieden, der grundsätzlich bezüglich seiner Grenzen überprüfbar ist[243].

---

239 a.a.O. S. 93; ähnlich schon *Jellinek*, Verwaltungsrecht, S. 36 f.

240 Vgl. etwa *Wolff* § 31 II d); *Ule*, Verwaltungsgerichtsbarkeit, Anm. 1 zu § 114; *Drews-Wacke* S. 161.

241 Die Terminologie ist nicht einheitlich, vgl. zusammenfassend *Rupprecht* S. 50; *Clever* S. 59 f., 67.

242 Zutreffend *Clever* S. 70.

243 Bisher wurde vor allem aus Gründen eines möglichst weitreichenden Rechtsschutzes davon ausgegangen, daß unbestimmte ebenso wie bestimmte Gesetzesbegriffe (grundsätzlich) der Rechtmäßigkeitskontrolle der Gerichte unterliegen, also auch insoweit letztlich die Gerichte verbindlich entscheiden, was oft mißverständlich mit den Worten umschrieben wurde, daß bei diesen Gesetzesbegriffen nur eine Meinung zutreffend sein könne, vgl. *Clever* S. 70 und (richtigstellend) *von Olshausen* JuS 1973, 218 f. Demgegenüber scheint sich neuerdings in der Rechtsprechung wieder eine Wende anzubahnen, worauf der in der Sache und im Umfang der Entscheidung noch zurückhaltende und (auffallend oft) die „Besonderheit" des behandelten Falles betonende Beschluß des Gemeinsamen Senats der obersten Gerichtshöfe des Bundes vom 19. 10. 1971 (abgedruckt in DVBl. 1972, 604 ff.) und in allgemeinerer Form die Entscheidung BVerwGE 39, 197 hinweisen. Die darin zum Ausdruck gebrachte Tendenz zu einer Erweiterung des gerichtlich unüberprüfbaren Beurteilungsspielraums der Verwaltung und damit die Annäherung an eine der Verwaltung eingeräumte Ermessensermächtigung wird

bb) Im Unterschied zum deutschen Recht steht die Behandlung der Ermessensfehler im *französischen Recht*. Im Rahmen der Klage wegen excès de pouvoir stellt der „Ermessensmißbrauch (détournement de pouvoir)“ einen selbständigen Klagegrund dar. Dieser Klagegrund ist jedoch teils weiter, teils enger gefaßt als der Fehler des Ermessensmißbrauchs im deutschen Recht. Er betrifft den Fall, daß eine Behörde eine objektiv völlig ordnungsgemäße Maßnahme erläßt, hierbei jedoch „ihre Befugnisse zu einem anderen Zweck ausgeübt hat, als demjenigen, zu dem diese Befugnisse verliehen wurden“[244]. Dieser Klagegrund ist also rein subjektiv zu verstehen und stellt insoweit gegenüber der Ermessensüberschreitung, aber auch gegenüber einer objektiv erkennbaren Unvereinbarkeit eines Verwaltungsakts mit dem Zweck der Ermächtigungsnorm im Sinne des Ermessensmißbrauchs nach deutschem Recht eine Einschränkung dar. Entgegen dem deutschen Recht ist andererseits ein détournement de pourvoir begrifflich auch außerhalb des eigentlichen Ermessensbereichs möglich, wie es z. B. bei unbestimmten Gesetzesbegriffen der Fall ist, da die französische Theorie nicht zwischen Handlungsermessen und rechtlicher Mehrdeutigkeit unterscheidet[245].

Ein großer Bereich der Ermessensfehler des deutschen Rechts muß von diesem Standpunkt aus im französischen Recht einem anderen Klagegrund zufallen, wofür sich die violation de la loi anbietet. Hierzu zählen sicherlich alle „objektiven Ermessensfehler“ des deutschen Rechts.

Bei der Prüfung eines détournement de pouvoir muß der Conseil d'Etat somit die subjektiven Beweggründe der Behörde feststellen, was naturgemäß auf Schwierigkeiten stößt. Er zieht es deshalb vor, an

---

zwangsläufig auch hinsichtlich der Begründungspflicht eine Anpassung an die bei Ermessensentscheidungen notwendige Begründung erfordern.

Zu nachteiligen Konsequenzen der neuen Auffassung des BVerwG vgl. im einzelnen die verschiedenen, der Entscheidung überwiegend kritisch gegenüberstehenden Anm. von *Ossenbühl* DÖV 1972, 402; *von Olshausen* JuS 1973, 217; *Schmidt-Salzer* DVBl. 1972, 390; *Ott* NJW 1972, 1219; zustimmend dagegen *Bachof* Juristenzeitung 1972, 208. Die Einschränkung des Rechtsschutzes, auf die zu Recht hingewiesen wird, ließe sich in gewisseen Umfang dadurch ausgleichen, daß die Verwaltung in stärkerem Maße an die ihren Maßnahmen beigefügte Begründung gebunden wird, vgl. u. Teil D. I. Die Kontrollbefugnis der Gerichte würde hierdurch an Bedeutung gewinnen, ohne daß der Verwaltung der ihr zugebilligte Beurteilungsspielraum genommen würde.

[244] Vgl. GA *Lagrange* RsprGH 1, 158; diese Formulierung entspricht der ständigen Rechtsprechung des CE.

[245] Vgl. *Clever* S. 88, 101 ff. m. w. N.; s. auch GA *Roemer* RsprGH 2, 115. Die neuere, in Fn. 243 zit. Rechtsprechung in der BRD wird allerdings auch dort insoweit eine Annäherung bewirken. Zum bestehen bleibenden Unterschied bei der richterlichen Kontrolle in der BRD über eine von der Verwaltung ausgeübte Ermessens- bzw. Beurteilungsermächtigung vgl. *Redeker* DVBl. 1972, 608 f.

Hand objektiver Kriterien zu prüfen, ob eine inexactitude des motifs, d. h. der tatsächlichen Umstände oder der rechtlichen Erwägungen, vorliegt[246]. (Damit wird eine Annäherung an den objektiven Ermessensmißbrauch des deutschen Verwaltungsrechts erreicht.) Diese Entwicklung hat sich bereits derart gefestigt, daß heute nur noch strittig ist, ob die inexactitude des motifs schon als selbständiger Klagegrund oder als Fall der violation de la loi aufzufassen ist[247].

Die Prüfung der inexactitude des motifs hat wegen der einfacheren und sichereren (objektiven) Prüfung den Klagegrund des détournement de pouvoir[248] bis auf die Fälle verdrängt, wo eine objektive Prüfung mangels objektiver Merkmale nicht möglich ist[249]. Objektive Merkmale, die eine Kontrolle der motifs erlauben, sind aber immer dann gegeben, wenn ein acte administratif begründet werden mußte oder ohne Begründungspflicht begründet wurde. Die Pflicht zur Begründung ist jedoch generell und insbesondere bei Ermessensakten auf Einzelfälle beschränkt[250].

Da eine Zweckmäßigkeitskontrolle durch den Richter in Frankreich grundsätzlich[251] ebensowenig wie in Deutschland stattfindet[252], kommt dem Klagegrund des détournement de pouvoir und der Kontrolle von Ermessensmaßnahmen keine große Bedeutung zu. Eine sachliche Übereinstimmung des Begriffs des détournement de pouvoir mit dem deutschen Ermessensmißbrauch besteht nur in geringem Maße.

cc) Die *Rechtsordnungen der übrigen Mitgliedstaaten* stimmen in diesem Punkt gewollt[253] oder der Sache nach im wesentlichen mit der deutschen[254] oder französischen Auffassung[255] überein.

dd) Das *europäische Recht* hat mit dem französischen Rechtsschutzsystem auch die Einteilung der Klagegründe im Sinne des französischen recours pour excès de pouvoir übernommen. Détournement de pouvoir oder in der deutschen Fassung der Ermessensmißbrauch wird als vierter

---

[246] *Steindorff*, Nichtigkeitsklage I, S. 80; *Clever* S. 44; *Fromont*, Rechtsschutz S. 253. Motif ist also im Gegensatz zu „but" (Zweck) im Sinne des détournement de pouvoir zu sehen.

[247] Vgl. *Auby-Drago* Bd. III S. 49; *Clever* S. 36 f.

[248] Vgl. *Clever* S. 43; *Delvaux* S. 56.

[249] Vgl. das Beispiel *Vedels* bei *Clever* S. 43.

[250] Vgl. *Bénoit* S. 548 und o. Teil A V § 2 3.

[251] Zu Ausnahmen s. *Auby-Drago* Bd. III S. 42; zum Verfahren mit pleine juridiction s. o. Teil B II 3 c) bb) und u. d).

[252] Vgl. *de Laubadère*, Traité, S. 235, 237; *Bénoit* S. 481.

[253] So die belgische, vgl. GA *Lagrange* RsprGH 1, 162.

[254] Dies gilt nach den eingehenden Untersuchungen GA *Laranges* Rspr GH 1, 166 ff. für Italien.

[255] Außer für Belgien gilt dies nach *Lagrange* a.a.O. S. 165 f. für Luxembourg und für die Niederlande (a.a.O. S. 169 ff.).

Klagegrund der Nichtigkeitsklage in den Art. 33 EGKSV, 173 EWGV, 146 EAGV genannt. Dabei ist davon auszugehen, daß beide Begriffe trotz ihres unterschiedlichen sachlichen Gehalts im nationalen Recht im Rahmen der europäischen Verträge einheitlich verstanden werden müssen. Die zu beantwortende Frage ist daher, in welchem Sinne dieses Verständnis ausfällt.

Objektive Ermessensfehler fallen auch im europäischen Recht unter den Klagegrund der Vertragsverletzung[256]. Aber auch hinsichtlich des subjektiven Bereichs der Ermessensfehler lehnt sich der Gerichtshof an die französische Auffassung an[256], ohne jedoch die französische Konzeption vollständig zu übernehmen. Eine solche Übernahme würde entsprechend der französischen Entwicklung eine Ablösung des Klagegrundes des détournement de pouvoir durch die Kontrolle der motifs zur Folge haben, die angesichts der generellen Begründungspflicht im europäischen Recht umfassend wäre.

Andererseits hat sich der Gerichtshof nicht zur Entwicklung einer eigenständigen gemeinschaftsrechtlichen Auffassung durchringen können[257]. Gewisse Ansatzpunkte, dem Ermessensmißbrauch entsprechend dem deutschen Recht einen etwas objektiveren Inhalt zu verleihen[258], wurden nicht so weit fortgeführt, daß von einer sich abzeichnenden gemeinschaftsrechtlichen Konzeption gesprochen werden könnte[259]. Damit besteht im Gemeinschaftsrecht wie im französischen Recht die Schwierigkeit des Nachweises des lediglich subjektiv geprägten Ermessensmißbrauchs.

In diesem Zusammenhang eine gewisse Erleichterung zu schaffen ist sicherlich auch eine Aufgabe der Begründungspflicht. Darüber hinaus wird die Begründung dazu beitragen, objektive Ermessensfehler im Sinne des deutschen Verwaltungsrechts erkennbar zu machen, die im europäischen Recht unter den Klagegrund der violation du Traité fallen[260].

---

[256] Vgl. die eingehenden Untersuchungen *Clevers* z. B. S. 136; *Ehle* Anm. 64 f. zu Art. 173; *Baumann* S. 24, 35 f.; *Fromont*, Rechtsschutz, S. 255, 257.

[257] *Ehle* Anm. 65 zu Art. 173 stellt nur eine dahin zielende Forderung auf; eine Zusammenfassung des französischen und des deutschen Ermessensmißbrauchsbegriffs erscheint angesichts der unterschiedlichen systematischen Standpunkte nicht erfolgversprechend, vgl. *Clever* S. 136.

[258] Vgl. RsprGH 1, 34; 2, 313 f.; 4, 153; *Roemer* RsprGH 5, 147, 149; außerdem die Untersuchungen *Clevers* S. 132 ff.

[259] Auf die beschränkte Bedeutung, die den wenigen von der französischen Auffassung abweichenden Äußerungen des Gerichtshofs zum Ermessensmißbrauch zukommt, weist auch *Clever* S. 136 hin.

[260] Vgl. hierzu auch *Clever* S. 144 f. sowie 145 ff., wo er auf die Schwierigkeit des Nachweises und die praktisch geringe Bedeutung der Rüge eines Ermessensmißbrauchs infolge der weitreichenden Ermessensbefugnisse der Gemeinschaftsorgane hinweist.

Auch im europäischen Recht ist ein détournement de pouvoir bei Anwendung unbestimmter Rechtsbegriffe möglich[261]. Bedeutung wird der Klagegrund in diesem Zusammenhang jedoch nur insoweit erlangen, als nicht wegen der weitgehenden Normierung der zu beachtenden Vertragsziele und -zwecke eine objektive Prüfung im Rahmen des Klagegrundes der Vertragsverletzung ermöglicht wird.

Hinzuweisen bleibt auf die Fälle, in denen dem Gerichtshof die Befugnis zur pleine juridiction eingeräumt ist. Hier hat der Gerichtshof das Recht, die Ermessensausübung des Erlaßorgans voll nachzuprüfen und im Unterschied zur Nichtigkeitsklage die Möglichkeit, selbst Zweckmäßigkeitserwägungen anzustellen[262].

b) Die Begründung bei Ermessensakten

Nach der Darstellung der richterlichen Überprüfbarkeit der Ermessensmaßnahmen soll nun die Frage der Begründungspflicht selbst erörtert werden, hinsichtlich der, wie bereits erwähnt, sehr konträre Meinungen vertreten werden.

Es werden zum Teil erhöhte Anforderungen an die Begründung gestellt, teils wird eine weniger intensive Begründung für ausreichend angesehen, aber auch eine völlige Ablehnung der Begründung wird vertreten. Der Umfang der richterlichen Kontrollbefugnis ist bei diesen divergierenden Meinungen offenbar nicht ohne Einfluß geblieben. Ein weiterer Blick auf das nationale Recht wird dazu beitragen, die unterschiedlichen Standpunkte zum Recht der europäischen Gemeinschaften zu verstehen und für dieses die Entscheidung zu erleichtern.

aa) Im *deutschen Verwaltungsrecht* hat sich nach anfänglich unterschiedlichen Auffassungen[263] die Meinung durchgesetzt, die auch und gerade für Ermessensmaßnahmen eine Begründung fordert[264]. Bereits der EVwVerfG 1963 wollte mit seiner allgemeinen Begründungspflicht in § 30 auch Ermessensakte erfassen. Der hierauf beruhende Regierungsentwurf fügte dennoch zur Klarstellung einen Satz 2 in § 30 Abs. 1 ein, der speziell für Ermessensentscheidungen das Bestehen einer Begründungspflicht konstatiert[265].

---

[261] GA *Roemer* RsprGH 2, 115; *Rupprecht* S. 29 ff.; *Clever* S. 110 mit umfangreichen Nachweisen.

[262] s. auch o. Teil B II 3 c) bb).

[263] Vgl. *Bachof* JZ 62, 703; *Mono* S. 94; *Ule* DVBl. 63, 477 Fn. 13.

[264] *Forsthoff* S. 230; *Jellinek* S. 234; *Ule-Rasch* Anm. 16 zu § 44 Pr.PVG; *Redeker-von Oertzen* Anm. 17 zu § 73; *Bachof* JZ 62, 703; *Groschupf* S. 632; VGH Baden-Württemberg BW VBl. 1963, 122 sowie die in den folgenden Fn. Genannten.

[265] § 30 Abs. 1 S. 2 lautet: „Die Begründung von Ermessensentscheidungen soll erkennen lassen, daß die Behörde ihr Ermessen ausgeübt hat.“

Als Gründe für die Begründungspflicht bei Ermessensmaßnahmen werden die Vermeidung des Argwohns hinsichtlich einer willkürlichen Ermessensausübung[266], die Erkennbarkeit der tatsächlichen Ausübung des Ermessens durch die Behörde[267], insbesondere aber die Ermöglichung einer Nachprüfung der Maßnahmen auf Ermessensfehler durch Verwaltungsgericht[268] und Betroffenen[269] geltend gemacht, die gerade bei Ermessensakten oft nur mittels einer Begründung erfolgen kann. Diese Ziele ziehen zwangsläufig Auswirkungen auf die Ausgestaltung einer Begründung nach sich. Inhaltsmäßig wird die Angabe der „Auswahl und Bewertung der gegebenen Tatsachen im Hinblick auf den zu erreichenden Erfolg" und in rechtlicher Hinsicht die Mitteilung der die Ermessensbefugnis einräumenden Bestimmungen gefordert[270].

bb) Das *französische Verwaltungsrecht* kennt keine allgemeine Begründungspflicht. Gegenüber einer Begründung von Ermessensakten im Ausnahmefall ist man besonders skeptisch. Man befürchtet eine Kontrolle von Zweckmäßigkeitserwägungen und will verhindern, daß sich das Gericht an die Stelle der Verwaltungsbehörde stellt, worin ein Einbruch in die Gewaltenteilung gesehen wird, den es zu vermeiden gilt[271].

cc) Schließlich wird auch *in Italien* von der Rechtsprechung und der überwiegenden Zahl der Literaturmeinungen eine Begründungspflicht für Ermessensakte abgelehnt[272]. Allerdings werden teilweise Bedenken wegen der Verhinderung oder Erschwerung eines effektiven Rechtsschutzes geltend gemacht[273].

dd) Im *europäischen Recht* ist für eine Einschränkung der eindeutigen, generellen Pflicht zur Begründung angesichts des Zweckverständnisses und der Aufgaben der Begründung auch bei Ermessensmaßnahmen kein Raum. Damit ist jedoch über Umfang und Inhalt der Begründung bei Ermessensmaßnahmen noch nicht entschieden.

---

266 *Meyer* S. 493.

267 *Eyermann-Fröhler* Anm. 6 zu § 114.

268 *Zschacke* S. 414; *Ule-Becker* S. 45; OVG Koblenz DVBl. 58, 835.

269 *Ule* DVBl. 63, 477; *Meyer* S. 493; *Zschacke* S. 414; *Ule-Becker* S. 45; *Müller-Gries-Gießler* Anm. 4 zu § 57.

270 *Ule-Becker* S. 45; OVG Koblenz a.a.O.; *Ule-Rasch* Anm. 16 zu § 44 Pr.PVG; *Meyer* S. 493.

271 Vgl. *Auby-Drago* Bd. III S. 44 f., 81; *Bénoit* S. 481, 548; *de Laubadère*, Traité, Bd. 1 S. 235 ff.; zum Verfahren mit pleine juridiction s. o. Teil B II 3 c) bb) und *Euler* KSE Bd. 4 S. 662 ff.

272 Vgl. *Gaudenzi* S. 424 Fn. 63; *Vitta* S. 434 und die Wiedergabe der Entscheidungen bei *Rivalta* S. 188, 199, 201; eine uneinheitliche Haltung nimmt *Sandulli* S. 386 ein.

273 Vgl. z. B. *Mortati* S. 241; *Vitta* S. 433; *Rivalta* S. 161, 188, 190, 199.

Schon nach den oben dargelegten allgemeinen Grundsätzen, die auch für Ermessensmaßnahmen Geltung haben, kann es nicht als ausreichend betrachtet werden, wenn in der Begründung einer Ermessensmaßnahme lediglich auf die das Ermessen einräumende Vertragsnorm verwiesen bzw. deren Wortlaut wiederholt wird[274].

Schwieriger ist die Frage zu beantworten, ob generell wegen der eingeschränkten Überprüfbarkeit von Ermessensakten auch die Begründung weniger ausführlich gehalten werden kann[275], oder ob diese Tatsache bedingt, daß erhöhte Anforderungen an die Begründung zu stellen sind[276].

In der Rechtsprechung finden sich unterschiedliche Standpunkte. In der Regel begnügt sich der Gerichtshof mit der Prüfung, ob tatsächliche Feststellungen getroffen wurden und ob das Erlaßorgan deren Ergebnis klar und deutlich darlegt[277]. Bisweilen tendiert der Gerichtshof jedoch zur Übersteigerung seiner autoritativen Stellung und vollzieht die Ermessenserwägungen des Erlaßorgans auch im Nichtigkeitsverfahren nach[278].

Beide Standpunkte können indes nicht befriedigen. Stellt der Gerichtshof selbst Zweckmäßigkeitserwägungen an, wird er praktisch zur zweiten Verwaltungsinstanz und erfüllt damit eine Aufgabe, die ihm mit der Zuweisung der Rechtskontrolle[279] nicht zukommt. Daneben würde hierdurch auch in die Kompetenzverteilung der europäischen Verträge eingegriffen. Durch die Zuweisung bedeutender Befugnisse an Kommission und Rat und die Ausstattung dieser Organe mit einem erheblichen verwaltungsmäßigen und technischen Apparat wird die institutionelle Grundstruktur der Gemeinschaften eindeutig geprägt. Rat und Kommission sehen sich der (allerdings nicht sehr effektiven) Kontrolle des Europäischen Parlaments gegenüber, sind für die von ihnen verfolgte Politik verantwortlich und durch die Personalpolitik wie aus allgemein-politischer Rücksichtnahme wegen der beschränkten Befugnisse des Europäischen Parlaments immer noch oft an das Wohl-

---

[274] Vgl. RsprGH 10, 292; s. daneben *Vitta* S. 434 mit Hinweis auf die italienische Rspr. sowie *Pichler-Drexler* S. 533 zur Meinung im österreichischen Verwaltungsrecht.

[275] Nach GA *Lagrange* RsprGH 6, 943 sind die Anforderungen an die Begründung bei Ermessensakten zwangsläufig gering.

[276] So etwa *Gaudenzi* S. 424; *Maas* S. 15; *Bebr,* Control, S. 85 spricht sich außerdem für eine mit dem Umfang der Ermessensbefugnis ansteigende gerichtliche Kontrolle aus.

[277] s. RsprGH 1, 232; 3, 37 f.; 5, 115; 6, 27 f.; GA *Roemer* RsprGH 3, 58; größere Anforderungen aber bei RsprGH 9, 155 und GA *Roemer* RsprGH 9, 178, 185 f.

[278] s. RsprGH 6, 926; vgl. auch GA *Lagrange* RsprGH 9, 396.

[279] Vgl. Art. 31 EGKSV, 164 EWGV, 136 EAGV sowie die ausnahmsweise zugebilligte umfassende Kontrolle im Verfahren mit pleine juridiction s. o. Teil B II 3 c) bb) und *Euler* KSE Bd. 4 S. 662 ff.

wollen der Regierungen der Mitgliedstaaten gebunden[280]. Ein Einbrechen des Gerichtshofs in diese Struktur würde den organisatorischen Aufbau der Gemeinschaften verändern und zu einem nicht gewollten „gouvernement des juges“[281] führen, was auch der Gerichtshof erkannt hat[282].

Soll und kann demnach der Gerichtshof grundsätzlich keine selbständigen Zweckmäßigkeitserwägungen anstellen, so dürfte doch andererseits die übliche, recht formale Prüfung der Darlegung der Feststellungsergebnisse durch die Organe zu reserviert sein. Gerade die Ausstattung der Erlaßorgane mit umfangreichen technischen und verwaltungsmäßigen Mitteln ermöglicht eingehende Feststellungen, die exakte Erwägungen zur Folge haben sollten. Der Gerichtshof sollte daher — da ihm diese Mittel fehlen — für Ermessensmaßnahmen fordern, daß bei deren Abfassung diese Möglichkeiten eingehender ihren Niederschlag finden[283]. Neben den für die Ermessensausübung entscheidenden tatsächlichen Umständen sollten die rechtlichen Wertungsgrundlagen, die Beachtung der verschiedenen einschlägigen Ermessensrichtlinien, die verfolgten Ziele[284] erkennbar sein, denn das Erlaßorgan handelt rechtswidrig, wenn es absichtlich oder unabsichtlich Erwägungen den Vorzug gibt, der ihnen nicht zukommen kann, oder Erwägungen außer Betracht läßt, die den Erlaß der konkreten Maßnahme mit abweichendem Ausspruch zur Folge gehabt haben könnten. Speziell ein Ermessensmißbrauch im Sinne des Gemeinschaftsrechts ist kaum nachweisbar, wenn sich nicht aus der Begründung ergibt, warum das Erlaßorgan handelte.

Wenn demnach schon aus Gründen der Kompetenz- und Funktionsaufteilung die Begründung von Ermessensmaßnahmen alle relevanten Erwägungen tatsächlicher wie rechtlicher Art enthalten sollte, so wird diese Anforderung durch die Zwecke der Begründungspflicht unausweichlich; die Frage der Begründung von Ermessensakten stellt sich nicht nur als Kompetenzkonflikt zwischen Gerichtshof und Exekutive dar.

Im Vordergrund der Berücksichtigung des Zweckverständnisses der Begründungspflicht steht dabei die Effektivierung des Rechtsschutzes.

---

[280] Vgl. *Schrans* Sp. 295; der Kontrolle des Europäischen Parlaments mißt GA *Lagrange* bei Ermessensentscheidungen kaum Bedeutung bei, vgl. RsprGH 6, 942 und 943.

[281] *Colin:* „Le gouvernement des juges dans les Communautés européennes“ Paris 1966; *Mertens de Wilmars* SEW 1969, 78.

[282] Dies zeigt schon der Ausnahmecharakter eigener Zweckmäßigkeitserwägungen; s. auch *Bebr,* Control, S. 85 Fn. 11; *Bonaert u. a.* S. 81 f.

[283] *Steindorff,* Rechtsschutz, S. 73; *derselbe,* Nichtigkeitsklage II, S. 62; *Bebr,* Control, S. 85 Fn. 11.

[284] z. B. Art. 29, 39 EWGV und dazu GA *Roemer* RsprGH 9, 178 sowie RsprGH 9, 314 f.

Wird dem Betroffenen die Möglichkeit eingeräumt, Zweckmäßigkeitserwägungen auf ihre rechtlichen Grenzen hin überprüfen zu lassen, so muß er auch dazu befähigt werden, die Erfolgsaussichten abwägen zu können[285] und nicht gezwungen sein, vorsorglich einen Klagegrund geltend zu machen, um dessen Zurückweisung im Prozeß als verspätet zu vermeiden[286].

Der eingeschränkten Bedeutung des Klagegrundes des Ermessensmißbrauchs steht dabei die Schwierigkeit der Ermittlung der subjektiven Elemente dieses Klagegrundes gegenüber, die quantitativ wie qualitativ auf den Begründungsinhalt Einfluß nehmen sollte, sowie die Tatsache, daß in bestimmten Fällen die Kläger auf die Geltendmachung eines Ermessensmißbrauchs beschränkt werden[287].

Da eine unzureichende Begründung dem Betroffenen ebensoviel hilft wie keine Begründung, ist die Forderung der vollinhaltlichen Begründung für Ermessensakte auch aus Rechtsschutzgründen unumgänglich[288].

Diese Anforderung an den Begründungsinhalt mag aus der Sicht der nationalen Rechtsordnungen, die schon üblicherweise keine generelle Begründungspflicht kennen und vor allem durch eine Begründungspflicht bei Ermessensmaßnahmen eine Suspendierung des Gewaltenteilungsprinzips befürchten, recht weit erscheinen, da doch entsprechend dem allgemeinen Rechtsgrundsatz in den Mitgliedstaaten Zweckmäßigkeitserwägungen durch den Gerichtshof generell nicht ersetzt werden dürfen. Der Gegenstand der sanktionsbefugten richterlichen Kontrolle umfaßt jedoch, wie sich zeigt, nicht immer die ganze und als solche zu beurteilende Maßnahme. Er stellt daher ein nicht in jedem Falle genügendes Minimum der aus der Sicht der Zwecke der Begründungspflicht erforderlichen Darlegung der Umstände und Erwägungen, die eine Maßnahme veranlaßt haben, dar, das selbst für die Rechtsprechung mit ihren umfangreichen empirischen Kenntnissen nicht immer ausreicht. Eine umfassende Begründung führt zudem noch keineswegs zu Zweckmäßigkeitserwägungen durch den Gerichtshof, so daß die Trennung zwischen Exekutive und Rechtsprechung hierdurch nicht überspielt wird. Ohne Zweifel läßt aber eine vollinhaltliche Begründung die Rechtsprechungstätigkeit des Gerichtshofs an Sicherheit gewinnen. Auch das Informationsbedürfnis des Betroffenen aus Rechts-

---

[285] Ebenso GA *Roemer* RsprGH 9, 336; *Thierfelder* S. 30; *Quadri u. a.* S. 1427; *Steindorff*, Rechtsschutz, S. 73; *Becker*, Einfluß, S. 119. Vgl. auch o. Teil B II 2 a).

[286] Vgl. Art. 38, 42 der VerfO des GH.

[287] Vgl. Art. 33 Abs. 2, 35 Abs. 2 EGKSV.

[288] Zu weitgehend wäre es aber, dem GH ein Vorschlagsrecht einzuräumen, welche Lösung er für rechtmäßig halten würde, vgl. dazu *Gaudenzi* S. 419; GA *Roemer* RsprGH 9, 185.

schutzgründen läßt diese Anforderung an die Begründung als unerläßlich erscheinen, wenn sie ihn überzeugen soll, denn die Begründung ist immer und gerade bei Ermessensmaßnahmen das beste Indiz für die Gewissenhaftigkeit der Entscheidungsbildung des Erlaßorgans[289]. Diese Argumente sollten die Exekutive veranlassen, sich der Forderung nach einer vollinhaltlichen Begründung auch bei Ermessensmaßnahmen anzuschließen.

2. Wirtschaftliche Maßnahmen, Maßnahmen aufgrund Würdigung der wirtschaftlichen Gesamtlage

Jede Maßnahme, für deren Erlaß wirtschaftliche Gesichtspunkte zumindest mitbestimmend waren, wird man als wirtschaftliche Maßnahme bezeichnen können. Ein Blick in die Verträge zeigt, daß der wirtschaftliche Charakter des EWGV und des EGKSV es mit sich bringt, daß unter diesen Begriff die Mehrzahl der Maßnahmen der Gemeinschaftsorgane fallen.

Dieser wirtschaftliche Charakter mit seinen gegenwärtigen und zukünftigen Imponderabilien zwingt auch dazu, den Gemeinschaftsorganen häufig eine Ermessensbefugnis einzuräumen, weil und gerade wenn es darum geht, die wechselnden wirtschaftlichen Situationen den Erfordernissen der Verträge anzupassen, sei es durch Maßnahmen individueller oder genereller Art.

Das gleiche Anliegen sowie die Unmöglichkeit, die Voraussetzungen für die erforderlichen wirtschaftlichen Maßnahmen im voraus in allen Einzelheiten festzulegen, bringen es mit sich, daß von unbestimmten Gesetzesbegriffen häufig Gebrauch gemacht wird. Auch bei diesen findet der weitere Ermessensbegriff des europäischen Rechts Anwendung.

a) Einfluß des Art. 33 Abs. 1 Satz 2 EGKSV auf die Begründungspflicht

Bei wirtschaftlichen Maßnahmen besteht vor allem die Frage, ob und in welchem Umfang die Einschränkung der richterlichen Kontrollbefugnis durch Art. 33 Abs. 1 Satz 2 EGKSV einen Einfluß auf die Begründungspflicht ausübt. Nach Art. 33 Abs. 1 Satz 2 EGKSV darf sich die Nachprüfung durch den Gerichtshof grundsätzlich nicht auf die Würdigung der aus den wirtschaftlichen Tatsachen oder Umständen sich ergebenden Gesamtlage erstrecken, wie sie z. B. bei der Prüfung vorzunehmen ist, ob die vertraglichen Voraussetzungen für die Genehmigung eines Kartells vorliegen.

---

[289] GA *Roemer* RsprGH 9, 336; 10, 1191.

Wegen der Gleichheit der Materie ist es nicht verwunderlich, daß sich auch im deutschen Kartellrecht eine Parallelvorschrift zu Art. 33 Abs. 1 Satz 2 EGKSV findet.

§ 57 GWB verlangt die generelle Begründung der Verfügungen der Kartellbehörde. Wird gegen eine solche Verfügung das zulässige Rechtsmittel der Beschwerde eingelegt, so ist nach § 74 Abs. 4 Satz 2 „die Würdigung der gesamtwirtschaftlichen Lage und Entwicklung hierbei der Nachprüfung des Gerichts entzogen". Hier[290] wie im europäischen Recht[291] standen sich bei der Abfassung dieser Normen offensichtlich die gleichen konträren Standpunkte gegenüber, die eine Kompromißlösung erforderlich machten: ein Höchstmaß gerichtlicher Kontrolle aus Rechtsschutzgründen auf der einen und die strenge Handhabung der Gewaltenteilung auf der anderen Seite.

aa) Sinn des Art. 33 Abs. 1 Satz 2 EGKSV

Die Einschränkung des Art. 33 Abs. 1 Satz 2 EGKSV will insbesondere wirtschaftspolitische Erwägungen der Kommission und dem Rat vorbehalten. Derartige Erwägungen hat der Gerichtshof als unabänderliches Faktum hinzunehmen.

Für die Sachgemäßheit dieser Lösung spricht einmal die besondere Sachkenntnis dieser Organe, die der Gerichtshof nur mittels Gutachten ausgleichen könnte[292]. Zudem handelt es sich insoweit oft um Entscheidungen, die aufgrund ihres politischen Charakters üblicherweise durch Parlament oder Regierung getroffen werden und als solche dem richterlichen Judiz entzogen sind[293].

bb) Rechtlicher Geltungsbereich des Art. 33 Abs. 1 Satz 2 EGKSV

Art. 33 Abs. 1 Satz 2 EGKSV kann daher als Ausdruck eines allgemeinen Rechtsprinzips angesehen werden, das trotz der fehlenden ausdrücklichen Erwähnung im EWGV in seinem Geltungsbereich nicht auf den EGKSV beschränkt, sondern im gesamten Gemeinschaftrecht zu beachten ist[294], und zwar stets dann, wenn wirtschaftspolitische

---

290 Vgl. *Kull* S. 683.

291 Vgl. z. B. *Reuter* S. 91; *Fromont*, Rechtsschutz, S. 273 s. aber auch *Delvaux* S. 53.

292 Die wirtschaftspolitischen Entscheidungen sollen aber weder beim GH noch bei gerichtlichen Sachverständigen liegen.

293 Ebenso GemK. Anm. 1 zu § 70; *Rasch-Westrick* Anm. 18, 20 zu § 70.

294 *Fuß*, Rechtsstaatsgedanke, S. 67; *Fromont*, Rechtsschutz, S. 274; *Rupprecht* S. 28; *Baumann* S. 126 f.; a. A. *Bebr*, Control, S. 88 Fn. 31 und KSE Bd. 1, 113, der in Art. 33 Abs. 1 S. 2 eine eher förmliche Einschränkung sieht, obwohl seine Zitate der niederländischen und luxemburgischen Regierungserklärungen (Control S. 88 Fn. 31) gerade zeigen, daß in dem Fehlen einer entsprechenden Vorschrift im EWGV keine gewollte Aufgabe des Prinzips des Art. 33 Abs. 1 S. 2 EGKSV gesehen werden kann.

Wertungen zum Erlaß einer Maßnahme führten. Nur eine solche Auffassung kann dem Sinn dieser Beschränkung gerecht werden.

cc) Sachlicher Umfang des Verbotes des Art. 33 Abs. 1 Satz 2 EGKSV

Damit verliert die Kontrolltätigkeit des Gerichtshofs bei wirtschaftlichen Maßnahmen keineswegs an Bedeutung. Der Wortlaut des Art. 33 Abs. 1 Satz 2 EGKSV spricht expressis verbis nur von der Würdigung der wirtschaftlichen Gesamtlage. Die demnach mögliche Folgerung, daß dem Gerichtshof die Würdigung der einzelwirtschaftlichen Lage gestattet sei[295], kann aber nicht zutreffend sein.

Soweit unbestimmte wirtschaftliche Rechtsbegriffe im Rahmen der Rechtskontrolle des Gerichtshofs einer Auslegung bedürfen, muß es dem Gerichtshof zwar erlaubt sein, auch wirtschaftliche Nachprüfungen anzustellen, um der engen Verknüpfung der rechtlichen mit der wirtschaftlichen Seite eines derartigen Begriffs gerecht werden zu können. Hierbei handelt es sich jedoch nur um die abstrakte juristische Auslegung eines Gesetzesbegriffs, die keine Würdigung der wirtschaftlichen Lage erfordert. Art. 33 Abs. 1 Satz 2 EGKSV wird damit noch nicht tangiert.

Der deutsche Text des Art. 33 Abs. 1 Satz 2 EGKSV, der zu dem in Frage stehenden Umkehrschluß verleiten könnte, ist jedoch insofern mißverständlich, als er „situation découlant des faits ou circonstances économiques“ mit Würdigung „der aus den wirtschaftlichen Tatsachen oder Umständen sich ergebenden Gesamtlage“ wiedergibt. Der französische, allein verbindliche[296] Text zeigt, daß sich die Beschränkung des Art. 33 Abs. 1 Satz 2 EGKSV keineswegs nur auf die Würdigung der Lage der gesamten Wirtschaft bezieht, sondern auf eine Situation, die sich aus einer Mehrzahl wirtschaftlicher Tatsachen oder Umstände ergibt.

Schon die Würdigung einzelner wirtschaftlicher Tatsachen und Umstände kann zu einer wirtschaftspolitischen Wertung führen und einen Eingriff in den gemäß der Kompromißlösung des Art. 33 Abs. 1 Satz 2 EGKSV den wirtschaftliche Maßnahmen erlassenden Organen vorbehaltenen Kompetenzbereich darstellen. Tatsachen und Umstände, die eine wirtschaftspolitische Wertung erforderlich machen, müssen daher der gerichtlichen Kontrolle insoweit entzogen sein, wenn die wirtschaftspolitischen Entscheidungen dieser Organe für den Gerichtshof eine vorgegebene Größe darstellen sollen. Eine Ersetzung der wirtschaftspolitischen Wertung des Rates oder der Kommission durch den Gerichtshof würde zur befürchteten Entstehung des nicht beabsich-

---

295 *Delvaux* S. 53; *Fromont*, Rechtsschutz, S. 274.
296 Vgl. Art. 100 EGKSV.

tigten „gouvernement des juges“ beitragen und den Exekutivorganen einen wesentlichen Teil ihrer Funktion rauben[297]. Aber auch dann, wenn von einer Ersetzung der wirtschaftspolitischen Würdigung durch den Gerichtshof nicht gesprochen werden kann, weil etwa neu eingetretene Umstände nicht von den Erlaßorganen berücksichtigt werden konnten, muß der Gerichtshof deren Bewertung unter wirtschaftspolitischen Gesichtspunkten der Kommission oder dem Rat überlassen.

Die Schwierigkeit einer Abgrenzung besteht darin, daß sich der juristische Untersuchungsvorgang vom wirtschaftlichen unterscheidet und Rechtsprechung Konfrontation eines Sachverhalts mit dem Recht darstellt, wobei der Sachverhalt infolge des wirtschaftlichen Charakters der Verträge ein wirtschaftlich geprägter ist. Juristische Regeln sind demnach auf eine wirtschaftliche Materie anzuwenden, ohne daß juristische und wirtschaftliche Richtigkeit zwangsläufig übereinstimmen[298].

Das grundsätzliche Verbot[299] der gesamtwirtschaftlichen Würdigung bzw. wirtschaftspolitischen Wertung[300] für den Gerichtshof darf nicht vergessen lassen, daß dem Gerichtshof die Feststellung der Richtigkeit der wirtschaftlichen Tatsachen und Umstände, aus denen wirtschaftspolitische bzw. gesamtwirtschaftliche Schlußfolgerungen gezogen werden, voll nachprüfen kann und muß. Dies ergibt sich aus der Rechtsschutzgewährung, mit der eine Bindung des Gerichtshofs an einen bestimmten Sachverhalt unvereinbar wäre[301]. Ebenso hat er das Recht zur rechtlichen Würdigung des Sachverhalts (qualification juridique des faits).

Die Richtigkeit der angenommenen wirtschaftlichen Gesamtlage, des rechtlichen wie des tatsächlichen Ausgangspunkts der Erlaßorgane, unterliegt der Kontrolle des Gerichtshofs in jedem Fall[302], die Würdi-

---

[297] Dies wird auch von *Delvaux* S. 58 anerkannt. Im deutschen Recht läßt sich der Umkehrschluß aus § 70 Abs. 4 S. 2 GWB eher vertreten, da § 70 Abs. 4 S. 1 GWB dem Beschwerdegericht eine über den üblichen Rahmen hinausgehende Ermessenskontrolle zugesteht; vgl. hierzu *Kull* S. 684.

[298] Vgl. die Beispiele bei *Bebr* KSE Bd. 1, 112 f. sowie *Bonaert u. a.* S. 82; *Bebr*, Control, S. 87; *Delvaux* S. 55.

[299] Die von *Delvaux* S. 53 genannten Vorschriften können seine weitere Auffassung nicht tragen, da sie alle unabhängig voneinander eine besondere Situation betreffen, ohne Ausdruck eines allgemeinen Rechtsgedankens zu sein und daher das Prinzip nur bestätigen. Eine echte Ausnahme vom Grundsatz des Art. 33 Abs. 1 S. 2 EGKSV stellt nur Art. 66 § 5 Abs. 2 S. 3 EGKSV dar.

[300] Zum unterschiedlichen Verständnis des Begriffes der Würdigung der sich aus den wirtschaftlichen Tatsachen und Umständen ergebenden Gesamtlage vgl. *Baumann* S. 28 f.

[301] *Steindorff*, Rechtsschutz, S. 77 erwägt allerdings, den Tatsachenfeststellungen der Verwaltung die Vermutung der Richtigkeit zuzuerkennen, wenn deren Feststellungen nur sorgfältig getroffen worden sind.

[302] Vgl. GA *Roemer* RsprGH 9, 178 und 9, 337 ff.

gung der aus den wirtschaftlichen Tatsachen oder Umständen sich ergebenden Gesamtlage jedoch nur insoweit, als dem Erlaßorgan ein Ermessensmißbrauch oder eine offensichtliche Verkennung des Gemeinschaftsrechts vorgeworfen wird[303]. Ein solcher Vorwurf darf sich nicht mit einer entsprechenden Behauptung begnügen, sondern muß zumindest gewisse Indizien aufweisen[304], wie sich aus dem Charakter dieser gesteigerten Rechtswidrigkeitsvoraussetzung als Rückausnahme ergibt. Andernfalls würde dem Verbot des Art. 33 Abs. 1 Satz 2 EGKSV der Boden entzogen.

b) Die Anforderungen an die Begründung

Diese Darlegung der Kontrollbefugnisse des Gerichtshofs erleichtert die Frage nach den Anforderungen an die Begründung, da die Ermöglichung und Förderung der Kontrolltätigkeit des Gerichtshofs einen wichtigen der mit der Begründungspflicht verfolgten Zwecke darstellt.

Die Einschränkung der Überprüfungsbefugnis zeigt die Parallelität zu den Ermessensmaßnahmen bzw. der Würdigung der wirtschaftlichen Gesamtlage mit den allgemeinen Zweckmäßigkeitserwägungen und läßt die Forderung einer substantiierten Begründung[305] angesichts der „Gemengelage" von Rechts-, Ermessens- und Tatfragen[306] verständlich erscheinen. Ein Verzicht auf die Darlegung der der Würdigung der wirtschaftlichen Gesamtlage zugrunde liegenden Tatsachen oder Umstände kann keinesfalls in Betracht kommen, da sie durch den Gerichtshof auf ihre Richtigkeit überprüft werden müssen.

Zu Recht hat daher der Gerichtshof die Begründung der Verweigerung eines beantragten Zollkontingents nach Art. 25 Abs. 3 EWGV beanstandet, die lediglich auf „vorliegende Angaben" verwies, aus denen sich ergab, „daß die Erzeugung der betreffenden Weine in der Gemeinschaft bei weitem ausreichend ist", woraus die Kommission weiter folgerte, daß „demnach" die Gewährung eines Zollkontingents in der beantragten Höhe auf dem Markt der in Betracht kommenden Waren zu schwerwiegenden Störungen führen könnte[307]. Eine ausreichende Begründung hätte die wesentlichen Zahlen und Fakten darlegen müssen, deren Würdigung die Kommission zu der ablehnenden

---

303 Vgl. Art. 33 Abs. 1 S. 2 Halbsatz 2 EGKSV. Für eine Zurückhaltung des GH selbst in diesem Fall *Baumann* S. 121 und *Schrans* Sp. 294.

304 RsprGH 1, 235.

305 Vgl. RsprGH 6, 927; 5, 114; GA *Roemer* RsprGH 9, 338 f. im Gegensatz zum GH (9, 315 f.); 13, 125. *Becker*, Einfluß, S. 119; *Fromont*, Rechtsschutz, S. 251; *Quadri u. a.* S. 1424; *Maas* S. 15; *Steindorff*, Rechtsschutz, S. 72.

306 *le Tallec-Ehlermann* S. 151.

307 Vgl. ABl. 1962 S. 1368 sowie RsprGH 9, 155; GA *Roemer* RsprGH 9, 166 ff.

Entscheidung bestimmt hatten und aus denen die Marktlage und -entwicklung zu ersehen war.

Ob eine Ablehnung einer Kartellgenehmigung, dem Hauptbeispiel einer Entscheidung unter Würdigung der wirtschaftlichen Gesamtlage, gegenüber der Genehmigungsentscheidung eine weniger ausführliche Begründung erfordert, da sie sich auf das prinzipielle Verbot berufen kann[308], erscheint sehr zweifelhaft und dürfte wohl abzulehnen sein. Auch die ablehnende Entscheidung muß angeben, warum die beantragte Genehmigung negativ beschieden, die erforderlichen Voraussetzungen nicht als gegeben betrachtet wurden. Es ist daher davon auszugehen, daß derartige Genehmigungsentscheidungen generell eine umfangreiche Begründung erfordern[309].

Die Forderung einer umfangreichen Begründung führt noch keineswegs zu einer wirtschaftlichen Würdigung, wie *Bebr*[310] meint, vielmehr ist sie allein aus Gründen der Rechtskontrolle sowie zur Erreichung der übrigen mit der Begründungspflicht verfolgten Zwecke erforderlich. Allerdings kann nicht geleugnet werden, daß eine gewisse Gefahr in dieser Richtung besteht, wie die Rechtssachen 36 - 38, 40/59 zeigen[311], in denen der Gerichtshof zunächst ausführte[312]:

> „An die Spitze von Art. 65 des Vertrages ist ein allgemeines Verbot von Kartellvereinbarungen gestellt worden (Art. 65 § 1). Daran anschließend wird der Hohen Behörde die Ermächtigung verliehen (Art. 65 § 2), Vereinbarungen über Spezialisierung oder über den gemeinsamen Ein- und Verkauf zu genehmigen; die Ausübung dieser Befugnis wird jedoch davon abhängig gemacht, daß die Hohe Behörde das Vorliegen aller in § 2 Buchstabe a, b und c aufgezählten Voraussetzungen feststellt. Eine derartige Feststellung schließt ihrem Wesen nach eine Würdigung der aus den wirtschaftlichen Tatsachen oder Umständen sich ergebenden Gesamtlage ein und ist daher der richterlichen Nachprüfung teilweise entzogen. Wegen dieser Begrenzung der richterlichen Nachprüfbarkeit und mit Rücksicht darauf, daß die Genehmigung von der Feststellung der Hohen Behörde abhängig ist, daß sämtliche in Art. 65 § 2 genannten Voraussetzungen erfüllt sind, ist eine substantiierte Begründung unerläßlich, und dieses Gebot muß unbedingt beachtet werden. Die Begründung muß den Betroffenen und gegebenenfalls dem Richter die Feststellung der Umstände ermöglichen, aufgrund deren die Hohe Behörde zu dem Schluß gelangt ist, die erforderlichen Voraussetzungen für die Erteilung der Genehmigung seien gegeben, damit die Stichhaltigkeit dieser Erwägungen sowohl in tatsächlicher als auch in rechtlicher Hinsicht nachgeprüft werden kann."

---

308 *le Tallec-Ehlermann* S. 150.

309 Vgl. die Angaben bei *Hanebuth* S. 224; auch die Information betroffener Nichtadressaten führt zu einer Erweiterung der Anforderungen an die Begründung, s. o. Teil B II 4.

310 Control S. 87.

311 RsprGH 6, 921 ff., insbesondere S. 923, 925 - 927, 929.

312 RsprGH 6, 921 f.

Wenn auch die Formulierungen des Gerichtshofs geeignet sind, Mißverständnisse hervorzurufen[313], so läßt sich bei genauer Betrachtung doch erkennen, daß der Gerichtshof mit diesen Äußerungen vom richtigen Ausgangspunkt ausging. Er stellte der eine Würdigung der wirtschaftlichen Gesamtlage einschließenden Feststellung der Voraussetzungen des Art. 65 § 2 lit. a, b, c durch die Hohe Behörde[314] die Feststellbarkeit derjenigen Umstände durch den Betroffenen wie den Gerichtshof gegenüber[315], von denen die Hohe Behörde bei ihrer Feststellung des Vorliegens oder Nichtvorliegens der Voraussetzungen des Art. 65 § 2 lit. a, b, c aufgrund einer Würdigung der wirtschaftlichen Gesamtlage ausgegangen war. Mit dieser Unterscheidung hielt sich der Gerichtshof in vollem Umfang an den oben dargestellten Grundsatz, daß ihm zwar die Würdigung der sich aus wirtschaftlichen Tatsachen und Umständen ergebenden Situation grundsätzlich verschlossen ist, daß er aber die Richtigkeit der angenommenen wirtschaftlichen Gesamtlage, die zutreffende Feststellung der wirtschaftlichen Tatsachen und Umstände, aus denen wirtschaftspolitische bzw. gesamtwirtschaftliche Schlußfolgerungen gezogen werden, voll nachprüfen kann und muß[316].

Der Gerichtshof hielt sich jedoch nicht an seine zutreffenden grundsätzlichen Erwägungen, sondern ging bei der konkreten Prüfung der Begründung für die einzelnen von der Hohen Behörde für die Zulassung der Handelsregelung aufgestellten Forderungen bzw. der Begründung für die Änderungen des Vorschlages der Ruhrkohlen-Verkaufsgesellschaften durch die Hohe Behörde[317] doch zu einer eigenen Würdigung der wirtschaftlichen Gesamtlage über[318]. So kommt er etwa zu dem Schluß, daß:

> „diesen Kriterien insgesamt die Tendenz inne(wohnt), den normalen Wettbewerb zwischen den Verkaufsgesellschaften zu verhindern, einzuschränken oder zu verfälschen, womit sie weitergehende Einschränkungen zur Folge hätten, als es der Zweck einer Regelung, welche auf der gegenseitigen Unabhängigkeit der drei Verkaufsgesellschaften beruht, erfordert und gestattet“[319],

---

[313] Vgl. z. B. *Clever* S. 163.

[314] a.a.O. S. 921 „derartige Feststellungen“ und S. 922 „Feststellung der Hohen Behörde ..., daß sämtliche in Art. 65 § 2 genannten Voraussetzugen erfüllt sind ...“

[315] a.a.O. S. 922 „Feststellung der Umstände.“

[316] Gegenteiliges läßt sich entgegen *Clever* S. 163 diesen Ausführungen des GH nicht entnehmen; auch *Bebr*, Control, S. 87 überspielt diesen Unterschied.

[317] Vgl. ABl. 1959 S. 736 bis 739.

[318] Im Ergebnis ist die Kritik von *Bebr*, Control, S. 87 und *Clever* S. 163 daher zutreffend.

[319] RsprGH 6, 922.

obwohl er doch zuvor selbst ausgeführt hatte, daß die Feststellung der Tatsache, daß eine Verkaufsvereinbarung weitergehende Einschränkungen vorsieht als dies ihr Zweck erfordert (Art. 65 § 2 lit. b), eine Würdigung der sich aus den wirtschaftlichen Tatsachen oder Umständen ergebenden Gesamtlage einschließt und daher seiner Nachprüfung „teilweise" entzogen ist.

Auch in einem weiteren Punkt wich der Gerichtshof von seinem zutreffenden Ausgangspunkt ab. Die Hohe Behörde hatte in der Entscheidung die Kriterien der Abnahme einer bestimmten Tonnenzahl von „Gemeinschaftskohle" und einer bestimmten Tonnenzahl von „Kohle der Verkaufsgesellschaften" unter erheblicher Abschwächung im Prinzip beibehalten und sie im Sinne des Art. 65 § 2 lit. b für die Verbesserung der Verteilung als wesentlich betrachtet.

Bei der Prüfung, ob diese Kriterien für die Zulassung als Kohlengroßhändler erster Hand von der Hohen Behörde ausreichend begründet wurde, überschritt der Gerichtshof wiederum seine Prüfungskompetenz und hielt diese Beschränkungen nicht für wesentlich zur Verbesserung der Verteilung, obwohl nach seiner eigenen Erkenntnis diese Feststellung ihrem Wesen nach eine Würdigung der aus den wirtschaftlichen Tatsachen oder Umständen sich ergebenden Gesamtlage einschließt[320].

Im Ergebnis ist aber bei wirtschaftlichen Maßnahmen trotz der Möglichkeit einer Überschreitung der Kontrollbefugnisse durch den Gerichtshof in Ausnahmefällen davon auszugehen, daß die Einschränkung der gerichtlichen Kontrollkompetenz durch das Prinzip des Art. 33 Abs. 1 Satz 2 EGKSV nicht eine Verminderung der Anforderungen an die Begründung nach sich zieht, vielmehr eine besonders exakte und vollständige Begründung erforderlich macht.

3. Die Begründungspflicht im Dienstrecht

Gemäß Art. 25 Abs. 1 Satz 1 des Beamtenstatuts[321] muß jede beschwerende Verfügung mit Gründen versehen sein. Verfügung im

[320] Vgl. RsprGH 6, 926: „Die Vorteile, welche für die Verkaufsgesellschaften daraus erwachsen, daß sie mit der geringstmöglichen Zahl von Großhändlern in Verkehr treten, vermögen die dem Handel auf diese Weise aufgezwungenen Einschränkungen nicht hinlänglich zu rechtfertigen, dies um so weniger, als die Verkaufsgesellschaften gerade zu dem Zweck geschaffen worden sind, die Zechen der Last einer eigenen Vertriebsorganisation für den Absatz ihrer Förderung zu entheben, und als ferner die Tatsache, daß den Verkaufsgesellschaften die Funktion der Belieferung der Großhändler zukommt, ausschlaggebend für die Genehmigung der Vereinbarung über den gemeinsamen Verkauf war." — Der GH vermischte hier außerdem die Prüfung der Begründungspflichtverletzung mit der Prüfung einer Vertragsverletzung, s. hierzu o. C I.

[321] ABl. 1962 S. 1385 (VO Nr. 31 EWG; Nr. 11 EAG); ABl. 1968 Nr. L 56 VO Nr. 259/68 des Rates (EWG, Euratom, EGKS) vom 29. 2. 1968 zur Festlegung

Sinne dieser Vorschrift ist jede Maßnahme der Anstellungsbehörde, die das Dienstverhältnis eines Beamten oder sonstigen Bediensteten der Gemeinschaften berührt. Beschwerend ist jede Verfügung, die in Rechte des Adressaten eingreift. Ob darüber hinaus ein weiter gefaßtes Verständnis dieses Begriffs möglich ist[322], bedarf wegen der Konsequenzen für den Umfang der Begründungspflicht einer klärenden Erörterung.

Der Begriff der „beschwerenden Verfügung" in Art. 25 Abs. 1 Satz 2 des Beamtenstatuts kann zwar in Verbindung mit Art. 91 Abs. 1 des Beamtenstatuts gesehen werden, der die Zuständigkeit des Gerichtshofs „für alle Streitigkeiten zwischen einer der Gemeinschaften und einer der in diesem Statut genannten Personen über die Rechtmäßigkeit einer diese Person beschwerende Maßnahme" begründet. Die Tatsache, daß der Begriff der beschwerenden Verfügung bzw. der beschwerenden Maßnahme nur an diesen beiden Stellen erwähnt wird, zeigt deutlich den Zusammenhang der Begründungspflicht mit dem Rechtsschutz des Betroffenen.

Zu weit dürfte es allerdings gehen, im Rahmen der Begründungspflicht „die Frage nach dem beschwerenden Moment ... nicht anders auszulegen wie im Sinne der Verbindung mit der Maßnahme gemäß Art. 91"[323]. Eine derartige Bindung des beschwerenden Momentes an die Klagebefugnis (Art. 91 des Statuts) wird der bestehenden Rechtslage nur zum Teil gerecht.

Im europäischen Dienstrecht, das im wesentlichen dem französischen Recht nachgebildet ist, ist die Klagebefugnis außerordentlich weit gefaßt. Beschwerend ist in diesem Zusammenhang jede Maßnahme, die einer der im Statut genannten Personen[324] unvorteilhaft ist, oder ihr nachteilig werden kann. Ein Eingriff in Rechte eines Bediensteten ist demnach nicht erforderlich; vielmehr reicht die Beeinträchtigung von Interessen aus[325], ohne daß allerdings das Gefühl der Beschwerung schon genügen würde.

Dieses weite Verständnis der Beschwer im Rahmen der Klagebefugnis dürfte jedoch kaum mit einer sachgerechten Auslegung des beschwerenden Momentes in Art. 25 des Statuts vereinbar sein, soweit es den Kreis der begünstigten Bediensteten anbelangt.

---

des Statuts der Beamten der Europäischen Gemeinschaften und die Beschäftigungsbedingungen für die sonstigen Bediensteten dieser Gemeinschaften sowie zur Einführung von Sondermaßnahmen, die vorübergehend auf die Beamten der Kommission anwendbar sind.

322 So etwa *Euler* A (4) zu Art. 25.

323 So *Euler* Anm. A (4) zu Art. 25.

324 Also nicht nur den Adressaten.

325 Vgl. GA *Roemer* RsprGH 10, 310; *Holtz* Anm. 4 zu Art. 25; *Euler* Anm. A (4) zu Art. 25.

Zwar ist schon aus Gründen der Effektivierung des Rechtsschutzes und der Intensivierung der Kontrollmöglichkeit des Gerichtshofs im Einklang mit Art. 91 des Beamtenstatuts eine beschwerende Verfügung im Sinne von dessen Art. 25 Abs. 1 Satz 2 nicht nur im Falle des Eingreifens in Rechte anzunehmen, sondern auch bei einer Beeinträchtigung geschützter Interessen.

Dieses inhaltlich weitgefaßte Verständnis des beschwerenden Momentes kann jedoch nicht zur Folge haben, daß jede Verfügung, die hinsichtlich eines Bediensteten beschwerend ist, insoweit auch der Begründungspflicht unterliegt. Würde auch hinsichtlich des begünstigten Personenkreises das beschwerende Moment in Art. 25 nicht anders zu verstehen sein als in Art. 91 des Beamtenstatuts, würde im Wege der Interpretation die bewußte und gewollte Beschränkung der Begründungspflicht in Art. 25 Abs. 1 Satz 2[326] aufgehoben.

Die weite Fassung der Klagebefugnis führt dazu, daß in der Mehrzahl der Fälle eine Verfügung, die den Adressaten begünstigt, (einem) anderen Bediensteten das Recht zur Klageerhebung eröffnet, da die Verfügung für sie (ihn) unvorteilhaft ist. Damit wäre im Ergebnis doch nahezu jede derartige Verfügung zu begründen. Gerade die Exemtion von der Begründungspflicht in den Fällen, in denen eine Verfügung den Adressaten begünstigt, gibt aber der Regelung des Art. 25 Abs. 1 Satz 2 des Beamtenstatuts ihren Sinn, so unvorteilhaft sie auch für den klagebefugten Nichtadressaten sein mag[326]. Bezüglich des begünstigten Personenkreises erfordert die bewußt einschränkende Fassung der Begründungspflicht in Art. 25 Abs. 1 Satz 2 des Beamtenstatuts daher ein engeres Verständnis als der Begriff der beschwerenden Maßnahme im Rahmen der Klagebefugnis.

---

326 Art. 5 des Beamtenstatuts der EGKS sah die Begründungspflicht noch für alle Verfügungen vor, die aufgrund des Statuts „in Sachen eines Bediensteten" erlassen wurden.

Diese generelle Begründungspflicht wurde sicherlich dem Zweck der Selbstkontrolle mehr gerecht, der gerade bei Maßnahmen von erhöhter Bedeutung ist, denen in großem Umfang unüberprüfbare Werturteile zugrunde liegen. Darüber hinaus würde die generelle Begründungspflicht auch den Rechtsschutz der betroffenen Nichtadressaten verbessern, da die Abwägungen des Erlaßorgans insbesondere für die klagebefugten Nichtadressaten wie für den GH erst überprüfbar werden, wenn sie „durch objektiv erfaßbare Willkür entstellt" sind[327]. Durch die Begründung der Verfügung kann das Fehlen eines Ermessensmißbrauchs außer Zweifel gestellt werden.

Ob die mit der Beschränkung der Begründungspflicht beabsichtigte Arbeitserleichterung für die Anstellungsbehörde im Ergebnis tatsächlich erreicht wird oder nur eine Verlagerung der Arbeit vom Verwaltungsverfahren auf das gerichtliche Verfahren eintritt, wird nicht eindeutig zu beantworten sein. Die ausdrückliche Beschränkung der Begründungspflicht im Dienstrecht auf beschwerende Verfügungen, die auch durch eine extensive Auslegung nicht wieder entfallen kann, bringt jedenfalls nicht nur Vorteile mit sich.

327 *Euler* Anm. A (2) 3. zu Art. 91 (S. 662).

Hierfür spricht auch der im Zusammenhang mit der Begründungspflicht zu sehende Satz 1 des Art. 25 Abs. 1 des Beamtenstatuts. Nach dieser Bestimmung ist „jede Verfügung aufgrund des Statuts (nur) dem betroffenen Beamten unverzüglich schriftlich mitzuteilen". Eine Zustellung an alle Bediensteten, die als Klagebefugte an der jeweiligen Maßnahme interessiert sind oder sein können, ist ebenso unpraktikabel wie eine vollständige Veröffentlichung jeder Verfügung, da beides zu einer unzumutbaren Belastung der Anstellungsbehörde führen würde[328]. Die fehlende Zustellung einer Verfügung an beschwerte Nichtadressaten würde aber dem Zweck einer möglichen Begründungspflicht, den Rechtsschutz zu intensivieren, zuwiderlaufen. Auch diese Tatsache spricht dafür, daß Art. 25 des Beamtenstatuts von der Inexistenz der Pflicht ausgeht, eine Verfügung begründen zu müssen, soweit diese Bedienstete beschwert, an die sie nicht gerichtet ist.

Die extensive Auslegung des beschwerenden Momentes im Beamtenstatut der Europäischen Gemeinschaften hat damit im Rahmen des Art. 91 eine weitgefaßte Klagebefugnis zur Folge, führt jedoch nicht dazu, daß jede Verfügung, die einen klagebefugten Bediensteten beschwert, insoweit auch zu begründen ist. Die ausdrückliche Beschränkung der Begründungspflicht in Art. 25 Abs. 1 Satz 2 führt vielmehr zu einer Limitation der Begründungspflicht auf diejenigen Verfügungen, die in die Rechts- oder Interessenposition des Adressaten eingreifen. Hinsichtlich seiner Person sind beschwerende Verfügungen, soweit erforderlich auch vergleichend, zu begründen[329].

Die allgemeingültigen Anforderungen an den Begründungsinhalt gelten im Prinzip auch im Dienstrecht. Die Begründung muß folglich die Rechtmäßigkeit der Verfügung nach den einschlägigen Bestimmungen des Beamtenstatuts durch die Wiedergabe der tragenden tatsächlichen und rechtlichen Erwägungen darlegen. Sie muß mangels ausdrücklicher Normierung bestimmter Ziele der Beachtung des obersten Grundsatzes des Beamtenrechts, der Wahrung des Dienstinteresses, Ausdruck verleihen, das stets der Ausgangspunkt der Erwägungen der Anstellungsbehörde sein muß.

Die Einräumung der Befugnis zur pleine juridiction des Gerichtshofs durch Art. 91 Abs. 1 Satz 2 des Statuts ändert den Charakter der Begründungspflicht als Formerfordernis nicht, lediglich die Rechtsfolge

---

[328] Zutreffend *Holtz* Anm. 2 zu Art. 25; GA *Roemer* RsprGH 10, 311; s. auch *Euler* A (3) zu Art. 25. Auch die publikationsbedürftigen Verfügungen des Art. 25 Abs. 2 (vgl. hierzu *Euler* Anm. A [1] zu Art. 25) werden nicht vollständig veröffentlicht.

[329] Zutreffend GA *Roemer* RsprGH 10, 311; a. A. *Euler* Anm. A (4) zu Art. 25.

eines Verstoßes gegen das Formerfordernis muß nicht der der Nichtigkeitsklage entsprechen[330].

Naturgemäß enthalten dienstrechtliche Verfügungen wie Einstellungen, Beförderungen, Entlassungen in großem Maße Werturteile, die einer Nachprüfung nicht zugänglich sind. Obwohl sich aber auch zum Beispiel durch die einem Amt zugeteilten Aufgaben bestimmt, ob ein Bewerber die Befähigung für dieses Amt hat, und auch die Frage der Wahrung des dienstlichen Interesses einer rechtlichen Kontrolle zugänglich ist[331], hat sich der Gerichtshof auf dem Gebiet des Dienstrechts eine nicht zu verkennende Zurückhaltung auferlegt[332]. Auffallend ist, daß er sich auch mit recht knappen Begründungen zufriedengibt, die sogar teilweise eher eine unzulässig allgemein gehaltene Begründung darstellen.

a) Verfügungen ohne Pflicht zur Begründung

Die Einstellung oder Beförderung eines Bewerbers ist für diesen nicht nachteilig, bedarf daher keiner Begründung. Aber auch eine Erwähnung der Gründe, aus denen die übrigen Bewerber nicht ernannt oder befördert wurden, ist nicht erforderlich. Eine solche Pflicht besteht gegenüber den erfolglosen Bewerbern nicht, da die Verfügung die Einstellung oder Beförderung zum Gegenstand hat[333] und den nicht ernannten Bewerbern kein subjektives Recht auf Nichternennung eines Mitbewerbers zusteht[334], ohne daß es auf die „unkontrollierbaren Werturteile"[335] im Rahmen derartiger Verfügungen ankäme.

Überflüssig und abzulehnen ist das hilfsweise gegen die Begründungspflicht bei Einstellungen oder Beförderungen vom Gerichtshof vorgebrachte Argument, Einzelheiten einer Begründung könnten dem abgelehnten Bewerber nachteilig sein[336]. Sollte eine vergleichende Begründung erforderlich sein[337], würden sich aus einem solchen Ver-

---

330 s. dazu o. Teil B II 3 c) und u. Teil D II 4.

331 Vgl. RsprGH 6, 989 f.; 8, 63.

332 Vgl. RsprGH 9, 444 (hierzu schon o. bei Fn. 175); 10, 292; 10, 672; 11, 229 (im Gegensatz zu 11, 1369); 17, 247; GA *Roemer* RsprGH 15, 273; GA *Dutheillet de Lamothe* RsprGH 17, 249.

333 RsprGH 11, 201; 11, 676; 15, 98; GA *Gand* RsprGH 11, 177.

334 Der Zweck der Information beteiligter Nichtadressaten kommt nicht zum Zuge, da dieser nur die Erweiterung des Inhalts einer erforderlichen Begründung zum Ziel hat, nicht aber die Begründung von Maßnahmen fordert, für die das Gemeinschaftsrecht ausdrücklich von der Begründungspflicht absieht.

335 RsprGH 10, 672; 10, 292; 17, 243 (Ls.) 247; GA *Dutheillet de Lamothe* RsprGH 17, 249.

336 RsprGH 10, 672; 11, 201. Stark betont wird die erforderliche Beachtung einer möglichen Schädigung des Ansehens im italienischen Recht, vgl. *Rivalta* S. 191.

337 Zu Recht abgelehnt von RsprGH 15, 264; s. auch u. c).

gleich wohl noch keine einschneidenden Nachteile für den Betroffenen ergeben. Außerdem dürfte dieser durch seine Bewerbung einer (begrenzten) Offenlegung seiner Befähigungsnachweise sowie seiner dienstlichen Führung im Rahmen des Ernennungsverfahrens zugestimmt haben[338].

Auch ein Beschluß nach erfolgter Prüfung der Beförderungsmöglichkeiten, überhaupt von der Besetzung einer offenen Stelle durch Beförderung abzusehen, bedarf keiner Begründung[339], da er nur die Wahl des Ernennungsverfahrens zum Gegenstand hat, Art. 25 des Statuts aber individuelle Verfügungen betrifft, die den Adressaten beschweren.

Mangels Beschwer bedürfen auch Versetzungsverfügungen an eine gleichwertige Stelle keiner Begründung. Es ist der Anstellungsbehörde überlassen, nach Zweckmäßigkeitsgesichtspunkten ihre Dienststellen einzurichten und im Rahmen des pflichtgemäßen Ermessens über ihr Personal zu verfügen[341].

b) Das Auswahlverfahren

Erfolgt die Besetzung einer offenen Stelle durch Auswahlverfahren[342], so leitet der Prüfungsausschuß gemäß Art. 5 Abs. 6 des Anhangs III zum Statut der Beamten

> „der Anstellungsbehörde das Verzeichnis der geeigneten Bewerber und einen mit Gründen versehenen Bericht zu, der gegebenenfalls die Bemerkungen der Ausschußmitglieder enthält".

Die Begründungspflicht soll hier also nicht nur der eigenen Kontrolle des Prüfungsausschusses dienen, sondern auch die Anstellungsbehörde

---

338 Als möglicher Inhalt einer Begründung wäre zudem weniger die Angabe von Einzelheiten von Interesse, als vielmehr die Darlegung der die Verfügung tragenden Bewertungskriterien und deren Erfüllung durch die Bewerber. Diese Angaben würden zur Förderung der Überprüfbarkeit der Verfügung durch die abgewiesenen Bewerber ausreichen (vgl. aber u. c)!). Die Darlegung von Einzelheiten kann dagegen dem Verfahren vor dem GH vorbehalten bleiben.

339 Zutreffend RsprGH 11, 165. Dagegen ist die Entscheidung der Anstellungsbehörde, die Bewerbungen mehrerer Beamter abzulehnen und die Besetzung einer Planstelle in einem besonderen Verfahren gemäß Art. 29 Abs. 2 des Beamtenstatuts vorzunehmen als beschwerende Verfügung der Begründungspflicht unterworfen[340], da sie nicht nur die Wahl des Ernennungsverfahrens regelt, sondern auch die Ablehnung der Bewerbungen zum Inhalt hat.

340 Vgl. RsprGH 17, 477.

341 s. z. B. RsprGH 12, 176.

342 s. Art. 5 des Anhanges III zum Beamtenstatut und dazu *Euler*, insbesondere Vorbemerkung II zu Art. 30. Die Durchführung eines Auswahlverfahrens vor der Besetzung einer offenen Stelle ist (dem französischen Recht entsprechend) als Grundsatz des europäischen Dienstrechts anzusehen.

in die Lage versetzen, von ihrer Wahlfreiheit einen sinnvollen Gebrauch zu machen[343]. Dieser doppelte Zweck im Bereich der Verwaltung wird verfehlt, wenn der Prüfungsausschuß die Gründe nicht darlegt, von denen er sich bei der Bewertung der Befähigungsnachweise leiten ließ[344], und hierdurch weder die Auswahl noch die Rangordnung der in das von ihm aufzustellende Verzeichnis[345] aufgenommenen Bewerber verständlich werden. Da der begründete Bericht des Prüfungsausschusses auch dem Schutz der Bewerber dient, liegt mit der Nichterfüllung dieser Pflicht eine die abgewiesenen Bewerber beschwerende, fehlerhafte Maßnahme vor, die die Aufhebung der Ernennung zur Folge haben kann[346].

Der Schutz der Bewerber läßt die Möglichkeit entfallen, eine Verfügung, durch die ein Bewerber nicht zur Prüfung zugelassen wird, mit dem Hinweis als ausreichend begründet zu betrachten, daß der Prüfungsausschuß „eine Vorauswahl derjenigen Bewerber ..., deren Befähigungsnachweise eindeutig die besten waren", getroffen habe, selbst unter Berücksichtigung der Tatsache, daß nach Art. 6 des Anhangs III des Beamtenstatuts die Arbeiten des Prüfungsausschusses geheim sind[347].

Keiner Begründung bedarf die Beförderungsliste der Jury. Der Beförderungsausschuß ist lediglich ein Hilfsinstrument der Anstellungsbehörde innerhalb deren Organisationsgewalt[438], und im Gegensatz zu dem von der Jury im Ernennungsverfahren aufgestellten Schlußverzeichnis hat die von ihr vorzulegende Beförderungsliste keinen verbindlichen Charakter. Die Anstellungsbehörde ist berechtigt, nicht berücksichtigte Vokationsberechtigte[349] in die Liste aufzunehmen und aufgenommene zu streichen.

Um der Anstellungsbehörde zu diesem Zweck die Überprüfung zu ermöglichen, muß die Jury allerdings das Zustandekommen der Beförderungsliste erläutern, wobei für die Anstellungsbehörde insbesondere von Interesse ist, aus welchen Gründen bestimmte Anwartschaftsberechtigte nicht aufgenommen wurden, da die Nichtberücksichtigung im

---

[343] Vgl. RsprGH 11, 1370.

[344] Vgl. Art. 5 Abs. 3 des Anhangs III zum Beamtenstatut.

[345] Vgl. Art. 5 Abs. 1 des Anhangs III zum Beamtenstatut. Dieses Schlußverzeichnis hat den Charakter einer bindenden Vorschlagsliste, vgl. *Euler*, Vorbemerkung I 3 c) zu Art. 30.

[346] RsprGH 11, 1369 f.; *Euler* Anm. 2 zu Art. 45; dem weiten Begriff der Maßnahme ist aus Rechtsschutzgründen zuzustimmen. Im Unterschied zur abschließenden Ernennung sind in diesem vorbereitenden Stadium primär Kriterien maßgebend, die einer objektiven Prüfung zugänglich sind, wie z. B. Befähigungsnachweise.

[347] So aber der GH RsprGH 11, 229 und *le Tallec-Ehlermann* S. 150.

[348] s. hierzu *Euler* Anm. 2 d zu Art. 45.

[349] Art. 45 Abs. 1 Unterabs. 2.

Falle der Klage eines Betroffenen zur Annullierung der Beförderung führen würde[350].

Die Obliegenheit der Jury, ihrer Vorschlagsliste Unterlagen und Berichte beizufügen, kann jedoch im Falle des Unterbleibens oder der unzureichenden Darlegung der Gründe nicht dazu führen, daß die Beförderungsverfügung wegen unzureichender Begründung der Vorschlagsliste annulliert wird. Infolge des unverbindlichen Charakters der Beförderungsliste fehlt es an einer der Begründungspflicht unterliegenden, beschwerenden Verfügung im Sinne des Art. 25 des Beamtenstatuts. Die fehlende Begründung der Vorschlagsliste wirkt sich unter dem Gesichtspunkt eines Formfehlers auf die Beförderungsverfügung selbst nicht aus[351].

Die Beförderungsliste der Jury stellt eine Auslese aus dem Kreis der Vokationsberechtigten dar, die aufgrund einer Abwägung der Verdienste der Beamten und deren Beurteilungen erfolgt[352] und daher zwangsläufig von subjektiv geprägten Bewertungen nicht frei sein kann. Demgegenüber beruht das Schlußverzeichnis der Jury im allgemeinen Ernennungsverfahren in größerem Umfang auf objektivierbaren Bewertungen[353]. Neben dem bindenden Charakter der Vorschlagsliste, der eine Begründung verlangt, ist es diese geringere Abhängigkeit von Werturteilen, die einer Begründung wie Kontrolle nur in vermindertem Maße zugänglich sind[354], welche die Begründungspflicht des Art. 5 Abs. 6 des Anhangs III zum Beamtenstatut nicht nur wünschenswert, sondern auch möglich erscheinen läßt.

c) Begründung bei Dienstenthebungen

Die Verfügung, den von der Streichung seines Dienstpostens Betroffenen nicht anderweitig zu beschäftigen, ist ausreichend begründet, wenn sie eine Reihe berücksichtigter Umstände wie Alter, Vorbil-

---

350 *Euler* Anm. 2 d zu Art. 45; zum Klagerecht Vokationsberechtigter bei Beförderungen vgl. *Euler*, Vorbemerkung I 1. zu Art. 45 und *Schlochauer*, Archiv des Völkerrechts 1970 S. 482.

351 Im Ergebnis damit zutreffend RsprGH 11, 676; GA *Roemer* RsprGH 11, 691; die Argumentation mit einem a-fortiori-Schluß gegenüber der fehlenden Begründungspflicht bei Beförderungsverfügungen ist wegen der Parallelität zu der der Begründungspflicht unterliegenden Vorschlagsliste des Prüfungsausschusses bei Einstellungen allerdings nicht ausreichend. Ungenau auch *le Tallec-Ehlermann* S. 150.

352 Art. 45 Abs. 1 Beamtenstatut; auch die Entscheidung über die Beförderung selbst oder die Einstellung beruht auf Werturteilen, die einer Kontrolle kaum zugänglich sind, wenn nicht die Beurteilung der Anstellungsbehörde durch eine solche des Gerichtshofs ersetzt werden soll.

353 Befähigungsnachweise und/oder Prüfungen, vgl. Art. 5 des Anhangs III zum Beamtenstatut.

354 Vgl. hierzu u. C V 1.

dung, Beurteilungen, Familienunterhaltspflichten als Motive angibt[355]. Einen Vergleich des Betroffenen mit allen gleichrangigen Beamten, die nicht endgültig ausscheiden mußten, in der Begründung aufzuführen, würde diese überfordern. Die Angabe der maßgeblich berücksichtigten Umstände läßt die Durchführung solcher vergleichender Betrachtungen erkennen; die Frage der Richtigkeit der Gründe aber ist von den an die Form der Begründung zu stellenden Anforderungen zu trennen. Auch die Festlegung von Prioritäten innerhalb der berücksichtigten Umstände ist kaum möglich, da sie das Bild der Entscheidung verfälschen würde, die gerade aus dem Zusammenspiel aller Umstände getroffen wird[356].

Eine Entlassungsverfügung, die sich ohne nähere Angaben auf das öffentliche Interesse beruft, kann allerdings vom Gerichtshof nicht akzeptiert werden[357]. Ohne Darlegung der Umstände, aus denen sich die Entlassung aus öffentlichem Interesse ergibt, ist dem betroffenen Beamten eine Prüfung nicht möglich, ob seine rechtlichen Belange gewahrt wurden oder nicht. Die Begründung ist als zu allgemein gehalten zurückzuweisen.

Zu vage ist auch eine Begründung, in der es heißt:

„Gewisse Mängel in der Befähigung ... führten dazu, daß ihm Aufgaben niedrigeren Niveaus übertragen wurden, als den an ihn zu stellenden Anforderungen entsprochen hätte[358]."

Die ablehnende Stellungnahme des Überleitungsausschusses stützt sich damit mehr auf eine Behauptung, denn auf eine Begründung, da mit dem Hinweis auf „gewisse Mängel" nicht erkennbar ist, wie der Überleitungsausschuß zu dieser Feststellung kam.

Als Beispiel einer gründlichen Beurteilung der Unzulänglichkeit bei einer ablehnenden Stellungnahme läßt sich die Rechtssache 16/63[359] nennen. Der Überleitungsbericht, auf den sich der Ausschuß bezog, enthielt ausführliche Angaben z. B. über Initiative, Aktivität und Diensteifer, Ordnungssinn, Methodik, Genauigkeit und Pünktlichkeit des Betroffenen.

Eine vorläufige Dienstenthebung ist auch dann eine beschwerende Verfügung, wenn dem betroffenen Beamten seine Dienstbezüge belassen werden. Die demnach gemäß Art. 25 des Beamtenstatuts erforderliche Begründung muß sich nach Art. 88 des Statuts richten, der die

---

[355] Vgl. RsprGH 15, 264.
[356] Zutreffend GA *Roemer* RsprGH 15, 270.
[357] RsprGH 6, 983; großzügiger der französische CE, vgl. die Nachweise bei *Isaac* S. 558; s. aber für das italienische Recht *Crisafulli* S. 425 f.
[358] RsprGH 11, 407.
[359] RsprGH 9, 444; vgl. insbesondere GA *Lagrange* RsprGH 9, 457.

rechtlichen Voraussetzungen für eine solche Maßnahme enthält. Art. 88 Abs. 1 des Beamtenstatuts läßt die vorläufige Dienstenthebung eines Beamten nur zu, wenn ihm eine schwere Verfehlung zur Last gelegt wird, die in einem Verstoß gegen seine Dienstpflichten bestehen kann oder in einer Verletzung des gemeinen Rechts. Als ungenügend ist daher eine Begründung anzusehen, die lediglich angibt, daß

> „die Untersuchung ergeben hat, daß das Verhalten des Herrn Gutmann gegenüber seinen Untergebenen sowie seine Amtsführung mit den Pflichten eines Dienststellenleiters nicht vereinbar sind"

und daß

> „die vorläufige Dienstenthebung geboten erscheint, damit der Sachverhalt besser aufgeklärt werden kann".

Damit wurde kaum mehr als eine Wiederholung des Gesetzestextes als Begründung angeboten. Eine solche vage Formulierung läßt nicht erkennen, welche Vorwürfe für das Handeln der Behörde bestimmend waren und ob diese einen Grad an Vorwerfbarkeit erreichten, nach welchem das Fehlverhalten des Betroffenen als „schwere Verfehlung" anzusehen ist. Die Aufhebung dieser Verfügung durch den Gerichtshof[360] wegen der unsubstantiierten Begründung war deshalb unausweichlich.

Steht eine Entlassungsverfügung in offensichtlichem Widerspruch zu der von den zuständigen Stellen abgegebenen Beurteilung der Probezeit, muß die Dienstbehörde eine besonders eingehende Begründung geben, wenn sie von ihrem Recht Gebrauch macht, mit den Berichten der zuständigen Stelle über die Probezeit nicht konform zu gehen. Aus der Begründung muß jedenfalls ersichtlich sein, welches die tragenden Gründe für sie waren, die Probezeit nicht als zufriedenstellend abgeleistet anzusehen[361].

d) Erforderlichkeit einer eingehenden Begründung — Ergebnis

Sicherlich ist richtig, daß dienstrechtliche Verfügungen als komplexer Vorgang mancherlei Werturteile enthalten, die einer präzisen Erläuterung nicht zugänglich sind und oft nur vom Einzelfall abhängen[362]. Es kann auch nicht bestritten werden, daß der Verwaltung insoweit schon rein faktisch ein unüberprüfbarer Beurteilungsspielraum zu-

---

[360] RsprGH 12, 175; ebenso der Antrag GA *Roemers* RsprGH 12, 187 f.

[361] RsprGH 8, 63 ff. sowie GA *Lagrange* in der gleichen Rs.: RsprGH 8, 82. Eine ausdrückliche Auseinandersetzung mit der abweichenden Auffassung der Vorgesetzten des Bediensteten ist zwar nicht erforderlich (s. o C IV § 1 3 a)), ein Eingehen auf die von diesen herangezogenen Bewertungskriterien ist jedoch aus Gründen der Überzeugungskraft und damit zur Vermeidung von Klagen von Vorteil.

[362] GA *Roemer* RsprGH 15, 270, 273.

kommt, der sich aus der Tatsache ergibt, daß der Gerichtshof trotz der Befugnis zur pleine juridiction behördliche Wertungen nicht ersetzen kann, weil ihm die Mannigfaltigkeit der einzelnen Umstände, auf denen die Wertung beruht, nicht zugänglich ist bzw. die Werturteile der Anstellungsbehörde oder der Vorgesetzten aufgrund ihrer Komplexität nicht im erforderlichen Maße reproduzierbar sind. Nachprüfbar ist jedoch, ob die Behörde von einem richtigen Sachverhalt ausgegangen ist, ihr Werturteil sich von dem zugrunde gelegten Sachverhalt aus ergeben kann, ob sie gegen allgemeingültige Bewertungsmaßstäbe verstoßen hat oder sich von sachfremden Erwägungen leiten ließ. Trotz oder gerade wegen der faktischen Unkontrollierbarkeit gewisser Bereiche sollte die Rechtsprechung bei dienstrechtlichen Maßnahmen zur Erreichung der Zwecke der Begründungspflicht hinsichtlich derjenigen Umstände und Erwägungen, die ihrer Kontrolle unterworfen werden können und müssen, größere Anforderungen an die Begründung stellen. Auch im Dienstrecht muß daran festgehalten werden, daß die Begründung die für den Erlaß einer Maßnahme tragenden Gründe nicht nur allgemein gehalten wiedergibt, sondern unzweideutig darlegt, von welchen Kriterien sich die Behörde bei dem ihre Verfügung tragenden Gesamturteil leiten ließ.

4. Auskunftsrechtliche Maßnahmen

Gemäß Art. 47 EGKSV kann die Hohe Behörde die für die Erfüllung ihrer Aufgaben notwendigen Auskünfte einholen und die erforderlichen Nachprüfungen vornehmen lassen. Entsprechende Bestimmungen finden sich in Art. 213 EWGV und 187 EAGV, die dem Rat die Festlegung des Rahmens und der näheren Maßgabe hierfür auferlegen. Anhaltspunkte für die inhaltliche Gestaltung solcher auskunftsrechtlicher Maßnahmen ergeben sich aus Art. 11 und 14 der Verordnung Nr. 17/62 der EWG, die der Kommission die Befugnis einräumen, zur Erfüllung der ihr in Art. 89 EWGV und in Vorschriften aufgrund des Art. 87 EWGV übertragenen Aufgaben alle erforderlichen Auskünfte einzuholen bzw. alle erforderlichen Nachprüfungen vorzunehmen.

Gemäß Art. 11 Abs. 5 dieser Verordnung bezeichnen auskunftsrechtliche Entscheidungen die geforderten Auskünfte und gemäß Art. 14 Abs. 3 der Verordnung die eine Prüfung anordnenden Entscheidungen Gegenstand und Zweck der Nachprüfung. Damit werden zugleich Hinweise auf den erforderlichen Inhalt der Begründung derartiger Maßnahmen gegeben. Nicht notwendig war es, für diese Entscheidungen auch die Bezeichnung der Rechtsgrundlage ausdrücklich zu fordern, wie es Art. 11 Abs. 3 der Verordnung Nr. 17/62 für das unverbindliche Auskunftsverlangen vorsieht, da sich diese Anforderung aus den für die Begründung verbindlicher Maßnahmen generell geltenden Erfordernissen ergibt[363]. Zu erwähnen bleibt aber, daß sich die Angabe der Rechtsgrundlage nicht auf die eingangs genannten allgemeinen Vorschriften beschränken darf, sondern wegen deren akzessorischem Charakter[364] außerdem jeweils diejenige Norm nennen muß, die den Erlaß der jeweiligen konkreten Entscheidung rechtfertigt.

Die Angabe des Gegenstandes der geforderten Auskünfte oder der Nachprüfung bezieht sich nicht auf die Beschreibung der vorzulegenden Unterlagen oder abzugebender Erklärungen, sondern auf die Nachweis- oder Aufklärungsbedürftigkeit hinsichtlich bestimmter Tatbestandsmerkmale gemeinschaftsrechtlicher Normen wie etwa des Art. 65 EGKSV oder 85 EWGV[365]. Art und Umfang der vorzulegenden Unterlagen müssen aber aus Gründen der Bestimmtheit der Entscheidung dem Auskunftsthema zu entnehmen sein. Nur eine inhaltlich hinreichende Konkretisierung des Verlangens der Exekutive läßt den Betroffenen erkennen, wie er sich verhalten soll. Eine genügend bestimmte Frage und eine exakte Bezeichnung der vorzulegenden Unterlagen in zeitlicher wie sachlicher Hinsicht ist infolgedessen unumgänglich[366]. Dabei ist der bei Verwaltungsmaßnahmen gültige Maßstab der Vollstreckbarkeit auch auf diesem Gebiet heranzuziehen. Die Begründung kann kein Ersatz für den Bestimmtheitsgrundsatz sein.

Die Bedeutung der Angabe des Gegenstandes des Auskunftsverlangens zeigt sich insbesondere dort, wo die Exekutive zu einer Konkretisierung nicht in ausreichendem Maße in der Lage ist, da ihr ohne Einblick in die Unterlagen eine Spezfizierung des Auskunftsthemas oder der vorzulegenden Unterlagen nicht möglich ist. Die Bezeichnung des Gegenstandes zusammen mit der Angabe des Zwecks der Entscheidung gibt in diesem Fall die notwendige Abgrenzung der zu liefernden Auskünfte oder Unterlagen. Dies gilt ebenso für den Fall, daß sich im Rahmen einer laufenden Nachprüfung die Vorlage weiterer Unterlagen als notwendig erweist[367].

---

363 Vgl. o. C IV § 1 2 f); s. auch § 46 Abs. 2 GWB.

364 s. dazu *Hanebuth* S. 120.

365 Die Darlegung des Gegenstandes ist zur Ermöglichung der Rechtskontrolle auch bei Auskunftsentscheidungen erforderlich; die Anforderungen an den Inhalt in Art. 11 Abs. 5 sind nicht abschließend. s. auch § 46 Abs. 6 S. 2 GWB im deutschen Recht.

366 Vgl. GA *Roemer* RsprGH 6, 214; die Aufforderung, den Anweisungen der Beamten Folge zu leisten, überläßt diesen die notwendige Konkretisierung und wird daher zu Recht von GA *Roemer* zurückgewiesen. Die Erforderlichkeit einer genauen Bezeichnung der Unterlagen ist auch der Kommission bewußt, vgl. RsprGH 11, 24.

367 Vgl. GA *Roemer* RsprGH 6, 214 sowie eingehend *Hanebuth* S. 312 ff.

Einer konkretisierten Darstellung des Gegenstandes der auskunftsrechtlichen Maßnahme kommt aus diesem Grund eine nicht zu vernachlässigende Bedeutung zu. Deshalb erscheint es nicht akzeptabel, wenn der Gerichtshof[368] eine Prüfungsentscheidung für ausreichend begründet hielt, die trotz der Vielfältigkeit der Aufgaben der Hohen Behörde lediglich auf die Erfüllung dieser Aufgaben Bezug nahm und den Zweck der Maßnahme ohne die erforderliche Konkretisierung erwähnte.

Von wesentlicher Bedeutung ist schließlich die bereits erwähnte Angabe des Zwecks der Entscheidungen, womit die Angabe gemeint ist, welche nach dem Gemeinschaftsverträgen oder einer Verordnung mögliche Maßnahme beabsichtigt wird[369]. Nur durch die Angabe des Zwecks läßt sich kontrollieren, ob eine mit einer Auskunft verbundene Zweckbindung[370] eingehalten wird oder ob ein Weigerungsrecht besteht, weil mit der Entscheidung Ziele verfolgt werden, die im Gemeinschaftsrecht keine Grundlage finden. Wegen dieser die Rechte und Interessen des Betroffenen wahrenden Aufgabe kommt der Angabe des Zwecks erhöhte Bedeutung zu.

Einer Erläuterung in der Begründung bedarf weiterhin die Frage der Notwendigkeit der Auskünfte oder Nachprüfungen[371]. Das Prinzip des mildesten Mittels verlangt die Darlegung, warum nicht weniger belastende Mittel zur Erlangung der gewünschten Information ausreichen. Die weite Fassung der auskunftsrechtlichen Befugnisse der Kommission läßt die Anforderungen an die Begründung einer solchen Entscheidung auch hinsichtlich der Erforderlichkeit nicht geringer werden[372], sondern verlangt gerade eine besonders exakte Begründung[373].

Beim Erlaß einer Auskunftsentscheidung steht es der erlassenden Behörde frei, auf das vorausgegangene unverbindliche Auskunftsverlangen[374] zu verweisen, da und soweit dieses auf Rechtsgrundlage, Zweck und Gegenstand hinweist.

Für die Nachprüfungsentscheidung besteht diese Möglichkeit nicht, da die Bezugnahme auf den lediglich vorzulegenden Prüfungsauftrag nicht

---

368 RsprGH 6, 183; vgl. hierzu o. S. 94 ff., 97 ff.

369 *Deringer* Anm. 20 zu Art. 11 VO Nr. 17/62.

370 Vgl. Art. 20 der VO Nr. 17/62; 15 Abs. 2 VO Nr. 11/60 EWG; zur begrenzenden Funktion der Zweckangabe vgl. auch *Hanebuth* S. 121.

371 RsprGH 6, 183.

372 So anscheinend der GH RsprGH 8, 943; Bedenken äußerte dagegen GA *Lagrange* in derselben Rs., vgl. RsprGH 8, 956.

373 Ebenso *Deringer* Anm. 20 zu Art. 11 VO Nr. 17/62; *Hanebuth* S. 317; *Eckert* Eurowi 1960, 505 Fn. 43. Dies entspricht den Anforderungen an die Begründung bei Ermessensmaßnahmen, dienstrechtlichen Maßnahmen und Maßnahmen aufgrund Würdigung der wirtschaftlichen Gesamtlage.

374 s. Art. 11 Abs. 3 VO Nr. 17/62; das Auskunftsverlangen ergeht als einfaches Schreiben der zuständigen Dienststelle der Kommission.

zulässig ist. Dieser Prüfungsauftrag ist primär an den die Nachprüfung durchführenden Bediensteten gerichtet. Die Vorlage des Prüfungsauftrags dient als Legitimation sowie zur Information des betroffenen Unternehmens über Gegenstand und Zweck der Nachprüfung und die Folgen einer Weigerung. Insoweit ist die Vorlage nicht mehr als eine mündliche Mitteilung und Belehrung, die nicht als Objekt einer Bezugnahme in Frage kommt[375].

Werden gegen das unverbindliche Auskunftsverlangen vom Adressaten Einwände vorgebracht, so hat sich die dennoch erlassene Entscheidung nicht mit diesen abweichenden Auffassungen auseinanderzusetzen, auch nicht mit den „wesentlichen" Einlassungen[376]. Eine solche Ausnahme ist nicht erforderlich. Die vorgebrachten Einwände müssen zweifellos von der Exekutive bei der Ausarbeitung der Entscheidung und deren Begründung berücksichtigt werden und können insofern unter Umständen auch zu einer Änderung des Standpunkts der Kommission führen. Auch in diesem Fall sind jedoch lediglich die tragenden Erwägungen für die Entscheidung auf der Grundlage des geänderten Standpunkts darzulegen[377].

5. *Finanzielle Verpflichtungen betreffende Maßnahmen*

Entscheidungen, die finanzielle Verpflichtungen zum Inhalt haben, wie Geldbußen, Zwangsgelder oder Beitragsforderungen und damit einen vollstreckbaren Titel darstellen[378], unterscheiden sich bezüglich der Begründungspflicht nicht grundlegend von sonstigen Entscheidungen. Der Forderung einer besonders sorgfältigen Begründung wegen ihrer besonders belastender Natur[379], bedarf es hinsichtlich des Grundes der finanziellen Verpflichtung nicht. Daß der Eigenart derartiger Maßnahmen entsprechend auch hinsichtlich der Höhe der Verpflichtung die tragenden Erwägungen in der Begründung darzulegen sind, entspricht dem Prinzip der vollinhaltlichen Begründung. Demgemäß wird die Exekutive hinsichtlich der Zusammensetzung der finanziellen Ver-

---

375 Dieses Ergebnis wird durch den Text von Art. 14 Abs. 3 VO Nr. 17/62 bestätigt, der für eine Entscheidung ausdrücklich die Angabe von Gegenstand und Zweck verlangt. s. auch o. C IV § 1 3 c) dd) und d).

376 So aber *Hanebuth* S. 310 unter Hinweis auf RsprGH 6, 179. Daß hinsichtlich der Frage der Wesentlichkeit kaum eine praktikable Abgrenzung wegen der subjektiven Prägung dieses Ausdrucks möglich ist, wurde bereits oben ausgeführt.

377 Vgl. o. C IV § 1 3 a).

378 Art. 92 EGKSV, 192 EWGV.

379 s. *Ehle* Anm. 9 zu Art. 190; die besonders belastende Natur wird wohl darin gesehen, daß diese Maßnahmen unmittelbar finanzielle Auswirkungen zeitigen. Eine lückenhafte Begründung wird jedoch den Anforderungen der Begründungspflicht nicht gerecht.

pflichtung eine lückenlose Darstellung der einzelnen Rechnungsposten geben müssen.

Bei Sanktionsentscheidungen enthält das Gemeinschaftsrecht keine detaillierten Bestimmungen über die Festsetzung der Höhe einer Geldbuße oder eines Zwangsgeldes. Außer der Angabe von Mindest- und Höchstbeträgen[380] werden nur geringe Anhaltspunkte für die Bemessung der Sanktionen genannt[381], so daß die Festsetzung im Einzelfall weitgehend im Ermessen der Exekutive steht.

Auch Ermessensentscheidungen unterliegen der Begründungspflicht. Die Exekutive wird sich daher bei Sanktionsentscheidungen zur Vermeidung des Eindrucks der Willkür und zur Durchführbarkeit einer möglichen Überprüfung um eine sorgfältige Begründung bemühen müssen. Die Erkennbarkeit der Erwägungen des Organs bezüglich der Bemessung der Sanktionshöhe liegt dabei auch im Interesse der Exekutive selbst, da der Gerichtshof hier im Verfahren mit pleine juridiction entscheidet[382] und somit auch eine Änderung der Maßnahme vornehmen kann und wird, vor allem wenn die Erwägungen des Erlaßorgans nicht ersichtlich sind. Ein gerichtliches Verfahren läßt sich aber am ehesten durch eine den Adressaten eingehend unterrichtende Begründung vermeiden.

Wegen der Vergleichbarkeit mit dem Strafrecht liegt die Erwägung nahe, bei Sanktionsentscheidungen ausnahmsweise das Eingehen auf ernsthaftes Gegenvorbringen des Betroffenen zu fordern, das hier einem Rechtfertigungsgrund gleichkommt[383]. Eine Auseinandersetzung mit substantiiert vorgebrachten Einwänden im Verwaltungsverfahren ist beim beabsichtigten Erlaß von Sanktionsentscheidungen sicherlich besonders dringlich, da es sich bei diesen Maßnahmen um vollstreckbare Titel handelt. Das Erlaßorgan wird aber schon aus eigenem Interesse dieser Anregung nachkommen[384], da nicht erwähnte Gesichtspunkte zwar nicht als von ihm unberücksichtigt anzusehen sind, aber

---

380 Vgl. Art. 58 § 4, 59 § 7, 64, 65 § 5, 66 § 6, 68 § 6 EGKSV; Art. 15, 16 VO Nr. 17/62; Art. 17, 18 VO Nr. 11/60 EWG.

381 Vgl. Art. 15 Abs. 2 VO Nr. 17/62: „Schwere des Verstoßes" und „Dauer der Zuwiderhandlung"; Art. 18 VO Nr. 11/60: „verlangtes oder erzieltes Beförderungsentgelt"; Art. 58 § 4 EGKSV: „unzulässige Erzeugung"; Art. 64 EGKSV: „unzulässige Verkäufe"; Art. 68 § 6 EGKSV: „Lohneinsparungen"; ähnlich die übrigen in Fn. 380 genannten Bestimmungen. Da diesen Merkmalen für die im Tenor der Maßnahme genannte Summe limitierende Wirkung zukommt, muß sich zur Erkennbarkeit des maßgeblichen Rahmens aus der Begründung ergeben, in welchem Umfang diese Merkmale von der Exekutive festgestellt und berücksichtigt wurden.

382 Art. 36 Abs. 2 EGKSV; Art. 17 VO Nr. 17/62; Art. 25 Abs. 2 VO Nr. 11/60 EWG.

383 Vgl. GA *Roemer* RsprGH 14, 433.

384 Vgl. z. B. den Bußgeldbescheid in ABl. 1969 Nr. L 192 S. 5 ff.

davon auszugehen ist, daß ihnen keine tragende Bedeutung — auch bezüglich der Höhe der finanziellen Verpflichtung — beigemessen wurde. Eine Verpflichtung des Erlaßorgans, auf substantiiertes Gegenvorbringen auch in der Begründung seiner Maßnahme ausdrücklich einzugehen, erscheint daher nicht als erforderlich. Der Gerichtshof hat sich damit zu Recht dieser Auffassung gegenüber ablehnend geäußert[385].

Wird mit einer Entscheidung das Bestehen einer Forderung geltend gemacht, deren Erfüllung verlangt wird[386], so muß sich aus der Begründung neben den Ausführungen zur tatsächlichen und rechtlichen Grundlage der Forderung eine genaue und aufgegliederte Berechnung aller Einzelposten der Forderung einschließlich des etwa angewendeten Zinssatzes, der Verzugszuschläge und des Zeitraums der Abrechnung ergeben[387]. Nur ein deutlicher Einblick in Berechnung und Zusammensetzung des geforderten Betrages läßt eine effektive Kontrolle durch den Betroffenen und den Gerichtshof zu. Bei Begründungen wie

„in Anbetracht dessen, daß ... (das Unternehmen) die geschuldeten Beträge nicht bezahlt hat"

und

„in Anbetracht dessen, daß die geschuldeten Beträge sich für den Zeitraum von ... bis ... auf ... belaufen"[388]

ist dies nicht der Fall.

Beruht die Festsetzung des Forderungsbetrages auf einer Schätzung[386], muß neben der Tatsache der Schätzung und deren tatsächlicher und rechtlicher Berechtigung auch angegeben werden, nach welchen Kriterien die Schätzung vorgenommen wurde[389]. Das Zustandekommen dieser Kriterien ist dagegen keine Angelegenheit der Begründung, sondern der sachlichen Richtigkeit, damit der materiellen Rechtsmäßigkeitsprüfung[390].

Daß eine eingehende und aufgegliederte Begründung gerade bei Entscheidungen, die finanzielle Verpflichtungen zum Inhalt haben, erfor-

---

[385] Vgl. zuletzt RsprGH 16, 693. Wenn der GH davon spricht, daß die Kommission nicht „auf alle von den einzelnen Beteiligten im Verwaltungsverfahren gemachten Sach- und Rechtsausführungen" eingehen muß, so stellt er in den folgenden Ausführungen klar, daß eine solche Pflicht auch nicht für einzelne Einwände besteht.

[386] Besondere Bedeutung hatten insofern die Beitragsfestsetzungen im Rahmen des Schrottausgleichsverfahrens.

[387] Vgl. RsprGH 4, 30; 4, 70; 9, 677; GA *Roemer* RsprGH 4, 105 f.; 11, 24 f.

[388] RsprGH 4, 29.

[389] s. hierzu RsprGH 12, 10; 12, 571 und insbesondere GA *Roemer* Rspr GH 11, 24, wo bei der ansonsten beispielhaften Begründung allerdings die Ungenauigkeit der Formulierung „volle Auslastung" übersehen wird.

[390] Sehr weit daher RsprGH 12, 571 bezüglich der Begründung des Prozentsatzes, zu dem nicht ausgleichspflichtiger Abfallschrott bei der Schätzung berücksichtigt wurde.

derlich, aber auch für das erlassende Organ selbst von Vorteil ist, wird von der Exekutive durchaus erkannt, wie die sehr exakte Begründung der Entscheidungen zeigt, um die es in der Rechtssache 108/63[391] ging.

6. Die Begründungspflicht bei fingierten und vermeintlich nicht zu begründenden Maßnahmen

a) Fiktion einer ablehnenden Entscheidung

Wie die nationalen Rechtsordnungen[392] kennt auch das europäische Gemeinschaftsrecht[393] die Fiktion einer ablehnenden Entscheidung bei pflichtwidriger Untätigkeit eines Organs während einer bestimmten Frist nach Beantragung einer Maßnahme.

Während der EGKSV in dieser Frage den Regelungen des nationalen Rechts folgt und gegen die fingierte Entscheidung die Nichtigkeitsklage zuläßt, gestatten die Verträge von Rom nur in einem Verfahren sui

---

[391] In der ersten Entscheidung, in der die Feststellung der ausgleichspflichtigen Schrottmenge getroffen wurde, führte die HB genauestens die rechtlichen Grundlagen an, stellte fest, ‚daß die Klägerin anläßlich einer Kontrolle durch die Inspektoren der Hohen Behörde genau bezeichnete Unterlagen nicht vorgelegt habe, woraus sich die Notwendigkeit einer Schätzung ihres Schrottverbrauchs ergebe. Bei der Schätzung sei ausgegangen worden vom Verbrauch elektrischer Energie, der zum Teil bestimmten Dokumenten entnommen werden konnte, zum Teil durch Extrapolation mit Hilfe der Buchführung der Klägerin über Elektrizitätsrechnungen festgestellt werden mußte. Aus dem Energieverbrauch sei nach einem von Sachverständigen festgelegten Schlüssel auf die Stahlerzeugung und daraus auf den notwendigen Schrotteinsatz (= Schrottverbrauch) geschlossen worden. Die so ermittelten Feststellungen seien kontrolliert und bestätigt worden durch Überlegungen, die sich auf die Erzeugungskapazität der Öfen der Klägerin stützten, wobei die Hohe Behörde nicht von deren voller Auslastung ausgegangen sei‘.
In der zweiten Entscheidung, dem Beitragsbescheid, führte die HB wiederum exakt die tragenden rechtlichen Bestimmungen an ‚unter besonderer Hervorhebung der allgemeinen Entscheidungen über den Schrottausgleich, in denen die Festlegung der vorläufigen Beitragssätze, der Währungsparitäten und der Zinsregelung enthalten sind, sowie schließlich der maßgeblichen Entscheidung Nr. 7/63‘. Hierauf führte sie aus: ‚Die Beitragsschuld der Klägerin ergebe sich daraus durch Multiplikation der in der ersten Entscheidung errechneten Schrottmengen mit den erwähnten Beitragssätzen für die einzelnen Abrechnungsperioden.‘ Vgl. RsprGH 11, 14 und besonders GA *Roemer* RsprGH 11, 24 f.

[392] Vgl. für Deutschland § 62 Abs. 3 GWB; für die Niederlande Art. 3 des Gesetzes vom 20. 6. 1963 über die Anfechtung von Verwaltungsverfügungen (abgedruckt bei *Ule*, Ausland, S. 346); für das französische Verwaltungsrecht s. *Becker*, Einfluß, S. 30; für das italienische Recht *Benvenuti* S. 175 und 186 (Art. 32 Abs. 2, 3 des italienischen Entwurfs eines Verwaltungsverfahrensgesetzes).

[393] Art. 35 EGKSV, der insbesondere dem französischen und italienischen Recht in seiner Bedeutung entspricht. Im deutschen Recht, das eine Verpflichtungsklage kennt, hat die Fiktion eines Verwaltungsakts weniger Bedeutung und kommt daher nur ausnahmsweise vor; vgl. auch § 75 VwGO.

generis die Klage auf Feststellung der Vertragsverletzung durch die Untätigkeit[394]. Die pflichtwidrige Untätigkeit wird nicht mehr als ablehnende Entscheidung fingiert, sondern nur als rechtswidriges Verhalten betrachtet.

Als in den Rechtssachen 7 und 9/54 bei einer fingiert ablehnenden Entscheidung nach Art. 88 EGKSV mit der Nichtigkeitsklage der Hohen Behörde die Verletzung der Begründungspflicht vorgeworfen wurde, sah sich der Gerichtshof veranlaßt, darauf hinzuweisen, daß die in Art. 88 EGKSV erwähnte Begründungspflicht nur die tatsächlich erlassene Entscheidung betrifft, nicht aber die fingierte Ablehnung des Erlasses einer solchen Maßnahme[395].

Eine Begründung ist in einer fingierten Entscheidung nicht enthalten[396], die damit im Falle der Zulässigkeit der Rüge der Begründungspflichtverletzung regelmäßig der Aufhebung ausgesetzt wäre. Hierin kann aber nicht der Sinn der Zulassung der Klage gegen derartige Maßnahmen liegen. Durch die Klagemöglichkeit soll vielmehr die Rechtmäßigkeit der Unterlassung einer Überprüfung zugänglich gemacht werden, die zu diesem Zweck einer tatsächlich erlassenen Maßnahme gleichgestellt wird.

Es wäre denkbar, auch die Begründung der Ablehnung in dem Sinn und Umfang zu fingieren, wie sie für einen tatsächlich erlassenen ablehnenden Rechtsakt in der Gestalt der fingierten Maßnahme erforderlich wäre[397]. Eine solche Fiktion erscheint jedoch nicht sinnvoll. Die Erkenntnis, welche Begründung für eine Ablehnung erforderlich wäre und damit fingiert werden müßte, setzt die Prüfung der materiellen Rechtmäßigkeit einer Ablehnung voraus. War die fingierte Ablehnung objektiv vertragswidrig, verliert eine Fiktion der Begründung des „erlassenden" Organs ihre Bedeutung. Wäre die fingierte Ablehnung auch als tatsächlich ergangene Maßnahme rechtmäßig, könnte die Abgabe einer Begründung zwar fingiert werden, die Fiktion wäre aber auch in diesem Fall ohne Bedeutung, denn ein Begründungsmangel käme nicht in Betracht. Die Prüfung der Vertragsmäßigkeit der fingierten Ablehnung durch den Gerichtshof erschöpft damit in vollem Umfang

---

394 Art. 175 EWGV, 148 EAGV.

395 RsprGH 2, 101. Die ausdrückliche Ablehnung des Erlasses einer Entscheidung unterliegt dagegen der Begründungspflicht; inexakt daher *le Tallec-Ehlermann* S. 150.

396 Der Begriff „Entscheidung" kann hier nur im engeren Sinn verstanden werden, wie sich aus dem folgenden ergibt.

397 So etwa im nationalen Recht für die Ermessenserwägungen bei Ermessensmaßnahmen Gem.K. Anm. 14 zu § 70 GWB, wobei die fingierte Ermessensausübung ebenfalls der gerichtlichen Überprüfung unterliegen soll. Der Begriff der Entscheidung wäre dann im weiteren Sinn zu verstehen, d. h. samt der Begründung.

die Erfordernisse des Rechtsschutzes gegenüber Maßnahmen dieser speziellen Art. Die Rüge der Begründungspflichtverletzung ist ausgeschlossen.

b) Der Erlaß einer vermeintlich nicht zu begründenden Maßnahme

Von der fingierten Entscheidung sind die Maßnahmen zu unterscheiden, die ebenfalls keine (oder keine ausreichende) Begründung enthalten, weil das Gemeinschaftsorgan der Auffassung war, eine Maßnahme zu erlassen, die der Begründungspflicht nicht unterliegt, während dies objektiv der Fall ist. Diese Möglichkeit ergibt sich daraus, daß für den Rechtscharakter einer Maßnahme deren Inhalt und nicht die ihr von dem Organ gegebene äußere Form maßgeblich ist. Aus dem Fehlen der Begründung kann daher nicht auf das Vorliegen einer nicht zu begründenden unverbindlichen Maßnahme geschlossen werden[398].

Richtet z. B. die Kommission an ein Unternehmen ein Schreiben, ohne es (ausreichend) zu begründen, da sie davon ausging, es handle sich um eine nicht der Begründungspflicht unterliegende unverbindliche Maßnahme, und stellt sich dieses Schreiben als Entscheidung dar, könnte sie der Gerichtshof wegen der objektiven Verletzung der Begründungspflicht für nichtig erklären, ohne in eine sachliche Prüfung eintreten zu müssen.

Für diese Entscheidung bestand — aus der Sicht der Kommission — keine Begründungspflicht. Der dem Erlaßorgan vorzuwerfende Fehler liegt nicht in einer Fehleinschätzung oder Vernachlässigung der Begründungspflicht, sondern in der rechtlichen Qualifizierung der Maßnahme. Zu erwägen ist, ob die „begründungspflichtfremde" Art der Ursache, die den Begründungsfehler zur Folge hatte, eine Nichtigerklärung wegen der Verletzung der wesentlichen Formvorschrift verhindern kann[399].

Eine sachliche Überprüfung der Rechtmäßigkeit des Aktes trotz Verstoßes gegen die Begründungspflicht, wie sie teilweise vorgeschlagen wird[939], wäre nur möglich, wenn der Gerichtshof die Prüfung der Vertragsverletzung vor der Prüfung der spezielleren Frage der Verletzung wesentlicher Formvorschriften vornimmt[400], oder indem bei einem Rechtsakt, der entgegen der Ansicht des Erlaßorgans zu begründen war, die Begründung im Sinne der erlassenen Maßnahme fingiert wird.

---

[398] Vgl. zuletzt RsprGH 16, 980 sowie die bildhafte Darstellung bei *Daig*, Handbuch, Anm. 1 d) zu Art. 190; a. A. aber GA *Lagrange* RsprGH 3, 243 bezüglich einer zu begründenden Stellungnahme.

[399] In dieser Richtung *NN* bei *Quadri u. a.* S. 1426.

[400] Hierfür ließen sich Beispiele anführen, wie etwa RsprGH 6, 735; 11, 556 ff.; 14, 416 f.

Die Prüfung der Vertragsverletzung vor der Prüfung der Verletzung wesentlicher Formvorschriften könnte zwar die Nichtigerklärung wegen unzureichender Begründung nicht verhindern, würde aber eine materielle Beurteilung durch den Gerichtshof ermöglichen. Der eigentliche Zweck der gewünschten[399] materiellen Prüfung liegt jedoch darin, die Aufhebung einer materiell nicht zu beanstandenden Maßnahme aus formellen Gründen zu vermeiden. Deshalb soll der Klagegrund der Verletzung wesentlicher Formvorschriften mit großer Vorsicht gebraucht werden, wenn er die Überprüfung des Inhalts der Maßnahme ausschließt[399]. Dieses Ziel läßt sich aber durch eine vorläufige Zurückstellung der Prüfung der Begründungspflicht nicht erreichen. Ihre vollständige Außerachtlassung aber kann nicht in Betracht kommen.

Empfiehlt es sich deshalb, die Begründung in dem für die Maßnahme erforderlichen Umfang zu fingieren? Eine solche Lösung würde zu dem untragbaren Ergebnis führen, daß einer Formvorschrift, der wesentlicher Einfluß auf die Gestaltung der Maßnahme und für den Rechtsschutz zukommt, in diesen Fällen als inexistent behandelt würde. Aus diesem Grund können auch nicht nach dem Grundsatz von Treu und Glauben an die Begründungen solcher „Rechtsakte wider Willen" mildere Anforderungen gestellt werden[401].

Inwieweit mit dieser Auffassung ein regelrechter circulus inextricabilis[402] verursacht würde, ist nicht ersichtlich. Nur weil es verständlich erscheint, daß derjenige, der eine nicht begründungspflichtige Maßnahme erlassen will, diese in aller Regel nicht ausreichend begründen wird? Die rechtliche Charakterisierung der Maßnahme ist ohne sachliche Prüfung ihrer Rechtmäßigkeit möglich, und von der subjektiven Einstellung des die Maßnahme erlassenden Organwalters sind Verwaltungsmaßnahmen unabhängig.

Die unausweichliche Folge der Nichtigerklärung wegen Begründungsmangels in den hier besprochenen Fällen ist keinesewgs untragbar, da sich dieses Problem im Verhältnis nichtbegründungspflichtiger Maßnahmen zu solchen Maßnahmen ergibt, die der Begründungspflicht unterliegen, d. h. im Verhältnis verbindlicher zu unverbindlichen Maßnahmen gemäß den Verträgen von Rom[403]. Von der Nichtigerklärung werden demnach Entscheidungen betroffen, denen nach Ansicht des erlassenden Organs nur unverbindliche Wirkungen zukommen sollten.

---

401 a. A. *Daig*, Handbuch, Anm. 1 d) zu Art. 190.
402 So aber *Quadri u. a.* S. 1426.
403 Art. 15 EGKSV unterwirft auch die unverbindlichen Stellungnahmen der Begründungspflicht.

7. *Rechtsakte sui generis*

Der Meinungsstreit um die Zulässigkeit von Rechtsakten sui generis kann heute als beigelegt betrachtet werden.

Gemäß Art. 173 EWGV bzw. 146 EAGV überwacht der Gerichtshof „die Rechtmäßigkeit des Handelns des Rates und der Kommission, soweit es sich nicht um Empfehlungen oder Stellungnahmen handelt". Da diese Bestimmungen Empfehlungen und Stellungnahmen als die nicht der Rechtskontrolle des Gerichtshofs unterliegenden Maßnahmen erwähnen, die verbindlichen Maßnahmen der Art. 189 EWGV bzw. 161 EAGV im Unterschied hierzu aber nicht ausdrücklich Erwähnung finden, sondern vom „Handeln des Rates und der Kommission" gesprochen wird, läßt sich der Schluß ziehen, daß diese verbindlichen Maßnahmen der genannten Vertragsartikel keine abschließende Enumeration darstellen.

Bei dieser Betrachtung ist nicht zu übersehen, daß der Erlaß einer der in den Verträgen genannten verbindlichen Rechtsakte nicht schon durch Formulierungen des Gemeinschaftsrechts wie „setzt fest", „regelt", „beschließt" etc.[404] ausgeschlossen ist, wie umgekehrt die Bezeichnung einer Maßnahme etwa als Beschluß nicht ausschließt, daß sie ihres Inhalts und ihrer Tragweite wegen als Entscheidung oder Verordnung zu charakterisieren ist.

Die Definition der verbindlichen Maßnahmen in Art. 189 EWGV bzw. 161 EAGV zeigt, daß sich diese einseitigen Rechtsakte an der Hoheitsgewalt der Gemeinschaft unterstehende, aber außerhalb des institutionellen Bereichs befindliche Rechtssubjekte wenden und diesen unmittelbar Rechte gewähren oder Pflichten auferlegen. Der weiteren Fassung der einer Rechtmäßigkeitskontrolle unterliegenden verbindlichen Maßnahmen in Art. 173 EWGV bzw. 146 EAGV ist zu entnehmen, daß auch außerhalb[405] des Rahmens der in Art. 189 EWGV bzw. 161 EAGV aufgezählten verbindlichen Maßnahmen ein Bedürfnis nach Rechtskontrolle besteht, weiterhin aber auch, daß solche verbindlichen Gemeinschaftsakte nicht in gleicher Weise wie die in Art. 189 EWGV bzw. 161 EAGV erwähnten Maßnahmen außerhalb des institutionellen Bereichs der Gemeinschaftfen befindliche Personen betreffen. Damit ist der Bereich der Rechtsakte sui generis eingegrenzt.

---

[404] Vgl. etwa Art. 20 Abs. 3, 43 Abs. 3, 153, 227 Abs. 2 EWGV; *Rabe* S. 47 und *Daig* AöR 1958, 166 f. m. w. N.

[405] Umfangreiche Beispiele bei *Daig*, Handbuch, Anm. III 3. vor Art. 189 ff.; *Rabe* S. 47, 49 ff.

Die Enumeration der verbindlichen Maßnahmen der Art. 189 EWGV bzw. 161 EAGV ist folglich insoweit als abschließend[406] zu betrachten, als es den Erlaß von Maßnahmen mit deren Charakterisierung betrifft. Diese Folgerung ist auch aus Rechtsschutzgründen erforderlich, da das Rechtsschutzsystem der Art. 172 ff. EWGV bzw. 146 ff. EAGV auf der Gliederung der in Art. 189 EWGV bzw. 161 EAGV definierten Maßnahmen aufbaut und der Rechtsschutz nicht durch die Wahl eines dort nicht erwähnten, unmittelbar verbindlichen Rechtsaktes eingeschränkt werden darf[407].

Aus der mangelnden unmittelbaren Außenwirkung der Rechtsakte sui generis läßt sich keineswegs auf die Verzichtbarkeit der Begründungspflicht schließen. Der Hinweis auf die fehlende Erwähnung in Art. 190 EWGV bzw. 162 EAGV[408] ist ein allzu formelles Argument.

Auch der Gerichtshof hat in einer seiner neuesten Entscheidungen die grundsätzliche Begründungspflicht für einen Rechtsakt sui generis (Beschluß des Rates) anerkannt, in der er ausführt:

> „Hat die Kommission an einer Beratung des Rates teilgenommen, so kann sie sich gegenüber dem darin ergangenen Beschluß nicht auf die in Art. 190 für Verordnungen, Richtlinien und Entscheidungen vorgesehene Begründungspflicht berufen[409].“

sowie

> „Die Kommission macht schließlich noch geltend, der angefochtene Beschluß enthalte weder die Angabe einer Rechtsgrundlage noch eine Begründung. Diese in Art. 190 für Verordnungen, Richtlinien und Entscheidungen aufgestellten Erfordernisse können indessen nicht auf Rechtsakte so besonderer Art wie den Beschluß vom 20. März 1970 ausgedehnt werden. Denn die Kommission hat schon durch ihre Teilnahme an den Arbeiten des Rates alle Rechtsgarantien erlangt, die Art. 190 den Dritten sichern soll, die durch die von ihm aufgeführten Rechtsakte betroffen werden[410].“

Der Gerichtshof glaubte zwar, die Begründungspflicht im konkreten Fall nicht auf den Beschluß des Rates ausdehnen zu können, der auf der Tagung des Rates vom 20. 3. 1970 nach einem Gedankenaustausch zwischen seinen Mitgliedern und dem Vertreter der Kommission in Form von Beratungsergebnissen zustande kam und die von den Regierungen der Mitgliedstaaten in den entscheidenden Verhandlungen über das AETR[411] einzunehmende Haltung betraf. Durch seine hierfür

---

[406] Ungenau *Daig*, Handbuch, Anm. III 2 c) vor Art. 189 ff.; zutreffend *Rabe* S. 48.

[407] RsprGH 17, 264(Ls. 3), 277; *Glaesner* DÖV 59, 656; *Fikentscher* SEW 64, 295; *Rabe* S. 48.

[408] *le Tallec-Ehlermann* S. 154.

[409] RsprGH 17, 264 Ls. 8.

[410] RsprGH 17, 282 f.

[411] „Europäisches Übereinkommen über die Arbeit der im internationalen Straßenverkehr beschäftigten Fahrzeugbesatzungen.“

gegebene Begründung, daß die Kommission durch ihre Teilnahme an den Arbeiten des Rates ihren Standpunkt ausreichend habe vertreten können und keiner Information mehr bedürfe, erkannte er aber die Erforderlichkeit der Begründung im Prinzip an[412].

Die Tatsache, daß Rechtsakte sui generis für der Gemeinschaft unterworfene Rechtssubjekte nicht unmittelbar Rechtsfolgen nach sich ziehen, läßt eine Begründungspflicht für diesen Personenkreis weniger dringlich erscheinen. Die erwähnte Unterworfenheit der verbindlichen Rechtsakte sui generis unter die Rechtmäßigkeitskontrolle des Gerichtshofs läßt jedoch für diesen aus Gründen der Ermöglichung bzw. Verbesserung seiner Kontrolltätigkeit sowie für die Adressaten zur Effektivierung der Klagemöglichkeit[413] eine Begründung auch bei diesen, nicht ausdrücklich der Begründungspflicht unterworfenen Maßnahmen als dienlich erscheinen. Zudem gilt auch bei diesen Rechtsakten, daß die Gemeinschaftsorgane durch das Erfordernis der Begründung zur Sorgfalt angehalten werden.

Verbindliche Rechtsakte sui generis sind demnach im Gemeinschaftsrecht möglich[414] und entsprechend den sonstigen verbindlichen Maßnahmen der Gemeinschaftsorgane prinzipiell der Pflicht zur Begründung zu unterwerfen.

Teil 2: Auswirkungen der Art der Maßnahme oder des Adressaten auf die Begründungspflicht

Neben der inhaltlichen Unterschiedlichkeit der Gemeinschaftsakte kann auch deren funktionelle Unterschiedlichkeit zu einer Differenzierung der Anforderungen an die Begründung und deren Gestaltung führen. Die gleichförmige Forderung einer Begründung für Verordnungen, Richtlinien und Entscheidungen in den Gemeinschaftsverträgen[415] soll nicht zur Kongruenz der Darstellung der Gründe führen, sie läßt vielmehr eine Gestaltung der Begründung zu, die der Eigenart der Maßnahmen gerecht wird[416].

---

[412] Der GH ging mit seinen Ausführungen in dieser Entscheidung von einem zu engen Zweckverständnis der Begründungspflicht aus (Information eines Klagebefugten). Abzulehnen ist daneben die in seiner Begründung zum Ausdruck kommende Anerkennung der Nichtangabe von Bekanntem, s. o. C IV § 1 3 d); vgl. auch die Rügen der Kommission: RsprGH 17, 273 und 285.

[413] Zur Klagebefugnis der Mitgliedstaaten, des Rates und der Kommission s. Art. 33 Abs. 1 EGKSV, Art. 173 Abs. 1 EWGV, Art. 146 Abs. 1 EAGV.

[414] Ablehnend noch GA *Roemer* RsprGH 4, 107; *Fuß* und *Burkhard* EuR 1967, 232; zweifelnd *le Tallec-Ehlermann* S. 154; zustimmend *Maas* S. 10; *Everling* BB 1960, 569; *Fikentscher* SEW 1964, 295; *Glaesner* DÖV 1959, 656; *Daig* AöR 1958, 166 f. sowie die neuere Entscheidung des GH in der Rs. 22/70 RsprGH 17, 264 (Ls. 3), 277.

[415] Art. 15 EGKSV Art. 190 EWGV; Art. 162 EAGV; die unterschiedliche Terminologie des EGKSV ist dabei ohne Belang.

[416] Das verkennt *Bülow* S. 278.

Während sich die Richtlinien nach den Verträgen von Rom lediglich an Mitgliedstaaten wenden[417], besteht für die ihnen entsprechenden Empfehlungen des EGKSV[418] diese Beschränkung nicht. (Individuelle) Entscheidungen können sich nach allen Gemeinschaftsverträgen sowohl an Mitgliedstaaten als auch an Unternehmen oder Einzelpersonen wenden. Auch aus der Person des Destinatars könnten sich demnach möglicherweise Folgerungen für die Begründungspflicht ergeben.

1. Maßgeblichkeit der Adressaten

a) Beteiligung an der Ausarbeitung einer Maßnahme

Eine Reduzierung der Anforderungen an die Begründung einer Maßnahme gegenüber einem Mitgliedstaat wird zum Teil aus einem verringerten Informationsbedürfnis hergeleitet,

> „weil in langen Verhandlungen, schriftlich und mündlich, alle Erwägungen ausgetauscht worden sind und der Inhalt der Begründungen schließlich und endlich für den empfangenden Staat nichts Neues darstellt“[419].

Eine solche Beteiligung an der Ausarbeitung stellt selbst gegenüber einer umfangreichen Gewährung rechtlichen Gehörs im Verwaltungsverfahren eine Besonderheit dar. Eine Übertragung dieser Erwägungen auf Maßnahmen gegenüber Unternehmen ist damit kaum möglich. Die Gefahr der Unsicherheit durch die Schwierigkeit einer Abgrenzung innerhalb des Adressatenkreises ergäbe sich nicht. Auswirkungen auf die Gestaltung der Begründung einer Maßnahme gegenüber einem Mitgliedstaat ließen sich aus diesen Überlegungen jedoch nur ableiten, falls eine Maßnahme allein den Mitgliedstaat betrifft und die Information des Adressaten aus Rechtsschutzgründen der einzige oder der allein ausschlaggebende Zweck der Begründungspflicht wäre[420].

b) Bessere Informationsmöglichkeiten

Auch die besseren Aufklärungsmöglichkeiten eines Mitgliedstaates durch seine organisierte Verwaltung[421], der Zugang zu statistischen und

---

[417] Art. 189 Abs. 3 EWGV; Art. 161 Abs. 3 EAGV.

[418] Art. 14 Abs. 3 EGKSV.

[419] *Ipsen* KSE Bd. 1, 510; ebenso *Thierfelder* S. 31 sowie die Kommission, vgl. RsprGH 9, 166; 9, 299; s. dagegen GH *Roemer* RsprGH 9, 167; GA *Gand* RsprGH 11, 1178; zum Teil wird für eine besonders ausführliche Begründung das größere Gewicht dieser Entscheidungen angeführt: KSE Bd. 1, 514 (unbekannter Sprecher); GA *Roemer* RsprGH 6, 735 für eine Entscheidung nach Art. 88 EGKSV.

[420] Beachte hierbei RsprGH 16, 825, 838.

[421] *Ipsen* KSE Bd. 1, 510.

sonstigen Mitteln, der dem einzelnen verwehrt ist, vermag eine Differenzierung der Begründungspflicht bei Maßnahmen gegenüber Mitgliedstaaten nicht zu rechtfertigen. Abgesehen von den nicht zu unterschätzenden Informationsmöglichkeiten bedeutender Wirtschaftsunternehmen und Konzerne spricht gegen eine solche Differenzierung insbesondere der Sinn der Begründung, die ja gerade eine beschwerliche Aufklärung hinsichtlich der Ursachen und Rechtmäßigkeit einer Maßnahme möglichst überflüssig machen soll.

c) Größere Sachkenntnis

Ähnliches gilt für eine Differenzierung nach dem Umfang der bei dem Adressaten zu veranschlagenden Sachkenntnis. Allerdings bedürfen Begründungen von Entscheidungen, die sich lediglich an Sachkundige wenden, keiner Erwähnung von Tatsachen und Erwägungen, die für diesen Personenkreis offenkundig sind und deren Berücksichtigung für den Erlaß der Maßnahme außer Zweifel steht[422]. Nur bei derartiger Eindeutigkeit kann eine Einschränkung bzw. Anpassung der Anforderungen an die Begründung befürwortet werden[423]. Das Interesse etwaiger wirtschaftlich Betroffener muß aber auch bei der Abfassung der Begründung einer Maßnahme beachtet werden, die sich an einen sachkundigen Adressaten wendet; eine allenfalls noch für Eingeweihte verständliche Begründung kann nicht gebilligt werden[424].

Die Information des Betroffenen zur Effektivierung des Rechtsschutzes ist sicherlich ein wichtiges Ziel der Begründungspflicht. Wenn vom Gesichtspunkt dieses Zweckes aus wegen eines geringeren Informationsbedürfnisses eine Reduzierung der Anforderungen an die Begründung möglich erscheint, so darf aber nicht übersehen werden, daß das Zweckverständnis der Begründungspflicht nicht aufgegliedert, sondern nur als Komplex, unter Berücksichtigung der den Einzelzwecken gemeinsamen rechtsstaatlichen Grundlage zu einer Einschränkung der Anforderungen an den Inhalt einer Begründung führen kann. Die Aufbesserung des Wissensstandes des Gerichtshofs, die Ermöglichung bzw. Verbesserung der Überprüfbarkeit der den Erlaß einer Maßnahme tragenden Umstände und Erwägungen und außerdem die den Rechtsschutz verstärkende Funktion der Selbstkontrolle dürfen nicht vernachlässigt werden. Der Zweck der Selbstkontrolle, die Sicherung der Vertragsmäßigkeit des Organhandelns und des Vertrauens hierauf, wird nur in geringem Umfang durch den Beitrag des Adressaten zum Erlaß

---

[422] RsprGH 11, 1167.
[423] Vgl. o. C IV § 1 3 d).
[424] Zutreffend *Bülow* S. 278.

der an ihn gerichteten Maßnahme ersetzt[425]. Der Gerichtshof ist jedenfalls in erster Linie auf die Begründung angewiesen, wenn eine solche Maßnahme (inzident[420]) angegriffen wird. Er sollte sich daher auch zukünftig möglichen Bestrebungen nach einer an den Adressaten einer Maßnahme ausgerichteten Differenzierung des erforderlichen Inhalts einer Begründung verschließen[426]. Trotz der dargestellten Unterschiedlichkeiten wird man hierin vom Zweckverständnis der Begründungspflicht aus keine unsachgemäße Gleichmacherei sehen können.

2. *Maßgeblichkeit der Art der Maßnahme*

Die dargelegten Mindestanforderungen an eine Begründung und die Möglichkeiten der Erleichterung bei ihrer Gestaltung haben uneingeschränkte Geltung für individuelle Entscheidungen der Gemeinschaftsorgane. Ob die Eigenart der Verordnungen und Richtlinien zu einer Variation oder Anpassung des erforderlichen Begründungsinhalts führt, ist Gegenstand der folgenden Untersuchungen.

a) Begründungspflicht bei unverbindlichen Maßnahmen nach den Verträgen von Rom

Zunächst soll jedoch auf die Begründungspflicht bei den unverbindlichen Stellungnahmen und den Empfehlungen gemäß den Verträgen von Rom eingegangen werden. Ein Zwang zur Begründung von Stellungnahmen besteht generell nur nach dem EGKSV[427]. Die Verträge von Rom sehen eine solche Pflicht nur in Ausnahmefällen vor[428].

Ob aus dieser Einschränkung der Begründungspflicht die Folgerung gezogen werden kann, daß unverbindliche Maßnahmen nach dem EWGV und dem EAGV keiner Begründung bedürften[429], erscheint sehr fraglich. Der Wortlaut der einschlägigen Vertragsnormen läßt nur die vertragliche Pflicht zur Begründung entfallen. Auch ohne eine ausdrückliche Verpflichtung kann sich die Begründung einer unverbindlichen Maßnahme aber als nötig oder zumindest wünschenswert erweisen.

---

425 Für das Erlaßorgan empfiehlt sich eine Angabe der tragenden Gründe auch im eigenen Interesse, um einen möglichen Streit darüber zu vermeiden, in welchem Umfang Meinungen und Erwägungen ausgetauscht wurden, sachliche Kenntnisse des Adressaten vorausgesetzt werden durften oder Informationsmöglichkeiten bestanden.

426 Vgl. aber *Ipsen* KSE Bd. 1, 511.

427 Art. 15 Abs. 1 EGKSV.

428 Vgl. Art. 190 EWGV; 162 EAGV einerseits und Art. 169, 170 EWGV, Art. 141, 142 EAGV andererseits; zu letzerem s. o. Teil B II 1 e).

429 In diesem Sinn *Fuß* und *Burkhard* EuR 1967, 237.

Unverbindliche Maßnahmen stellen häufig nur die Vorstufe einer möglichen verbindlichen Maßnahme dar[430], deren Erlaß durch die unverbindliche Maßnahme für den Fall des Unterbleibens des in ihr gewünschten, vertragskonformen Verhaltens quasi angekündigt wird. Die unverbindliche Maßnahme will die Beilegung eines vertragswidrigen Zustands oder Verhaltens auf gütlichem Wege, ohne Zwang erreichen; sie appelliert an die Einsicht des der Gemeinschaftsgewalt unterstehenden Adressaten.

Andere unverbindliche Maßnahmen beschäftigen sich mit geplanten Vorhaben, nehmen nach umfassender Prüfung zu Anträgen befürwortend oder ablehnend Stellung[431], was für die betroffenen oder wirtschaftlich sich in gleicher Situation befindlichen Unternehmen von entscheidender Bedeutung sein kann.

Alle diese unverbindlichen Maßnahmen können ihr Ziel nur erreichen, wenn sie Überzeugungskraft besitzen, was sich am besten und eindrucksvollsten durch eine exakte Begründung erreichen läßt, die eingehend darlegt, aus welchen Erwägungen die Stellungnahme oder Empfehlung abgegeben wurde oder warum eine Stellungnahme positiv oder negativ ausgefallen ist.

Im praktischen Verwaltungsablauf wird sich die fehlende Pflicht zur Begründung unverbindlicher Maßnahmen nach den Verträgen von Rom daher kaum auswirken[432]. An die Stelle einer ausdrücklichen Pflicht, eines Formerfordernisses, tritt die aus dem Verantwortungsbewußtsein und dem Wunsch nach Erreichung des jeweiligen Handlungsziels sich ergebende Erkenntnis der Notwendigkeit einer Begründung ohne vertraglichen Zwang.

b) Die Begründungspflicht bei Verordnungen

Eine Äußerung oder Andeutung bezüglich der Erfüllung der Begründungspflicht bei Verordnungen oder den ihnen entsprechenden allgemeinen Entscheidungen des EGKSV läßt sich den Gemeinschaftsverträgen infolge ihrer generellen Enthaltung zur Frage der Erfüllung der Begründungspflicht nicht entnehmen.

---

[430] Vgl. das bereits erwähnte unverbindliche Auskunftsverlangen gemäß Art. 11 Abs. 3 VO Nr. 17/62.

[431] Vgl. die Stellungnahme der Kommission zu Darlehens- oder Bürgschaftsanträgen nach Art. 21 des Protokolls über die Satzung der Europäischen Investitionsbank (BGBl. 1957 II S. 964 und 1965 II S. 1453).

[432] Vgl. GA *Roemer* RsprGH 13, 147; ebenso *Hanebuth* S. 217 Fn. 151; a. A. z. B. *Rivalta* S. 161, 192 für das italienische Recht wegen der fehlenden gerichtlichen Kontrolle.

aa) Äußerungen in der Rechtsprechung

Als zum ersten Mal zur Frage der Begründungspflicht bei normativem Handeln der Hohen Behörde Stellung zu nehmen war, konnte sich der Gerichtshof einer Klärung dieser Frage wegen der verspäteten Geltendmachung der Rüge entziehen[433]. Diese Möglichkeit bestand bei den folgenden Rechtssachen, bei denen es um eine zureichende Begründung allgemeiner Entscheidungen ging, nicht mehr. Der Gerichtshof verwies zunächst auf die fehlenden Anhaltspunkte im EGKSV, ließ aber keinen Zweifel daran, daß die Begründungspflicht auch bei Rechtsnormen nicht vernachlässigt werden darf[434]. Er verlangte die Angabe der wesentlichen tatsächlichen Feststellungen, die die Maßnahme tragen, und lehnte eine Pflicht zur Wiedergabe und Widerlegung abweichender Meinungen ab[435].

Nachdem er in der Rechtssache 2/56 den Weg für eine Gesamtbegründung bei umfangreichen Maßnahmen geebnet hatte[436], betonte er in der Rechtssache 18/62[437], daß die Begründungspflicht verschieden weit gehe,

> „je nachdem, ob es sich um allgemeine Entscheidungen mit Verordnungscharakter oder um Entscheidungen ohne diesen Charakter handelt"

und daß

> „für einzelne Bestimmungen, die klar sind und sich ohne Schwierigkeiten in das Gesamtsystem einfügen, keine besondere Begründung zu geben"

ist. Generalanwalt *Lagrange* hatte diese Äußerung zur unterschiedlichen Reichweite der Begründungspflicht mit den etwas umfangreicheren Bemerkungen vorbereitet:

> „Die an die Begründung zu stellenden Anforderungen sind selbstverständlich je nach der Art der Entscheidung verschieden[438]. Bei Verordnungen geht es im wesentlichen darum, in allgemeiner Form die angestrebten Ziele, die tragenden Gründe und die Grundzüge der getroffenen Regelung anzugeben; dagegen ist es nicht erforderlich, die einzelnen Bestimmungen zu erläutern, soweit diese aus sich heraus verständlich sind und sich harmonisch in die Gesamtregelung einfügen[439]."

Die Anpassung der Begründungspflicht an die Rechtsnatur der Maßnahme und die aus der Allgemeinheit der Regelung der Ver-

---

[433] RsprGH 1, 108. Zu einer Prüfung der Begründungspflichtverletzung von Amts wegen ging der GH erst später über, vgl. u. Teil D III.

[434] Rspr. 1, 208.

[435] RsprGH 1, 232.

[436] RsprGH 3, 37; s. auch GA *Roemer* RsprGH 3, 56.

[437] RsprGH 9, 602.

[438] So schon RsprGH 6, 943; vgl. auch GA *Gand* RsprGH 11, 1176 und 14, 160.

[439] RsprGH 9, 613.

ordnungen und allgemeinen Entscheidungen resultierende weniger ins Detail gehende Begründung dieser Maßnahmen stellt einen festen Bestandteil der Rechtsprechung dar. So führte Generalanwalt *Roemer* im Rahmen der Schrottausgleichsentscheidungen aus, daß

> „nach zutreffender Ansicht für allgemeine Entscheidungen nicht verlangt werden kann, daß jeder in ihnen enthaltene Rechnungsposten eines umfangreichen Rechenwerkes mit Einzelkommentaren versehen wird, was darauf hinauslaufen würde, eine Begründung für eine Begründung zu geben“[440].

Ganz ähnlich äußerte der Gerichtshof in einer späteren Rechtssache:

> „Die an die Begründung der allgemeinen Entscheidungen über den Preisausgleich zu stellenden Anforderungen umfassen nicht die Verpflichtung, alle Kontrollergebnisse im einzelnen wiederzugeben[441].“

Über eine solche negative Abgrenzung des Begründungsinhalts durch Bemerkungen hinsichtlich dessen, was in der Begründung einer Verordnung nicht enthalten sein muß hinaus, geben die Aussagen des Gerichtshofs in der Rechtssache 5/67 Auskunft über die Anforderungen, die er an die Begründung allgemeiner Entscheidungen bzw. Verordnungen stellt:

> „Der Umfang der in Art. 190 festgelegten Begründungspflicht hängt von der Rechtsnatur der in Betracht kommenden Maßnahme ab. Die Begründung einer solchen Maßnahme (gemeint ist die angefochtene Verordnung) kann sich darauf beschränken, die Gesamtlage anzugeben, die zum Erlaß der Maßnahme geführt hat, und die allgemeinen Ziele zu bezeichnen, die mit ihr erreicht werden sollen. Daher kann nicht verlangt werden, daß sie die mitunter zahlreichen und weit verzweigten tatsächlichen Umstände im einzelnen anführt, auf deren Grundlage die Verordnung ergangen ist und noch weniger, daß sie diese Umstände mehr oder weniger vollständig würdigt[442].“

Die verschiedenen Äußerungen des Gerichtshofs und der Generalanwälte deuten zu Recht darauf hin, daß auch bei Verordnungen und allgemeinen Entscheidungen von den oben dargestellten Grundsätzen bei der Abfassung der Begründung auszugehen sein wird[443], daß aber gewisse Änderungen, bedingt durch die generelle Natur der Maßnahmen, erforderlich sind.

bb) Bedeutung der Funktion der Verordnungen

Vor weiteren Untersuchungen muß zunächst auf die differierenden Funktionen hingewiesen werden, die Verordnungen wahrnehmen.

---

[440] RsprGH 11, 25.
[441] RsprGH 12, 50.
[442] RsprGH 14, 144.
[443] Vgl. im einzelnen mit den obigen Ausführungen *NN* bei *Quadri u. a.* S. 1425; *Louis* S. 32.

Infolge der untergeordneten Bedeutung des Parlaments in den europäischen Gemeinschaften muß die Aufgabe der parlamentarischen Gesetzgebung im europäischen Recht der Kommission oder dem Rat zufallen, die sie durch den Erlaß von Verordnungen erfüllen. Darüber hinaus dient diese Form von Maßnahmen spezifischen Aufgaben der Exekutive.

In diesem Zusammenhang haben die Gemeinschaftsverträge unterschiedliche Regelungen getroffen. Während nach dem EGKSV die Hohe Behörde, d. h. die jetzige gemeinsame Kommission, sowohl die Aufgaben der Exekutive wahrnimmt als auch im wesentlichen die Rechtsetzungsbefugnisse innehat[444], sind in den Verträgen von Rom die legislativen Befugnisse im Sinne der Gemeinschaftsverträge grundsätzlich dem Rat zugewiesen, während die Kommission hinsichtlich des Erlasses von Verordnungen generell[445] auf eine ausführende Tätigkeit beschränkt ist. Diese differierende Funktion von gemeinschaftsrechtlichen „Quasigesetzen"[446] einerseits und Ausführungsverordnungen auf der anderen Seite kann auch für das formelle Recht nicht unberücksichtigt bleiben.

Quasilegislatorische Verordnungen ergehen entsprechend den Gesetzen des nationalen Rechts in einem weitgehenden politisch-ermessensmäßigen Spielraum, der den Erlaßorganen eine über den administrativen Ermessensbereich bei Ausführungsverordnungen hinausgehende Entscheidungsfreiheit einräumt. Wenn auch Ermessensmaßnahmen nicht von der Begründungspflicht befreit sind, sondern eine besonders eingehende Begründung erfordern, so erhalten quasilegislatorische Verordnungen durch ihren politischen Charakter eine spezifische Note, die eine Übertragung der Erwägungen zur Begründungspflicht bei Ermessensentscheidungen nicht unbesehen zuläßt. Politische Entscheidungen zu treffen ist ausschließlich den politische Verantwortung tragenden Organen vorbehalten. Ähnlich wie bei Ermessensentscheidungen ergibt sich aus der nicht notwendigerweise gegebenen Identität politischer und juristischer Richtigkeit eine auf die mißbräuchliche Ausnutzung einer Kompetenz bzw. die Einhaltung der vertraglichen Ziele und Schranken bezogene Überprüfbarkeit, andererseits ist ein dennoch bestehendes Interesse an der Kenntnis der tragenden politischen Erwägungen für den Erlaß einer solchen Maßnahme nicht bestreitbar.

---

444 Vgl. *König* S. 951; *Rabe* S. 64 ff.; *Fuß*, Rechtsstaatsgedanke, S. 22 m. w. N.

445 s. hierzu *Rabe* S. 105 ff. Auf ihr umfangreiches Initiativrecht wurde bereits o. S. 45 f. hingewiesen.

446 Zu den einzelnen Wortprägungen bezüglich Verordnungen mit legislatorischer Funktion s. *Ehle* Anm. 19 zu Art. 189.

Quasilegislatorische Verordnungen als weitgehend politisch geprägte Maßnahmen[447] beruhen in weit größerem Umfang als Ermessensentscheidungen auf rechtlich nicht bewertbaren Erwägungen. Die Bedeutung der Begründungspflicht für die Darlegung einer Vertragsverletzung und insbesondere eines Ermessensmißbrauchs ist daher bei diesen Gemeinschaftsmaßnahmen notwendigerweise geringer[448]. Ähnlich wie bei Ermessensmaßnahmen soll aber die Begründung auch bei politisch geprägten Maßnahmen das Verständnis für die getroffenen Entscheidungen ermöglichen und erweitern. Die Begründung dient damit der Stärkung des Vertrauens in die Rechtmäßigkeit des Handelns der Gemeinschaftsorgane, in die Verfolgung gemeinschaftsbezogener Ziele und erlangt Bedeutung für die Auslegung und Anwendung des Gemeinschaftsrechts. In diesem Zusammenhang ist auf eine spezielle Funktion dieser Bedeutung der Begründung hinzuweisen.

Gesetze im nationalen Recht unterliegen keiner Begründungspflicht und bedürfen ihrer auch nicht[449]. Sie können sich vom Willen des Gesetzgebers loslösen, der mit ihnen verfolgte Zweck, das sie veranlassende Ziel, kann sich ändern.

Im europäischen Recht ist dagegen eine solche Objektivierung weit weniger möglich. Die Zielrichtung einer quasilegislatorischen Maßnahme wird von dem ermächtigenden Vertrag bestimmt, die Maßnahme selbst von dem mit ihr konkret verfolgten Ziel geprägt, wobei die Zielfestlegung dem Erlaßorgan vorbehalten ist und das von diesem verfolgte Ziel als politische Entscheidung bei der Anwendung und Auslegung der Norm zu beachten ist. Die Begründung als Ausdruck der subjektiven Motivation des Erlaßorgans ermöglicht oder erleichtert daher nicht nur das Verständnis und die Auslegung der Maßnahme, sondern trägt als sie ständig begleitender Teil dazu bei, der Maßnahme ihren spezifischen Charakter zu verleihen, und verhindert somit auch eine Verdrängung, Ersetzung oder Änderung der mit ihr verfolgten Ziele, damit eine dem nationalen Recht entsprechende Objektivierbarkeit der Maßnahme unabhängig vom Willen des Erlaßorgans.

Läßt der politische Charakter dieser Maßnahmen die Bedeutung der dargestellten Zwecke der Begründungspflicht etwas zurückgedrängt erscheinen, so gewinnt andererseits die Begründungspflicht bei gemein-

---

[447] Vgl. Art. 50, 53, 58, 60, 61, 65, 66 EGKSV; 42, 43, 49, 51, 79, 87 EWGV.

[448] a. A. *Quadri u. a.* S. 1423; zum Ausschluß der Kontrolle politischer Entscheidungen s. auch o. C IV § 2 2 a) aa); wie hier für das italienische Recht *Rivalta* S. 184, 174 Fn. 40 m. w. N.

[449] Der Information dient hier die Veröffentlichung von vorbereitenden Arbeiten bzw. Parlamentsdebatten. Eine Begründung einer Gesetzesvorlage ist damit nicht ausgeschlossen. s. in diesem Zusammenhang auch o. Teil A VI 3 c).

schaftsrechtlichen „Quasigesetzen“ dadurch wieder an Gewicht, daß die Gemeinschaftsorgane bei ihrem Erlaß im Verhältnis zum Gesetzgeber der Mitgliedstaaten, der außer der Achtung der Verfassung bei seiner gesetzgebenden Tätigkeit frei von Bindungen ist, relativ engen Bindungen unterliegen[450]. Im Gemeinschaftsrecht gilt das Prinzip der Einzelermächtigung[451], d. h. die Organe handeln nach Maßgabe der ihnen in den Verträgen zugewiesenen Befugnisse im Sinne der jeweiligen Vertragsziele, ohne daß eine generelle Ermächtigungsnorm existiert. Diese Bindung der Gemeinschaftsorgane darf allerdings auch nicht überschätzt werden; sie kann nicht mit der Bindung verglichen werden, der die Gemeinschaftsorgane beim Erlaß individueller Entscheidungen unterliegen und die ihnen die Möglichkeit nehmen würde, die Aufgaben der quasilegislatorischen Normierung im Sinne der Vertragsziele wirksam auszuüben. Der Unterschied zwischen quasilegislatorischer und administrativer Tätigkeit darf nicht verwischt werden.

Trotz dieses nicht zu übersehenden unterschiedlichen Bindungsgrades stellt die Bindung der Gemeinschaftsorgane bei der gesetzesähnlichen Rechtsetzung nicht nur eine Rahmenbegrenzung ohne weitere Auswirkungen dar. Vielmehr läßt sie zusammen mit der ebenfalls im Gegensatz zum nationalen Recht stehenden generellen Unterwerfung der Normen unter die gerichtliche Rechtskontrolle die Begründungspflicht gerade auch bei politisch-ermessensmäßigen Maßnahmen Einfluß gewinnen. Die Bindung an Ermächtigungsnormen erfordert die Prüfung, ob deren Voraussetzungen zum Tätigwerden vorliegen bzw. ob sie beachtet wurden[452]. Hieraus ergibt sich aber, daß das Zweckverständnis der Begründungspflicht auch bei quasilegislatorischen Akten nicht ohne Bedeutung ist.

cc) Der Einfluß der Zwecke der Begründungspflicht

Von Wichtigkeit ist insbesondere der die anderen Funktionen der Begründungspflicht begünstigende Zweck der Eigenkontrolle. Gerade der große Wirkungsbereich dieser in allen Mitgliedstaaten unmittelbar geltenden Maßnahmen erfordert den Zwang zur sorgfältigen Prüfung des Vorliegens der Handlungsvoraussetzungen und der Er-

---

450 Vgl. *Ehle* Anm. 18, 24 zu Art. 189; *Steindorff*, Rechtsschutz, S. 74; *Quadri u. a.* S. 1423; Auch deshalb können sich die VOen nicht wie Gesetze im nationalen Recht von den sie veranlassenden Umständen völlig lösen.

451 Art. 4, 189 EWGV; Art. 3, 161 EAGV; Art. 5 EGKSV.

452 Aus diesem Grund läßt sich die Kontrolle der Normen im europäischen Recht nicht mit der Kontrolle der Vereinbarkeit von Normen mit übergeordneten Normen im nationalen Recht gleichsetzen. Der ermächtigenden Norm kommt nicht nur limitierende, sondern auch ermächtigende Bedeutung zu.

reichung bzw. Förderung der jeweils relevanten Vertragsziele. Die Vornahme einer derartigen Prüfung und damit die Erfüllung dieses Zwecks der Begründungspflicht wird manifestiert durch die Darlegung des Vorliegens etwaiger Handlungsvoraussetzungen und die Wiedergabe der verfolgten Ziele sowie der großen Linien der politischen Zweckmäßigkeitserwägungen, die die getroffene Regelung tragen[453].

Diese Angaben erfüllen auch in angemessenem Umfang das Informationsinteresse der Mitgliedstaaten und des Europäischen Parlaments.

Neben der generellen Klagebefugnis der Mitgliedstaaten gegenüber den in ihrem Rechtsbereich unmittelbar geltenden Verordnungen sind nach Art. 33 Abs. 2 EGKSV auch Unternehmen zur direkten Anfechtung allgemeiner Entscheidungen mit der Begründung berechtigt, daß diese ihrer Meinung nach ihnen gegenüber einen Ermessensmißbrauch darstellen. Die Ermöglichung des Nachweises eines Ermessensmißbrauchs könnte eine ausführlichere Begründung dieser Akte verlangen. Diese Klagemöglichkeit kann jedoch infolge der subjektiven Prägung des Ermessensmißbrauchs, der weiten Befugnisse des Gemeinschaftsorgans insbesondere beim Erlaß quasilegislatorischer Akte und der fehlenden zwangsläufigen Identität von wirtschaftspolitischer und juristischer Richtigkeit nur geringe Bedeutung erlangen[454]. Die Römischen Verträge haben diese Regelung daher auch nicht übernommen.

Die Angabe von Gründen bei Verordnungen bleibt jedoch für Individuen und Unternehmen als möglichen Adressaten einer individuellen Entscheidung von Interesse, soweit mit ihrer Hilfe eine Rechtswidrigkeitseinrede substantiiert werden kann[455]. Damit ist das Gewicht der Begründungspflicht bei Verordnungen — abgesehen vom Klagerecht der Mitgliedstaaten — für den Rechtsschutz möglicher Betroffener weniger augenfällig als bei individuellen, sie unmittelbar betreffenden Maßnahmen; die Begründungspflicht kann jedoch auch im Rahmen dieses Zwecks keineswegs als unbedeutend betrachtet werden[456].

Schon hieraus läßt sich ersehen, daß die Begründung von Verordnungen und allgemeinen Entscheidungen auch für die gerichtliche Kontroll-

---

453 Ähnlich *Louis* S. 32; *Maas* S. 16; *Schrans* Sp. 288 f. („Rechtfertigung politischer Wahl").

454 s. schon o. bb). Ähnlich wie hier *Louis* S. 32 mit der Erwägung, daß ein Ermessensmißbrauch bei VOen weniger zu befürchten sei, denn die allgemeine Geltung der VOen sei ein Schutz gegen Willkür; s. aber auch *NN* bei *Quadri u. a.* S. 1423.

455 Vgl. Rs. 18/62 RsprGH 9, 602.

456 Sehr stark wird dieser Zweck auch bei VOen von *Steindorff*, Rechtsschutz, S. 73 herausgestellt; ähnlich *Crisafulli* S. 442 f. für das italienische Recht.

tätigkeit nicht „nahezu bedeutungslos" sein kann[457], daß vielmehr die Begründungspflicht auch bei Verordnungen für den Fall der (inzidenten) Nachprüfung ihrer Rechtmäßigkeit durch den Gerichtshof durchaus Gewicht zukommt und möglicherweise hierin ein Hauptgrund für ihre Aufnahme in die Verträge zu sehen ist[458].

Natur und Ausmaß der gerichtlichen Kontrolle exekutiven Handelns entsprechen grundsätzlich nicht der gerichtlichen Kontrolle rechtsetzender Tätigkeit. Die Bindung der Gemeinschaftsorgane an Ermächtigungsnormen, an deren Voraussetzungen und die einschlägigen Vertragsziele läßt aber in diesem Umfang eine richterliche Kontrolle auch bei Maßnahmen mit allgemeiner Geltung zu. Sie macht diese erforderlich, woraus die Notwendigkeit der Begründungspflicht in diesem Zusammenhang abzuleiten ist.

Daß die Begründung in starkem Maße der Auslegung der Normen dienlich ist, liegt auf der Hand. Eine Auslegung ist auch vorzunehmen, wenn die Rechtmäßigkeit einer Verordnung oder allgemeinen Entscheidung vor Gericht in Zweifel gezogen und überprüft werden soll, so daß insofern eine Überlagerung durch einen Teil der Zwecke der Begründungspflicht vorliegt. Aus den zuvor dargelegten Gründen kann aber der Meinung nicht gefolgt werden, die in der Begründung von Verordnungen neben der Rechtfertigung einer politischen Wahl ausschließlich ein Mittel zur besseren Auslegungsmöglichkeit sehen will[459], das einen gewissen Ersatz für die nicht veröffentlichten „travaux préparatoires" bietet[460]. Da Begründungen von Maßnahmen abweichende Meinungen weder widerlegen noch erwähnen müssen[461], kann die fehlende Veröffentlichung von Debatten und Stellungnahmen auch bei Verordnungen nicht durch die Begründung ersetzt werden. Die Begründung müßte auf einen untragbaren und unbeabsichtigten Umfang anwachsen. Die Schließung dieser Informationslücken kann nicht durch die Begründung der Gemeinschaftsakte erfolgen, sondern nur durch die getrennte Publikation an anderer Stelle vorgenommen werden[462], soweit eine Publikation des Zustandekommens politischer

---

[457] So aber *Maas* S. 16, der befürchtet, daß andernfalls die parlamentarische durch die richterliche Kontrolle ersetzt würde; ein Argument, das bei wirksamerer parlamentarischer Kontrolle eher zum Tragen käme; s. hierzu *Bebr*, Control, S. 84 f.

[458] So *Rabe* S. 27; vgl. auch *NN* bei *Quadri u. a.* S. 1422 und 1424; zu einem weiteren Grund s. o. Teil A VI 3 c). Für das italienische Recht s. *Crisafulli* S. 442 f.

[459] So *Louis* S. 32; *Maas* S. 16.

[460] *Zuleeg* EuR 1971, 82; entschieden gegen diese Meinung spricht sich im italienischen Recht *Crisafulli* S. 428, 433, 444 aus.

[461] s. o. C IV § 1 3 a).

[462] Ähnlich für das italienische Recht *Crisafulli* S. 433, 436, 444.

Kompromisse neben der in der erlassenen Verordnung zum Ausdruck gebrachten, letztlich gemeinsam erarbeiteten Zielsetzung bzw. Zielverfolgung in einer Gemeinschaft souveräner Staaten von Vorteil ist.

Der auf die Interpretationserleichterung beschränkten Bedeutung der Begründung von Maßnahmen mit Verordnungscharakter ist aber nicht nur aus dieser Erwägung entgegenzutreten, ohne daß dieser wichtige Effekt geleugnet werden soll. Das allein zur Interpretationshilfe nicht notwendige Erfordernis der Simultanbegründung und -veröffentlichung als Teil der Maßnahme zeigt, daß mit der Begründungspflicht bestimmte Zwecke verfolgt werden. Dabei muß nochmals auf die Bedeutung des Zwecks der Selbstkontrolle hingewiesen werden, da durch den jeweiligen Inhalt der Begründung auch der Tenor der Maßnahme jeweils in einem anderen Licht erscheint.

Trotz dieser Argumente gegen eine zu einseitige Betonung der Bedeutung der Begründung von Verordnungen als reine Interpretationserleichterung soll die besondere Bedeutung der Begründung für die Auslegung nicht übersehen werden, die darin besteht, daß durch die Begründung eine Interpretation unmöglich gemacht wird, die mit der Begründung des Erlaßorgans nicht vereinbar ist und somit die einheitliche und gleichmäßige Auslegung in allen Mitgliedstaaten gefördert wird.

dd) Die Gestaltung der Begründungspflicht bei Verordnungen

Was den Inhalt der Begründung von Verordnungen betrifft, so wird zum Teil wegen der weit gefaßten Befugnisse der Erlaßorgane die Begründung als bloße Formalität angesehen[463]. Diese Meinung, die über das Ziel hinausschießt, ist insoweit zutreffend, als die Begründung von Maßnahmen mit Verordnungscharakter nicht im gleichen Maße detailliert dargestellt werden kann und muß, wie dies bei individuellen Entscheidungen der Fall ist. Die Begründung muß dem Inhalt und Charakter der Maßnahmen angepaßt werden. Damit ist aber noch nicht gesagt, daß die Begründung bei generellen Maßnahmen zu einer nichtssagenden Formalität degenerieren muß.

So fordern z. B. andere Stimmen in der Literatur auch bei Verordnungen eine strenge Überprüfung der Begründung oder sogar wegen der fehlenden echten parlamentarischen Kontrolle eine besonders umfangreiche Begründung[464]. Auch diese Meinung muß jedoch als zu weit gehend abgelehnt werden. Wie so oft dürfte auch hier einer mehr in der Mitte liegenden Meinung der Vorzug zu geben sein, die eine

---

[463] *Louis* S. 32; *Maas* S. 16.
[464] *Steindorff*, Rechtsschutz, S. 73; *Bebr*, Control, S. 84 f.

Begründung von Verordnungen in vernünftigen, ihrem Charakter entsprechenden Grenzen, aber doch verschieden von der Begründung der Individualmaßnahmen, fordert[465]. Diese Meinung führt in Abweichung zu den oben dargestellten generellen Anforderungen an den Begründungsinhalt wegen der Allgemeinheit der Regelung auch zu einer allgemeiner gehaltenen Begründung. Hat die Rechtsprechung in dieser Richtung bereits deutliche Zeichen gesetzt[466], so hat sie zu anderen Fragen der Begründung von Verordnungen bisher noch nicht oder unzureichend Stellung genommen.

Die mit dem Prinzip der Einzelermächtigung verbundene Bindung der Gemeinschaftsorgane beim Erlaß von Verordnungen an Ermächtigungsnormen und deren Bedingungen verlangt auch bei der Begründung dieser Maßnahmen die Darstellung des Vorliegens derjenigen Umstände, die die Voraussetzung für das Tätigwerden des Gemeinschaftsorgans bilden, was bei Ausführungsverordnungen mehr als bei quasilegislatorischen Verordnungen von Bedeutung ist[467]. Im Unterschied zu individuellen Maßnahmen wird es sich bei diesen Umständen allerdings um solche mehr abstrakter Art handeln.

Nicht nur hinsichtlich der Handlungsvoraussetzungen sind die Anforderungen an die Begründung von Ausführungs- und quasilegislatorischen Verordnungen differenzierbar, auch was die Begründung des Regelungsinhalts und der verfolgten Ziele betrifft, besteht Anlaß zu einem unterschiedlichen Begründungsinhalt.

Ist die Angabe der verfolgten Ziele bei quasilegislatorischen Verordnungen von besonderer Wichtigkeit, so können sich diese Verordnungen andererseits auch unbedenklicher auf eine Darstellung der

---

[465] *NN* bei *Quadri u. a.* S. 1423, 1425; von diesem Standpunkt scheint auch die Rechtsprechung auszugehen, deren allgemeine Äußerungen zum Begründungsinhalt bei VOen im Gegensatz zu deren Handhabung bei der konkreten Prüfung ohne Einschränkung übernommen werden können.

[466] RsprGH 12, 50; 14, 144; GA *Lagrange* RsprGH 9, 613; GA *Roemer* RsprGH 11, 25; GA *Gand* RsprGH 14, 160; ebenso *Bebr* KSE Bd. 1, 99; *Louis* S. 32.

[467] Ausführungsverordnungen lassen sich mit den mitgliedstaatlichen Rechtsverordnungen vergleichen. Sie ergehen im EGKSV aufgrund quasilegislatorischer Entscheidungen der Kommission oder vertraglicher Ermächtigung, im EWGV im wesentlichen aufgrund einer Ermächtigung durch Ratsverordnungen[468], für die die auf dem Grundsatz der Gewaltenteilung beruhende Schrankenbildung des Art. 80 Abs. 1 S. 2 GG entsprechend anwendbar ist[469].

[468] Vgl. insbesondere Art. 155 EWGV; eine Ausnahme bildet Art. 48 Abs. 3 d) EWGV.

[469] *Ehle* Anm. 30 zu Art. 189 m. w. N. Für die Ermächtigungen an den Rat stellen diese Schranken eine zu enge Bindung dar, die zudem wegen der gemeinschaftseigenen Gewaltenteilung auch ihrem Sinn nach nicht übertragen werden können.

Grundzüge der getroffenen Regelung beschränken. Bei den konkreteren Ausführungsverordnungen kann sich dagegen die Erforderlichkeit einer ausführlicheren Begründung eher ergeben.

Im Unterschied zu quasilegislatorischen Maßnahmen mit teilweise sehr weitreichender Bedeutung regeln Ausführungsverordnungen oft nur einen eng umgrenzten Sachbereich oder befassen sich mit konkreten Einzelfragen. Vor allem bei preisfestsetzenden Verordnungen wird die Parallele zu den im nationalen Recht unter dem Begriff der „Maßnahmegesetze"[470] verstandenen Rechtsregeln deutlich[471].

Wenn auch der Rechtsnormcharakter derartiger „Maßnahmeverordnungen" durch eine solche inhaltliche Ausgestaltung bestehen bleibt, so ist doch die Annäherung an die individuellen Entscheidungen unverkennbar. Gerade wenn der Gerichtshof wegen des allgemeinen Charakters der Verordnungen zu Recht eine allgemeine Begründung ausreichen läßt, sollte er auch die Unterschiedlichkeit der Verordnungen berücksichtigen und hieraus für die Begründung die entsprechenden Folgerungen ableiten, was nicht zuletzt wegen der begrenzten Rechtsschutzmöglichkeiten gegenüber Verordnungen von Vorteil wäre[472]. Der begrenzte Regelungsgehalt derartiger Verordnungen läßt zudem eine Überforderung der Erlaßorgane nicht erwarten. Die besonderen Umstände, der Inhalt und die Tragweite einer Verordnung sollten demnach Anlaß für eine Differenzierung der Begründungspflicht, einen unterschiedlichen Grad detaillierter Darstellung ihrer tragenden Motive sein[473].

Soweit sich der Gerichtshof zu Fragen der Begründungspflicht bei Verordnungen geäußert hat, kann der von ihm eingeschlagene Weg im

---

470 Zu diesem Begriff s. z. B. *Forsthoff*, Jellinek-Festschrift 1955 S. 221 ff. sowie BVerfGE 25, 371.

471 Vgl. *Ehle* Anm. 28 zu Art. 189, der aber zu Unrecht den Normcharakter derartiger VOen bezweifelt; *Fuß* EuR 1968, 303; *Maas* S. 16 mit Beispielen einer zu wenig konkreten Begründung. Die zu wünschende Angabe von Tatsachen fehlt auch bei VOen aus neuerer Zeit, s. etwa die VOen des Rates Nr. 672/71, ABl. Nr. L 77/8; Nr. 651/72, ABl. Nr. L 79/9; Nr. 647/72, ABl. Nr. L 79/2. Auffallend ist dabei die Identität der ersten Erwägung; Identisch ist z. B. auch der Wortlaut der Begründung der VOen der Kommission Nr. 684/72, ABl. Nr. L 81/11; Nr. 730/72, ABl. Nr. L 86/7; Nr. 843/72, ABl. Nr. L 99/7, wobei die unterschiedlichen zugrunde liegenden Tatsachen ebenfalls nicht dargelegt werden.

472 Der umgekehrten Folgerung von *le Tallec-Ehlermann* S. 155, daß bei einer individuellen Entscheidung, die anstelle des möglichen Erlasses einer VO aus Zeitersparnisgründen ergeht, eine für VOen ausreichende Gestaltung der Begründung zulässig sei, kann dagegen aus Gründen des Rechtsschutzes und der Rechtssicherheit nicht gefolgt werden.

473 Diese Kriterien, die den GH in der Rs. 16/65 (RsprGH 11, 1167) zu einer nicht unbedenklichen Einengung der Begründungspflicht bei individuellen Entscheidungen führten, sollten umgekehrt bei der grundsätzlich allgemein gehaltenen Begründung von VOen auch eine Erweiterung ermöglichen.

wesentlichen[474] gebilligt werden. Verordnungen, die eine allgemeine Situation abstrakt regeln, beruhen in der Regel auch auf tatsächlichen Feststellungen allgemeiner Art. Die Darstellung der einzelnen Fakten, aus denen sich diese zusammensetzen, erscheint daher nicht erforderlich und wäre auch kaum realisierbar; die Angabe der den Erlaß der Verordnung veranlassenden Gesamtlage ist prinzipiell ausreichend. Hinsichtlich der einzelnen Bestimmungen einer Verordnung kann auf eine Einzelbegründung verzichtet werden, soweit diese aus der Gesamtbegründung verständlich sind.

Eine Angabe der Umstände, die bei der Abwägung zwischen mehreren möglichen Regelungen ausschlaggebend waren, trägt ebenso wie die Angabe der großen Linien der politisch-ermessenmäßigen Erwägungen entscheidend zum Verständnis der Maßnahme und damit zur Zweckerreichung der Begründungspflicht bei, ohne eine unzumutbare Belastung des Erlaßorgans darzustellen[475]. Hierauf sollte auch der Gerichtshof Wert legen. Er sollte außerdem bei der Befürwortung einer allgemeinen Gesamtbegründung deutlich darauf hinweisen, daß trotz dieser Einschränkung die Begründungspflicht auch bei Verordnungen ernst zu nehmen ist und notfalls die Rechtsfolgen einer unzureichenden Begründung nicht scheuen, wenn trotz dieser Erleichterungen die Begründung einer Verordnung nicht mehr als eine Wiederholung des Textes der Ermächtigungsnorm oder Formulierungen ohne jeden Erläuterungswert enthält[476]. In einem solchen Fall kann die Begründung weder vom juristischen noch vom politischen Standpunkt aus befriedigen[477]. Die ausdrücklich auf Verordnungen erstreckte Begründungspflicht kann zwar zu einer der Eigenart der Maßnahme entsprechenden Reduzierung des Begründungsinhalts führen, darf jedoch

---

[474] Zu Einschränkungen vgl. Fn. 476.

[475] Ebenso *NN* bei *Quadri u. a.* S. 1424; *Steindorff*, Rechtsschutz, S. 73.

[476] Bisher wurde noch keine VO wegen unzureichender Begründung für nichtig erklärt. Möglicherweise sind für diese Praxis Erwägungen der „Gemeinschaftsraison" mitverantwortlich; vgl. hierzu im deutschen Recht Hans H. *Klein:* Bundesverfassungsgericht und Staatsraison. Über Grenzen normativer Gebundenheit des Bundesverfassungsgerichts", Frankfurt/Main 1968. Bedenklich ist aber die Begründung der Einzelpreise festsetzenden VO Nr. 144/65 der Kommission: „... seit mehreren Tagen auf verschiedenen Märkten einen Stand unter dem Referenzpreis erreichen." s. RsprGH 14, 159. Nicht ohne Kritik kann auch die Rechtsprechung des GH in den Rs. 41 - 44/70 bleiben. Zwar lehnte der GH im Ergebnis zutreffend eine Verletzung der Begründungspflicht ab, an seiner Argumentation ist jedoch zu bemängeln, daß er die Prüfung der Begründungspflichtverletzung und der Vertragsverletzung vermischte und den von ihm anerkannten Grundsatz der Maßgeblichkeit der Rechtsauffassung des Erlaßorgans außer acht ließ. Die Anwendung dieses Grundsatzes hätte die Ablehnung der Begründungspflichtverletzung erleichtert und ihre Sachgemäßheit verdeutlicht, vgl. RsprGH 17, 427; zutreffend dagegen GA *Dutheillet de Lamothe* RsprGH 17, 441.

[477] Zutreffend *Louis* S. 49 Fn. 197.

nicht so weit zurückgedrängt werden, daß die Begründungspflicht als inhaltslose Forderung erscheint. Die Beachtung dieser gewiß nicht zu hohen Anforderungen durch die Erlaßorgane erscheint auch bei der Vielzahl der jährlich erlassenen Verordnungen[478] nicht unzumutbar.

c) Begründungspflicht bei Richtlinien bzw. Empfehlungen des EGKSV

Richtlinien und die ihnen entsprechenden Empfehlungen des EGKSV[479] beschränken sich in ihrer Verbindlichkeit auf die von ihnen bestimmten Ziele. Sie können an einen oder mehrere Mitgliedstaaten oder nach dem EGKSV auch an Unternehmen gerichtet sein. Ihr Sinn liegt vor allem im der Förderung der Einheitlichkeit des Rechts in den Mitgliedstaaten. Dem EGKSV nach dienen sie darüber hinaus der Wahrung des Prinzips des mildesten Mittels[480].

In der Praxis hat sich dieses gesetzestechnische Mittel besonderer Art[481] wegen seiner beschränkten Verbindlichkeit allerdings nicht bewährt. Die Durchführung der erforderlichen Maßnahmen zur Verwirklichung der verbindlichen Ziele mit der erforderlichen Schnelligkeit und Effektivität ließ häufig auf sich warten, so daß die Gemeinschaftsorgane im Rahmen des rechtlich Zulässigen der Verordnung den Vorzug geben und im übrigen die erlassenen Richtlinien zunehmend detailliert gefaßt wurden. Auf diese Weise fand eine starke Annäherung an die Verordnungen statt[482].

Diese Annäherung wirkt sich auch auf die Begründung dieser Maßnahmen aus[483]. Die generellen Mindestanforderungen an die Begründung bedürfen auch hier gewisser Einschränkungen bzw. Anpassungen. Hinsichtlich des weiten politisch-ermessensmäßigen Spielraums der Gemeinschaftsorgane bei der Zielfestlegung ist grundsätzlich nur eine Offenlegung der großen Linien der tragenden Erwägungen zu fordern. Soweit der Regelungsinhalt zur Eigenheit von Einzelheiten übergeht, muß dies auch in der Begründung einen entsprechenden Niederschlag finden. Kann die Begründung im übrigen wie bei Verordnungen in einer allgemeiner gehaltenen Form bestehen, so muß aber betont werden, daß die Grenze dieser Anpassung der Begründung an Rechtscharakter

---

478 Vgl. die Angaben bei *Wendt* AWD 1970, 485 und GA *Dutheillet de Lamothe* RsprGH 17, 284.

479 Vgl. Art. 189 Abs. 3 EWGV; 161 Abs. 3 EAGV; 14 Abs. 3 EGKSV.

480 Art. 14 Abs. 5 EGKSV.

481 Vgl. hierzu *Ehle* Anm. 92 zu Art. 189.

482 s. Ernst *Wolfarth:* „Anfänge einer europäischen Rechtsordnung und ihr Verhältnis zum deutschen Recht“, Juristen-Jahrbuch Bd. 3 1963/63 S. 249; Hans *Furler:* „Grundfragen des europäischen Gemeinschaftsrechts“, in NJW 1965, 1401 ff. (1403); *Ehle* Anm. 32 und 35 zu Art. 189 m. w. N.; s. in diesem Zusammenhang auch RsprGH 16, 825, 838.

483 *Maas* S. 16; GA *Roemer* RsprGH 8, 497 f.

und Inhalt der Maßnahme überschritten wird, wenn die Begründung nicht mehr als eine Wiederholung des Tenors und der einschlägigen Gemeinschaftsnormen enthält[484]. Dies hat selbst dann zu gelten, wenn dem Erlaß der Maßnahme lange Verhandlungen vorausgegangen sind[485], da andernfalls die Auslegungsmöglichkeit erschwert wird und damit die Erreichung wesentlicher mit der Begründungspflicht verfolgter Zwecke gefährdet ist.

V. Möglichkeit von Ausnahmen und Grenzen der Begründungspflicht

Die Erfüllung der gemeinschaftsrechtlichen Begründungspflicht wird den Erlaßorganen je nach Art und Inhalt der Maßnahme mehr oder weniger leicht fallen. Je mehr eine Maßnahme das Ergebnis eines reinen Subsumtionsvorgangs ist, um so einfacher wird sich die Begründung gestalten lassen. Mit der Zunahme der Beurteilungsspielräume und Zweckmäßigkeitserwägungen steigen auch die Schwierigkeiten, die abschließende Entscheidung, das Ergebnis des Komplexes der Erwägungen, das den Erlaß einer Maßnahme in ihrer konkreten Gestalt zur Folge hatte, in der erforderlichen Weise einsichtig zu machen.

1. Maßgeblichkeit einer Begründung unzugänglicher Kriterien

Bei wirtschaftlichen Ermessensmaßnahmen, deutlicher aber noch bei Ermessensmaßnahmen auf dem Gebiet des Personalrechts, nähern sich dabei die anzustellenden und vorgenommenen Erwägungen der Grenze des Objektivierbaren und überschreiten sie zum Teil sogar[486]. Warum einem Bewerber bei einer Einstellung oder Beförderung gegenüber seinen Mitbewerbern der Vorzug gegeben wurde, hängt nicht nur von der beruflichen Tätigkeit, der persönlichen Leistung und den Befähigungsnachweisen ab, vielmehr dürfen und müssen bei der Besetzung einer bestimmten Dienststelle auch das Verhalten, der Charakter und die Gesamtpersönlichkeit des einzelnen Bewerbers eine maßgebliche Rolle spielen. Die Erwägungen aufgrund derartiger Kriterien sind aber einer Begründung bis ins letzte nicht zugänglich[487].

Nicht übersehen werden darf jedoch, daß mit dieser Begrenzung der Begründbarkeit innerhalb des engen Bereichs dieser Kriterien nicht eine generelle Verminderung der Anforderungen der Begründungspflicht verbunden ist.

---

[484] s. das Beispiel der Rs. 9/61, RsprGH 8, 496.

[485] s. o. C IV § 1 3 d); a. A. GA *Roemer* RsprGH 8,496, 498.

[486] Vgl. *Bebr*, Control, S. 87; *Krüger* S. 747; *Sandulli* S. 386.

[487] s. o. C IV § 2 Teil 1 3 d) sowie RsprGH 10, 672; 17, 243; GA *Gand* RsprGH 11, 238; GA *Dutheillet de Lamothe* RsprGH 17, 250.

2. *Einseitige Betonung des Zwecks der Rechtsschutzeffektivierung*

Keine Ausnahme vom Prinzip der vollinhaltlichen Begründung kann bereits dann zugelassen werden, wenn es sich — wie bei Entscheidungen, die einen Vollstreckungstitel darstellen — um eindeutig individuelle Maßnahmen handelt, die nur den Adressaten betreffen. Die entsprechende Anregung des Generalanwalts *Roemer*[488] beruht auf einer Vernachlässigung des Zwecks der Selbstkontrolle, der Verbesserung der Kontrolltätigkeit des Gerichtshofs sowie einer möglichen Information des Europäischen Parlaments einerseits und einer einseitigen Hervorhebung des Zwecks der Effektivierung des Rechtsschutzes andererseits, der bei einer „eindeutig individuellen Entscheidung nicht verletzt ist, wenn der Klägerin die Motive und Ziele der Entscheidung ersichtlich sind“[489]. Eine solche weitgehende Konzentration auf diesen Zweck der Begründungspflicht findet man insbesondere im deutschen Verwaltungsrecht, dem der Generalanwalt nahesteht.

Sieht man den ausschließlichen Zweck der Begründung darin,

> „daß der Bürger erfährt, aus welchem Grund der Verwaltungsakt erlassen worden ist, damit er seine Rechte sachgemäß verteidigen kann“[490],

so ergeben sich zwangsläufig Ausnahmemöglichkeiten von der Begründungspflicht, etwa

> „wenn die Behörde einem Antrag in vollem Umfang entspricht und der Verwaltungsakt nicht in Rechte eines anderen eingreift“

und

> „soweit dem Betroffenen die Auffassung der Behörde über die Sach- und Rechtslage bereits bekannt oder auch ohne schriftliche Begründung für ihn ohne weiteres erkennbar ist“[491].

---

[488] RsprGH 9, 691.

[489] Die Bezugnahme, die GA *Roemer* für die Kenntnis der Beweggründe in Anspruch nahm, war zudem nicht eindeutig ersichtlich, s. RsprGH 9, 678.

[490] EVwVerfG 1963, Einzelbegründung S. 146; gleichlautend der Reg.entw. Einzelbegründung S. 48.

[491] s. § 30 Abs. 2 Nr. 1 und 2 des EVwVerfG 1963 wie des Reg.entw.; das BVerfG hatte sich dagegen in BVerfGE 6, 44 aus rechtsstaatlichen Gründen grundsätzlich gegen eine Ausnahme von der allgemeinen Begründungspflicht ausgesprochen; jedoch gestatteten seine Ausführungen zur Zulässigkeit einer Nachholung der Begründung vor Gericht eine Interpretation, die Ausnahmen im Sinne der beiden Entwürfe nicht als Gegensatz zu seiner Auffassung erscheinen lassen. s. hierzu BVerwGE 12, 15 sowie *Bachof* JZ 1962, 746.

Sind die tragenden Gründe der Behörde ohne weiteres erkennbar, d. h. offenkundig, bedarf es auch vom Zweckverständnis der Begründungspflicht aus keiner ausdrücklichen Begründung (s. o. S. 118). Um eine Unsicherheit aufgrund des unbestimmten Begriffs der Offenkundigkeit zu vermeiden, sollte diese Ausnahmemöglichkeit aber auf eindeutige Fälle beschränkt bleiben. Im Zweifelsfall sollte sich die Rechtsprechung wegen der rechts-

Die Gefahren, die bei einer derartigen Konzentration auf den Zweck der Verbesserung des Rechtsschutzes und die hieraus sich ergebenden Ausnahmemöglichkeiten bestehen, erkannten auch die Verfasser des EVwVerfG 1963. Zum Schutz vor mißbräuchlicher Handhabung der Befreiung von der Begründungspflicht sollten Verwaltungsvorschriften und Dienstaufsicht die Einhaltung ihrer Grenzen sicherstellen[490], Mittel, die schon ohne Berücksichtigung weiterer Zwecke der Begründungspflicht nur einen geringen Schutz darstellen.

Darüber hinaus wird die Erforderlichkeit einer Begründung bei wirtschaftlichen Maßnahmen selbst für den Fall der fehlenden Beschwer auch in der deutschen Literatur zum GWB betont, weil die Begründungspflicht nicht nur die Effektivierung des Rechtsschutzes zum Ziel hat[492].

Das umfassende Zweckverständnis der Begründungspflicht läßt jedoch eine Einschränkung der Pflicht zur Begründung nicht nur bei wirtschaftlichen Maßnahmen nicht in Betracht kommen. Eine Ausnahme von der Begründungspflicht ist grundsätzlich auch bei sonstigen, selbst bei eindeutig individuellen Maßnahmen schon vom Zweck der Selbstkontrolle aus nicht zu befürworten[493], lediglich das Prinzip der vollinhaltlichen Begründung kann weniger streng gehandhabt werden[494].

3. Unmöglichkeit der Begründung aus tatsächlichen Gründen

Ist die Begründung einer Maßnahme aus tatsächlichen Gründen unmöglich[495], kann der Vorwurf einer Verletzung der Begründungspflicht nicht erhoben werden, denn Unmögliches kann nicht gefordert

---

staatlichen Schutzfunktionen der Begründungspflicht zu deren Gunsten entscheiden.

Die Alternative, daß dem Betroffenen die tragenden Gründe für eine Maßnahme bereits bekannt sind, ist ebenfalls einschränkend zu handhaben und dürfte im Ergebnis auf eine Begründung per relationem hinauslaufen, vgl. o. C IV § 1 3 d) und c).

[492] *Rasch-Westrick* Anm. 3 zu § 57; Frankfurter Kommentar Anm. 10 zu § 57; *Müller-Gries-Gießler* Anm. 1 zu § 57; *Langen* Anm. 4 zu § 57.

[493] Der Gerichtshof ist der Anregung *Roemers* (RsprGH 9, 691) nicht gefolgt, vgl. RsprGH 9, 677 f.

[494] Aus diesem Grund ist auch die ausdrückliche Beschränkung der Begründungspflicht in Art. 25 Abs. 1 S. 2 des Beamtenstatuts auf beschwerende Verfügungen nicht unbedenklich. Die Anerkennung der Klagebefugnis als Kriterium für die Pflicht zur Begründung übersieht, daß der Darlegung der tragenden Motive für eine Verfügung nicht allein im Zusammenhang mit einer Anfechtung der Maßnahme durch den Betroffenen Bedeutung zukommt, die objektive Rechtmäßigkeit vielmehr auch bei fehlender Beschwer gesichert werden muß.

[495] Auf diesen Fall wird insbesondere im französischen Recht hingewiesen; vgl. *Debbasch* S. 476; *de Laubadère* S. 492 f. (Nr. 890 f.); *Rivéro* S. 222 (Nr. 258); *Vedel* S. 523.

werden. Eine Maßnahme, die a priori nicht begründet werden kann, kann sinnvollerweise auch nicht der Begründungspflicht unterliegen[496].

Eine solche Situation liegt nach Ansicht des Gerichtshofs im Falle der Frei-Grenze-Preis-Festsetzungen gemäß der Verordnung Nr. 19/62 des Rates[497] vor[498]. Tatsächlich läßt das System der Preisfestsetzung, wie es die bereits erwähnte Verordnung und die Verordnung Nr. 89/62 der Kommission[499] vorsehen, wegen des Umfangs der festzusetzenden Preise und der geringen, hierfür zur Verfügung stehenden Zeit nicht zu, die einzelnen Faktoren anzugeben, auf denen die Vielzahl der Preisfestsetzungen beruht.

Wäre dieses Verfahren vom EWGV vorgesehen, könnte im Wege der Auslegung aus der tatsächlichen Unmöglichkeit der Begründung eine Ausnahme von der generellen Begründungspflicht herausgelesen werden. Da jedoch dieses Verfahren der Preisfestsetzung durch sekundäres Gemeinschaftsrecht eingerichtet wurde, muß auf die Bedenken hingewiesen werden, die sich aus der zu verneinenden Frage ergeben, ob die Ermächtigung zum Erlaß dieser Verordnungen das Recht umfassen kann, eine wesentliche allgemeine Bestimmung des Vertrages praktisch zu eliminieren[500] bzw. zu umgehen. Die vom Gerichtshof vorgesehene Angabe der einzelnen Faktoren im Falle eines Rechtsstreits[501] kann daher nur als Notlösung angesehen werden, um ein Minimum des Zweckverständnisses und der rechtsstaatlichen Funktion der Begründungspflicht zu wahren.

4. Dringliche oder vorläufige Maßnahmen

Von einer aus tatsächlichen Gründen unmöglichen Begründung ist die Begründungspflicht bei dringlichen oder vorläufigen Maßnahmen zu unterscheiden. Auch hier befindet sich das Erlaßorgan unter zeitlichem Druck, der allerdings nicht die Intensität erreicht, daß er jede Begründung ausschließt. Auch in diesen Fällen ließe sich aber an eine Einschränkung der Begründungspflicht denken.

Zu beachten ist jedoch, daß keinesfalls generell eine ausgedehnte Begründung gefordert wird. Vielmehr ist eine möglichst knappe Begründung vorzuziehen. Eine knappe Angabe der tragenden Gründe

---

496 Denkbar wäre auch, in diesen Fällen vom Bestehen der Begründungspflicht auszugehen und lediglich den Verstoß ohne Rechtsfolge zu lassen, s. insbesondere die in der vorhergehenden Fn. genannten Autoren.

497 ABl. 1962 S. 993 ff.

498 RsprGH 11, 1166 ff.; s. hierzu bereits o. C IV § 1 3 e).

499 ABl. 1962 S. 1899.

500 Eine Beschränkung der Begründungspflicht aus praktischen Gründen schlägt auch *Hanebuth* S. 313 vor; s. aber andererseits die kritischen Bemerkungen bei *Tomuschat*, Cahiers, S. 85; *Schibel* S. 478; *Thierfelder* S. 31.

501 RsprGH 11, 1168.

überfordert die Kommission aber nicht, da sie sich auch vor dem Erlaß von Dringlichkeitsmaßnahmen eine fundierte Meinung bilden muß und die Darlegung der tragenden Erwägungen und Umstände den Erlaß der Maßnahme nicht verhindert oder ihm die Wirksamkeit nimmt[502]. Der Erreichung der Zwecke der Begründungspflicht muß in diesen Fällen insoweit der Vorzug vor der Erleichterung der Verwaltungstätigkeit gegeben werden.

5. *Maßnahmen, die auf vertraulichen Mitteilungen basieren*

Beruht eine Maßnahme auf vertraulichen Mitteilungen, die mitunter sogar unter die Geheimhaltungspflicht fallen[503], so wird eine Begrenzung der Begründungspflicht hinzunehmen sein, wenn und soweit die Kommission zum Erlaß der fraglichen Maßnahme innerhalb der ihr obliegenden Aufgabenerfüllung derartiger Mitteilungen und Auskünfte dritter Gemeinschaftsbürger bzw. Unternehmen bedarf. Eine Einschränkung der generellen Begründungspflicht ist auch hier der Sache nach erforderlich, denn nicht alle notwendigen Informationen lassen sich von Amts wegen ermitteln. Die Vertraulichkeit verträgt sich aber nicht mit der Publizität. Will und kann die Kommission zur Erfüllung der ihr obliegenden Aufgaben nicht auf ihre Informationsquellen verzichten, muß sie zwangsläufig von einer Wiedergabe der unter dem Siegel der Vertraulichkeit mitgeteilten Auskünfte absehen. Ein Beharren auf dem Prinzip der Begründungspflicht führt bei dieser

---

[502] RsprGH 13, 125 zur vorläufigen Entscheidung nach Art. 15 Abs. 6 der VO 17/62; GA *Roemer* RsprGH 11, 568; 12, 187; 13, 146. Großzügiger wohl GA *Dutheillet de Lamothe* RsprGH 17, 441; auch die Kommission hat erkannt, daß die Dringlichkeit einer Maßnahme sie nicht von der ihr obliegenden Begründungspflicht befreien kann, vgl. RsprGH 17, 418.

Im französischen Verwaltungsrecht wird bei Dringlichkeitsmaßnahmen eine Ausnahme von der Begründungspflicht anerkannt, s. *Isaac* S. 557; *Rivéro* S. 222 (Nr. 258). Ebenso im italienischen Recht *Crisafulli* S. 438 f. Im deutschen Verwaltungsrecht kann nach zutreffender Meinung nur bei qualifizierter Dringlichkeit von der erforderlichen Begründung abgesehen werden, vgl. z. B. § 80 Abs. 3 VwGO („Einer besonderen Begründung bedarf es nicht, wenn die Behörde bei Gefahr im Verzug, ... vorsorglich eine als solche bezeichnete Notstandsmaßnahme im öffentlichen Interesse trifft.") und hierzu *Löwer* NJW 1969, 74.

Zu weiteren Ausnahmefällen, insbesondere aus politischen Gründen, s. *Rivalta* S. 181, 191. Auch der GH, RsprGH 17, 427, scheint eine Ausnahme von der Begründungspflicht bei politische Ziele verfolgenden Maßnahmen zu befürworten. Die eingeschränkte Geltung der Wettbewerbsregeln auf dem Agrarsektor (Art. 42 EWGV) aus agrarpolitischen Gründen berechtigt jedoch nicht, Maßnahmen im Landwirtschaftsbereich, die den Wettbewerb zu beeinträchtigen geeignet sind, völlig von der Begründungspflicht hinsichtlich der Gesichtspunkte der Art. 85, 86 EWGV zu befreien.

[503] Vgl. Art. 214 EWGV; 194 EAGV.

Konstellation zu einer gravierenden Erschwerung, Komplizierung oder sogar teilweisen Unerfüllbarkeit der Aufgaben der Kommission[504].

Angesichts dieser Situation erscheint ein Zurücktreten der Begründungspflicht sachgemäß. Um jedoch bei den Gemeinschaftsorganen auf diesem Weg nicht die Versuchung zu oberflächlich motivierten oder unzulänglich durchdachten Maßnahmen aufkommen zu lassen und den Rechtsschutz der Betroffenen nicht völlig auszuschalten, ist die Offenlegung auch der vertraulichen Mitteilungen, auf denen eine Maßnahme beruht, erforderlich, falls diese Maßnahme angefochten wird[505] und nicht der Aufhebung verfallen soll. An dieser unverzichtbaren Schranke offenbart sich die begrenzte Wirksamkeit eines Systems, das auf vertraulichen Mitteilungen basiert, denn diese Informationsquellen werden auch dann versiegen, wenn bei dem von den Maßnahmen der Kommission betroffenen Personenkreis das Interesse an der Kenntnis der Informanten die Nachteile eines verlorenen Prozesses überwiegt[506].

---

504 Vgl. GA *Roemer* RsprGH 11, 1177 f. mit Beispielen. Im Gegensatz zu o. 1. und 3. liegt hier keine echte Ausnahme von der Begründungspflicht vor. Die Verschiebung der Begründungspflicht auf das gerichtliche Verfahren im Wege der Abwägung kommt der in Fn. 496 dargelegten Auffassung nahe.

505 RsprGH 11, 1168; *Tomuschat*, Cahiers, S. 85.

506 Das Rechtsschutzinteresse wird den unmittelbar Betroffenen nicht bestritten werden können. Angesichts der Unabwägbarkeit des Prozeßausgangs mangels ausreichender Begründung der angegriffenen Maßnahme werden sogar im Falle des Unterliegens bezüglich der Prozeßkosten Konsequenzen zugunsten der Kläger zu ziehen sein, vgl. u. Teil D Fn. 92.

TEIL D

Die unzureichende Begründung

I. Heilung von Begründungsfehlern und Nachschieben von Gründen

Sind zulässige Ausnahmemöglichkeiten von der generellen Begründungspflicht nur in sehr engen Grenzen zu verzeichnen, so vergrößert sich die Bedeutung der Frage, ob und in welchem Umfang Gründe nachgeschoben werden dürfen. Das Gemeinschaftsrecht läßt auch einen Hinweis zu dieser Frage vermissen.

Ein Blick auf das nationale Recht zeigt, daß das Nachschieben von Gründen dort keine einheitliche Regelung findet, so daß auch in diesem Zusammenhang letztlich das Zweckverständnis und die rechtsstaatliche Funktion der Begründungspflicht wohl entscheidend zur Lösung dieses Problems wird beitragen müssen.

1. Der Standpunkt in den mitgliedstaatlichen Rechtsordnungen

Im französischen Verwaltungsrecht wird es überwiegend als ausreichend angesehen, wenn die Verwaltung die Gründe für den Erlaß einer Maßnahme erst im gerichtlichen Verfahren bekanntgibt[1]. Der Versuch, die Verwaltung an eine von ihr gegebene Begründung zu binden, wurde wieder fallen gelassen[2], da man sich schon nicht zu einer generellen Begründungspflicht entschließen konnte und die Begründung nicht allgemein als wesentliche Formvorschrift anerkennen wollte[3]. Trotz des Fehlens einer generellen Begründungspflicht werden aber zum Teil[4] Bedenken gegen die Begründung a posteriori vorgebracht, die keinen wirksamen Ersatz einer Begründung im Zeitpunkt des Erlasses des acte administratif darstellen könne, da sie keinen ausreichenden Schutz für den Betroffenen bedeute.

---

1 *Fromont* EuR 1969, 210; *de Laubadère* S. 503 (Nr. 918); *Auby-Drago* Bd. II S. 590; *Rivéro* S. 222 (Nr. 258); *Kopp* S. 245 Fn. 87.

2 Vgl. *Steindorff*, Rechtsschutz, S. 71; *Steindorff*, Nichtigkeitsklage I, S. 56, 70, 144; *Waline* S. 473 ff. (Nr. 783 ff.); *Kopp* S. 247 Fn. 94 m. w. N.

3 Vgl. *Debbasch* S. 476; *Lanz* S. 135; *Auby-Drago* Bd. II S. 593 (Nr. 1092).

4 *Isaac* S. 547 f.; *de Laubadère* S. 493 (Nr. 891); *Lanz* S. 135.

Für das belgische, luxemburgische und weniger einheitlich für das italienische Recht gilt im Prinzip das zum französischen Recht dargelegte[5].

Im niederländischen Recht, das gegenüber dem Verwaltungsrecht dieser Mitgliedstaaten eine recht weite Begründungspflicht kennt, wird dagegen eine Begründung nach erfolgter Klageerhebung nicht mehr als ausreichend angesehen[6].

Könnte man hieraus entnehmen, daß bei der noch weiter gehenden Begründungspflicht im deutschen Verwaltungsrecht ein Nachschieben von Gründen im Prozeß ebenfalls grundsätzlich ausgeschlossen wird, so muß man doch feststellen, daß nach der herrschenden Meinung gerade das Gegenteil der Fall ist[7].

Die noch überwiegende Auffassung wird dabei durch die einflußreiche Entscheidung des Bundesverfassungsgerichts vom 16. 1. 1957[8] und § 35 Nr. 4 des EVwVerfG 1963 sowie des gleichlautenden § 35 Nr. 2 des Regierungsentwurfs eines Bundesverwaltungsverfahrensgesetzes[9] repräsentiert. Danach ist eine Verletzung von Formvorschriften unbeachtlich, wenn „die erforderliche Begründung nachträglich gegeben wird“[10], wobei die Nachholung auch noch im gerichtlichen Verfahren erfolgen kann, wie auch das Bundesverfassungsgericht a. a. O. eindeutig zum Ausdruck brachte, und unabhängig davon ist, ob es sich um Ermessensentscheidungen oder gebundene Verwaltungsakte handelt[11].

Die Einzelbegründungen der genannten Entwürfe weisen auch auf die Gründe hin, von denen sie bei der Frage der Zulassung des Nachschiebens von Gründen ausgehen sowie auf dessen Grenzen:

---

[5] Vgl. *Fromont* EuR 1969, 210; *Mast* S. 370; *Buch* S. 99; *Wigny* S. 151; *Kopp* S. 245 Fn. 87; entschieden gegen eine nachträgliche Begründung, insbesondere um eine vollständige und zutreffende Wiedergabe der tatsächlich maßgebenden Gründe zu sichern und die Möglichkeit zu verhindern, bei Kritik andere Motive vorzugeben, *Rivalta* S. 167 f., 169, 171 ff. (174), 185, 205 f. m. w. N.

[6] *Van Poelje-Donner* S. 269; *Fromont* EuR 1969, 210.

[7] Für die gegensätzlichen Standpunkte ist in erster Linie das unterschiedliche Verwaltungsprozeßrecht maßgeblich, s. dazu u. Fn. 15.

[8] BVerfGE 6, 44.

[9] a.a.O. S. 12.

[10] Vgl. außerdem *Schunck-de Clerck* Anm. 6 b) zu § 73; *Redeker-von Oertzen* Anm. 18 zu § 73; *Bettermann* DVBl. 1963, 827; *Maunz-Dürig-Herzog* Anm. 50 zu Art. 19 Abs. 4; *Groschupf* DVBl. 1962, 634; *Wolff* S. 365 sowie die zahlreichen Hinweise bei *Kopp* S. 245 Fn. 86 und *von Mutius* S. 210.

[11] EVwVerfG 1963, Einzelbegründung, S. 161; ähnlich Reg.entw. a.a.O. S. 52, beachtenswerterweise jedoch ohne das recht vordergründige Argument des letzten Satzes.

„Verfahrens- und Formvorschriften sollen überwiegend das Verfahren nur im Interesse einer richtigen Sachentscheidung in bestimmte Bahnen und Formen zwingen[12]."

Speziell zur Frage des Begründungszwangs heißt es:

„Die Vorschriften über den Begründungszwang dienen dazu, daß der Betroffene die Erwägungen erfährt, aus denen die Behörde den Verwaltungsakt erlassen hat."

Um so erstaunlicher sind bei diesem Zweckverständnis die folgenden Sätze:

„Der Fehler wird geheilt, wenn die Begründung nachgeholt wird. Die Begründung soll nicht nur bis zum Widerspruchsverfahren einschließlich nachholbar sein, sondern jederzeit, also auch noch im verwaltungsgerichtlichen Verfahren ... jedenfalls dann, wenn dadurch der Verwaltungsakt nicht in seinem Wesen verändert wurde. Deshalb muß es auch möglich sein, eine gänzlich fehlende Begründung nachzuholen. Denn der klagende Bürger wird in letzterem Falle nicht schlechter gestellt, als wenn eine verfehlte Begründung gänzlich ausgewechselt wird. Nr. 4 macht hinsichtlich des Umfangs der möglichen Nachholung keine Einschränkung[11]."

Wegen des zutreffenden Ausgangspunktes, dem — allerdings zu eng gefaßten — Zweckverständnis der Begründungspflicht, ist dieser Argumentation gegenüber eine kritische Betrachtung besonders angebracht, zeigt sie doch, daß zum Teil vermengt wird, was auseinandergehalten werden muß, und daß die zuvor wiedergegebenen Zwecke der Begründungspflicht in der Praxis einer wirkungsvollen Realisierung entbehren.

Einerseits wird das Nachschieben von Gründen mit dem Nachschieben der Begründung gleichgesetzt. Zwischen einer fehlenden oder unzureichenden Begründung und einer formell nicht zu beanstandenden Begründung, die lediglich sachlich unzutreffend oder unzureichend ist, wird kein Unterschied gemacht, obwohl es sich im ersten Fall nicht nur um ein Nachschieben von Gründen, eine nachträgliche materielle Rechtfertigung, sondern um die Heilung eines Formfehlers handelt. Im Unterschied zur zweiten Alternative hat die Verwaltungsbehörde im ersten Fall gegen eine Formvorschrift verstoßen, die keineswegs nur als Selbstzweck zu betrachten ist, wie auch die zitierten Entwürfe erkannten[13].

Andererseits wird das Nachschieben von Gründen im Verwaltungsverfahren nicht von einem Nachschieben von Gründen im verwaltungsgerichtlichen Verfahren getrennt, obwohl hierzu wegen des Über-

---

[12] EVwVerfG 1963, Einzelbegründung, S. 158; Reg.entw. a.a.O. S. 52.
[13] Vgl. EVwVerfG 1963 S. 158; Reg.entw. S. 52; s. zu dieser Untersuchung auch *Ule-Becker* S. 53; *OVG Koblenz* DVBl. 1958, 836.

wechselns in den Bereich der Rechtsprechung schon ein äußerer Anlaß bestände[14]. Verwaltung und Verwaltungsgericht werden gleichermaßen für berechtigt angesehen, die von ihnen ermittelten Umstände dem von der Verwaltung erlassenen Akt zugrunde zu legen, denn der Verwaltungsakt, der in der Rechtsordnung eine Rechtfertigung findet, bleibt rechtmäßig, auch wenn er ohne Begründung erging oder auf eine unzutreffende Begründung gestützt wurde[15]. Die im Verwaltungsverfahren vorzunehmende, von der Verwaltung unterlassene Tätigkeit wird damit unter Umständen erst im Prozeß vorgenommen.

Schließlich wird zu weitgehend allein auf den Rechtsschutz des Betroffenen abgestellt und selbst dieser Zweck einengend in die Wirklichkeit umgesetzt. Der Adressat eines Verwaltungsaktes kann nur dann in den meisten Fällen seine Rechte effektiv wahrnehmen, wenn er bereits vor Erhebung einer Klage die tatsächlichen und rechtlichen Gründe kennt, auf denen der anzufechtende Verwaltungsakt beruht und er ihnen schon mit seinem Rechtsbehelf sachgerecht begegnen kann. Außerdem wird dem aus rechtsstaatlichen Gründen nicht zu unterschätzenden und auch von den zitierten Meinungen herausgestellten Zweck der Selbstkontrolle durch die jederzeitige Zulassung des Nachschiebens von Gründen weitgehend die Bedeutung genommen.

2. Kritische Betrachtung des deutschen Verwaltungsrechts und Vorschläge mit Blick auf das europäische Recht[16]

Sollen die Zwecke der Begründungspflicht und die Begründungspflicht als Formvorschrift wirkungsvoll zur Geltung kommen, wird eine differenziertere Behandlung der Frage des Nachschiebens von Gründen erforderlich sein. Hierbei ergibt sich folgendes Bild:

---

[14] Das Argument von *Schunck-de Clerck* a.a.O. oder von *Redeker-von Oertzen* a.a.O., der Bürger könne nicht besser gestellt werden als im Fall einer Untätigkeitsklage (§ 75 VwGO), überträgt die Gedanken eines Ausnahmefalls auf die andersartige generelle Situation. Diesem Argument kann daher nicht beigetreten werden. s. auch die zutreffende Kritik *von Mutius'* S. 210.

[15] Vgl. *Kopp* S. 249 m. w. N. in Fn. 97 und S. 227. Eine Beschränkung legen sich die deutschen Gerichte nur bei der Kontrolle von Ermessensakten auf. Im deutschen Recht handelt es sich bei der Tatsachenprüfung durch den Verwaltungsrichter grundsätzlich um ein Problem der Beziehungen zwischen Verwaltung und Gesetz, im europäischen Recht dagegen, wie im französischen Recht, um ein Problem der Beziehungen zwischen Verwaltung und Richter.

[16] Durch eine solche Betrachtung lassen sich wegen der innerhalb der Mitgliedstaaten am weitesten gehenden Anerkennung der Begründungpflicht im deutschen Verwaltungsrecht und der hieraus sich ergebenden umfassendsten Diskussion der Frage des Nachschiebens von Gründen mögliche Streitfragen und deren zweckdienliche Lösung am besten aufzeigen.

a) Einfluß des Zweckverständnisses auf das Nachschieben der Begründung vor Erhebung der Klage

Die Verweisung des Betroffenen auf die formal bestehende Möglichkeit der Rechtswegbeschreitung bei fehlender oder unzureichender Begründung wird dem Zweck der Eeffektivierung des Rechtsschutzes nicht gerecht[17]. Die jederzeitige Zulässigkeit des Nachschiebens der Begründung kann außerdem die Förderung und Sicherung des weitgefaßten Prinzips der Gesetzmäßigkeit, wie es im Zweck der Selbstkontrolle zum Ausdruck kommt, nicht gewährleisten. Die objektive Gesetzmäßigkeit gewinnt aber im modernen Verwaltungsrecht durch die Massenhaftigkeit der Maßnahmen eine Bedeutung, die derjenigen der Rechtsschutzgarantie den Rang ablaufen kann[18]. Aus rechtsstaatlichen Erwägungen werden daher Verfahrens- und Formvorschriften aufgestellt, die von vornherein die Rechtmäßigkeit des Verwaltungshandelns in größtmöglichem Maße sicherstellen sollen und demgemäß eine entsprechende Garantie für ihre praktische Anwendung erfordern!

In diese Kategorie von Formvorschriften ist auch die Begründungspflicht einzureihen. Sie hätte aber nicht mehr als „papierenen Gehalt", wenn ihre Nichtbeachtung durch die jederzeit mögliche Nachholung der Begründung unsanktioniert bliebe[19]. Dabei ist die fehlende oder formell unzureichende, nichtssagend lakonische Begründung nicht nur quantitativ ein schwererer Fehler als eine nur materiell unzureichende Begründung, sondern auch qualitativ. Die in dieser Unzulänglichkeit zum Ausdruck kommende Ignorierung der Zwecke der Begründungspflicht stellt einen derart schwerwiegenden Verstoß gegen rechtsstaatliche Prinzipien dar, daß ein Nachschieben der Begründung, die Heilung des Formverstoßes, grundsätzlich nicht zugelassen werden kann[20]. Dies ist die unausweichliche Konsequenz der Anerkennung der Funktion der Begründungspflicht, die darin besteht, den Rechtsschutz zu effektivieren und in entscheidendem Maße dazu beizutragen, daß die Maßnahmen der Verwaltung bei ihrem Erlaß „im Interesse ihrer objektiven Richtigkeit den zahlreichen Impulsen und Kontrollen eines geordneten Verwaltungsverfahrens ausgesetzt werden, die Fehlerquellen nach Möglichkeit ausschließen"[21]. Nachträgliche Begründungen können demgegenüber die Entscheidung der Verwaltung nur nachträglich rechtfertigen.

Zu berücksichtigen bleibt jedoch, daß der Rechtsschutz des Betroffenen durch eine nachträgliche Begründung zwar beeinträchtigt, aber

---

[17] s. dazu schon o. die Ausführungen bei Teil B II 2.
[18] Weitergehend schon *Kopp* S. 228.
[19] a. A. *Bettermann* DVBl. 1963, 827.
[20] Vgl. in diesem Zusammenhang *Forsthoff* S. 230.
[21] *Kopp* S. 222.

nicht gänzlich ausgeschlossen wird. Ist außerdem gesetzlich vorgesehen, daß vor der Inanspruchnahme gerichtlichen Rechtsschutzes von einem Rechtsbehelf gegenüber der Verwaltung Gebrauch zu machen ist, und der Verwaltungsakt sozusagen erst durch die Entscheidung der Verwaltung in diesem Verfahren seine endgültige Gestalt erhält, wird man auch unter Berücksichtigung des Zweckverständnisses der Begründungspflicht die grundsätzliche Unzulässigkeit einer Heilung des Formfehlers zeitlich auf den Zeitpunkt festlegen müssen, in dem das Ergebnis dieses beabsichtigten Filters im Bereich der Exekutive vorliegt, zumal dem Betroffenen bei fehlender oder unzureichender Begründung auch kostenmäßig keine Nachteile entstehen[22]. Ist dem Erfordernis der Begründungspflicht auch nach diesem „letzten Wort der Verwaltung" nicht im erforderlichen Maße Rechnung getragen, können weitere Heilungsversuche allerdings nicht mehr berücksichtigt werden. Ein Nachschieben der Begründung nach Erlaß eines erforderlichen Widerspruchsbescheids scheidet aus[23].

b) Zulässigkeit des Nachschiebens von Gründen im Verwaltungsverfahren

Aus dieser beschränkten Zulassung des Nachschiebens der Begründung ergibt sich, daß in diesem Umfang ein Nachschieben von Gründen bei einer formell nicht zu beanstandenden, materiell jedoch unzutreffenden oder unzureichenden Begründung eines Verwaltungsakts ebenfalls zulässig ist. Zu beachten ist dabei allerdings, daß die Begründung durch die nachgeschobenen Gründe nicht formell fehlerhaft wird, wie etwa im Falle der Unschlüssigkeit. Das Nachschieben von Gründen darf außerdem nicht zu einer Auswechslung des Sachverhalts führen, denn der Tenor des Verwaltungsakts wird entscheidend durch den Sachverhalt konkretisiert, der als Teil der Begründung auch Teil der Gesamtmaßnahme ist. Die Auswechslung des Sachverhalts bringt damit einen neuen Verwaltungsakt mit (zufällig) gleichem Tenor hervor. Die Ersetzung des einen Sachverhalts durch einen anderen im Wege des Nachschiebens von Gründen kann daher nur als Rücknahme oder Widerruf des bisherigen und Erlaß eines neuen Verwaltungsakts gedeutet werden.

---

[22] Dies sieht auch § 65 des EVwVerfG 1963 sowie des Reg.entw. vor. Die Heilung kann allerdings keine Wirkung ex tunc haben.

[23] Ebenso *Klinger* Anm. B 2 a) zu § 73; *von Mutius* S. 210; *Zschacke* S. 415; *Ule*, Verwaltungsgerichtsbarkeit, Anm. III 2. zu §§ 69 - 73 (S. 257 f.); *Ule* DVBl. 1963, 477; 1968, 786; wohl auch *Forsthoff* S. 242; gegen jede Nachholbarkeit bei formell unzureichender wie fehlender Begründung: *Ule-Rasch* Anm. 11 zu § 44 Pr.PVG; *Rasch-Westrick* Anm. 3 zu § 57; Frankfurter Kommentar Anm. 11 zu § 57. — a. A. die in Fn. 10 Genannten.

c) Nachschieben der Begründung und Nachschieben von Gründen im gerichtlichen Verfahren durch die Verwaltung

Aufgrund dieser Beschränkung der Heilbarkeit formeller Begründungsfehler sollte ein Nachschieben der Begründung durch die Verwaltung im gerichtlichen Verfahren grundsätzlich ohne rechtliche Wirkung sein[24]. Etwas anderes kann nur gelten, wenn die Gründe berechtigterweise erst vor Gericht dargelegt werden müssen, wie etwa bei vertraulichen Mitteilungen oder wenn wegen besonderer Eilbedürftigkeit eine Begründung im Verwaltungsverfahren nicht möglich war[25]. Im übrigen kann das Nachschieben der Begründung nur als Erläuterung aufgefaßt werden, welche Gründe die Verwaltung zum Erlaß der angefochtenen Maßnahme veranlaßt hatten. Diese beschränkte Bedeutung ergibt sich als Folge des Zweckverständnisses der Begründungspflicht, die im Unterschied zu einer rein technischen Bestimmung zu sehen ist, bei der die Vornahme der geforderten Handlung wegen ihres neutralen Charakters im gerichtlichen Verfahren noch ebenso gut wie bei Erlaß des Verwaltungsakts oder im Verwaltungsverfahren erfolgen kann[26].

Wenn sowohl die nicht nur formale Rechtsschutzgarantie wie der Zweck der Selbstkontrolle die Begründung des Verwaltungsakts bei seinem Erlaß, spätestens aber im Widerspruchsverfahren verlangen, muß es Aufgabe der die Begründung fordernden Rechtssätze sein, die Erfüllung dieser Pflicht zu sichern. Dem Betroffenen kann angesichts solcher Bestimmungen nicht zugemutet werden, erst durch Erhebung einer Klage die Verwaltung zur Preisgabe ihrer Gründe zu zwingen, und der Verwaltung kann nicht bis zu diesem Zeitpunkt erlaubt sein, sich überlegen zu können, wie sie ihre Maßnahme rechtfertigen will. Die Möglichkeit einer Äußerung im Prozeß und eine günstige Kostenregelung (§ 155 Abs. 5 VwGO) kompensieren nur zum Teil die Nachteile der verspäteten Begründung.

Bei einer formell nicht zu beanstandenden Begründung kann zwar wie im Verwaltungsverfahren eine Auswechslung des Sachverhalts nicht zugelassen werden, bezüglich einzelner Erwägungen und Umstände ist ein Nachschieben aber grundsätzlich nicht ausgeschlossen. Eine Bindung der Verwaltung an ihre in der Begründung geäußerten Auffassungen würde ein auf bestimmte Gesichtspunkte beschränktes, revisionsartiges Prüfungsverfahren zur Folge haben, das der im Verwaltungs-

---

[24] a. A. BVerfGE 6, 44 und die h. M. (vgl. die in Fn. 10 Genannten); wie hier *Ule-Becker* S. 53; *von Mutius* S. 210.

[25] Vgl. o. Teil C Fn. 502.

[26] Vgl. *Ule-Becker* S. 3 f. Dies erkennt auch die h. M. dadurch an, daß sie dem Nachschieben der Begründung rechtliche Folgen beimißt.

prozeß geltenden Inquisitionsmaxime widerspräche. Die umfassende Erörterung aller tatsächlichen und rechtlichen Gesichtspunkte durch das Verwaltungsgericht führt zwar in der Sache zu einer Fortsetzung des Verwaltungsverfahrens, wie *Kopp*[27] zu Recht kritisiert, sie entspricht aber dem geltenden Prozeßrecht.

Bezüglich *rechtlicher* Gründe hat das Nachschieben von Gründen damit nur die Bedeutung, daß es die Position der Verwaltung im Prozeß verbessert[28]. Waren allerdings Zweckmäßigkeitserwägungen für den Erlaß des konkreten Verwaltungsakts anzustellen, muß noch eine weitere Einschränkung gemacht werden.

Derartige Erwägungen sind der Verwaltung vorbehalten. Die Möglichkeit der Ersetzung durch eigene Erwägungen ist dem Verwaltungsgericht hier entzogen[29]. Um die Rechtmäßigkeit des Verwaltungshandelns und den Rechtsschutz sicherzustellen, kann daher ein Nachschieben von Gründen nur insoweit in Betracht kommen, als der Betroffene nicht in seiner Rechtsverteidigung beeinträchtigt wird und die Verwaltung nachweist, daß sie sich schon bei Erlaß des Verwaltungsakts von den nachgeschobenen Ermessenserwägungen hat leiten lassen[30]. Das war zum Beispiel nicht der Fall, wenn sich der angefochtene Verwaltungsakt als sog. gebundener Verwaltungsakt darstellt[31].

Bei *tatsächlichen* Umständen muß ein Nachschieben abgelehnt werden, das, wie bereits erwähnt, ein Auswechseln des Sachverhalts, damit des Verwaltungsakts und des Streitgegenstands bedeuten würde. Auch bezüglich einzelner Tatsachen hängt die Zulässigkeit des Nachschiebens damit, wie auch bei nach Erlaß des Verwaltungsakts eingetretenen

---

[27] a.a.O. S. 228 zur historischen Erklärbarkeit dieser Tatsache und gleichzeitigen Kritik s. außerdem *Kopp* S. 226 Fn. 29; vgl. auch *Schick* S. 8 und Fn. 15. Zur Praxis des französischen CE vgl. *Waline* S. 479; *Auby-Drago* Bd. III S. 51.

[28] Zutreffend *Schick* S. 8.

[29] Bei einer Ermessensreduzierung auf Null liegt nur theoretisch gesehen eine Ermessensmaßnahme vor. Zum Verfahren mit pleine juridiction im französischen und europäischen Recht s. *Euler* KSE Bd. 4 S. 662 ff.

[30] An diesen Nachweis sind strenge Anforderungen zu stellen, da die Verwaltung aus ihrer Verteidigerposition heraus sich bemühen wird, ihre Maßnahme aufrechtzuerhalten, daher nicht mehr die gleiche Unbefangenheit haben wird wie bei Erlaß der Maßnahme und zudem durch Aktennotizen und dergleichen leicht den Eindruck der Maßgeblichkeit der Erwägungen zum Zeitpunkt des Erlasses des Verwaltungsakts erwecken kann, vgl. BVerwGE 17, 281.

[31] Die h. M. läßt in diesem Fall ein Nachschieben von Gründen nicht zu, da sich der Wesensgehalt des Verwaltungsakts ändert; s. hierzu *Schick* S. 8 m. w. N.; die Aufhebungsbedürftigkeit ergibt sich in diesem Fall auch aus dem in der Nichtausübung des Ermessens liegenden Ermessensfehler.

neuen Tatsachen, davon ab, was als Streitgegenstand betrachtet wird[32].

d) Nachschieben der Begründung und Nachschieben von Gründen durch das Gericht

Auch das Verwaltungsgericht muß bei seiner Amtsermittlung zunächst die Einhaltung der Verfahrens- und Formvorschriften prüfen und sollte sich einer Ermittlung hinsichtlich materieller Fragen enthalten, falls es die fehlende oder unzulängliche Beachtung einer solchen Bestimmung feststellt, die nicht nur eine untergeordnete Bedeutung bzw. den Charakter einer technischen Regel hat[34]. Die rechtsstaatlichen Schutzfunktionen der Begründungspflicht lassen eine solche Einstufung der Begründungspflicht nicht zu. Daher sollte das Verwaltungsgericht bei einer formell unzureichenden Begründung den eine Begründung fordernden Rechtssätzen die gebührende Effektivität nicht dadurch nehmen, daß es durch seine Amtsermittlung bezüglich der materiellen Fragen den Formfehler praktisch behebt[35].

Wenn auch durch eine derartige stärkere Berücksichtigung der Formvorschrift im Einzelfall dem Kläger, dem es auf eine endgültige Klärung seines Streits mit der Verwaltung ankam, die gewünschte Entscheidung vorenthalten wird, so scheint es doch übertrieben, hieraus zu schließen, daß ihm nur „Steine statt Brot" gegeben werden[36]. Zum einen wird durch eine solche Betonung der Begründungspflicht die Verwaltung zur sachgemäßen Beachtung dieser Formvorschrift gezwungen, womit nicht nur rechtsstaatlichen Zwecken Rechnung getragen wird, sondern auch der praktische Effekt erzielt wird, daß die Betroffenen von der Notwendigkeit und Richtigkeit der Maßnahmen

---

32 Da die Beschränkung des Streitgegenstandes auf die bekämpfte, konkrete Maßnahme durch die daraus sich ergebende leichte Umgehbarkeit der materiellen Rechtskraft der verwaltungsgerichtlichen Entscheidung zu eng ist, wird man zutreffend den Streitgegenstand von der konkreten Maßnahme unabhängig machen müssen und ihn in dem „Begehren der vom Kläger aufgrund eines bestimmten Sachverhalts beantragten Entscheidung" sehen müssen (s. ausführlich hierzu *Lüke* JuS 1967, 1 ff. [8]. Aus dieser Einbeziehung des dem Verwaltungsakt zugrunde liegenden Sachverhalts ergibt sich für die Frage des Nachschiebens tatsächlicher Gründe, daß es nur zulässig sein kann, soweit es diesen Sachverhalt nicht ändert, der auch vom Gericht zu ermitteln ist[33].

33 Einschränkender *Kopp* S. 247 f.

34 Vgl. hierzu *Ule-Becker* S. 3 f.; *Kopp* S. 258.

35 Vgl. *Forsthoff* S. 242; diese rechtsstaatlichen Schutzfunktionen verkennt *Groschupf* DVBl. 1962, 634 im Gegensatz zu S. 633, wenn er meint, es könne nicht die Funktion des Verfahrensrechts sein, den Verwaltungsrichter an der Sachentscheidung zu hindern. Gegen seine Befürwortung des Nachschiebens von Gründen bei formell nicht zu beanstandener Begründung, a.a.O. S. 630, ist im Prinzip nichts einzuwenden, s. bei Fn. 39. — Zur Praxis der Gerichte in den Mitgliedstaaten s. o. S. 192 f. und u. Teil D II 3.

36 *Czermak*, Deutsche Richterzeitung 1964, 40.

eher überzeugt werden. Verringert sich hierdurch die Zahl der eingelegten Rechtsmittel und werden die Gerichte weniger mit Klagen beschäftigt, die vermeidbar sind, kommt dies im Endeffekt auch den potentiellen Klägern unvermeidlicher Rechtsstreitigkeiten zustatten.

Auch aus der der Verwaltung zustehenden Möglichkeit, nach Aufhebung eines Verwaltungsakts aus formellen Gründen sogleich erneut den gleichen, begründeten Verwaltungsakt zu erlassen, ergibt sich keineswegs notwendigerweise ein zweiter Prozeß, da die Begründung des neuen Verwaltungsakts den Betroffenen überzeugen oder ihm zumindest die Aussichtslosigkeit eines Rechtsmittels aufzeigen kann[37]. Bei fehlender oder formell unzureichender Begründung sprechen daher auch Erwägungen der Prozeßökonomie[38] nicht für eine Entscheidung in der Sache. Diesen könnte im übrigen gegenüber rechtsstaatlichen Erwägungen nur eine untergeordnete Bedeutung zukommen.

Bei einer formell nicht zu beanstandenden Begründung ergibt sich die Möglichkeit der Berücksichtigung nachgeschobener Gründe bereits aus der Inquisitionsmaxime. Auch das Verwaltungsgericht darf jedoch seiner Entscheidung nicht solche im Wege der Amtsermittlung festgestellten oder nachgeschobenen Umstände zugrunde legen, die hinsichtlich des angefochtenen Verwaltungsakts eine Auswechslung des Sachverhalts und damit des Streitgegenstandes bedeuten würden[39].

3. Das europäische Recht

Die kritische Prüfung der umfangreichen Erörterung der Frage des Nachschiebens der Begründung bzw. des Nachschiebens von Gründen im deutschen Verwaltungsrecht läßt es zu, die gefundenen Ergebnisse weitgehend — unter Anpassung an das unterschiedliche Verfahrensrecht — auf das europäische Gemeinschaftsrecht zu übertragen.

Im europäischen Recht ist die Begründung von Maßnahmen der Kommission und des Rates[40] zwingend vorgeschrieben. Die im deutschen Verwaltungsrecht mit der Begründungspflicht verfolgten Zwecke haben im europäischen Gemeinschaftsrecht die gleiche Bedeutung. Die gleichen rechtsstaatlichen Schutzfunktionen fordern auch hier, daß die Begründung vor Erhebung der Klage erfolgt.

---

[37] Auch dies übersieht *Groschupf* a.a.O.

[38] EVwVerfG 1963, Einzelbegründung S. 162; auf die Funktion des Rechtsprechens im Unterschied zur Verwaltung, die beiderseitigen Erfahrungen und das zu beachtende Verfahren weist *Kopp* S. 223 und 226 gegenüber dem Argument der Prozeßökonomie hin.

[39] So schon *Hufnagl* S. 61; diese Grenze spiegelt sich im Verbot der Wesensgehaltsänderung nach der h. M. wieder.

[40] Lediglich für das EGKS-Recht ist die allgemeine Begründungspflicht des Art. 15 (dem Wortlaut nach) auf die Maßnahmen der Kommission (Hohe Behörde) beschränkt.

Mangels Widerspruchsverfahrens fehlt dessen Filterwirkung im Bereich der Exekutive[41], so daß die formelle Korrektheit der Maßnahmen der Gemeinschaftsorgane bereits bei ihrem Erlaß vorliegen muß[42].

Eine nachträgliche Begründung innerhalb der Klagefrist kann bei Entscheidungen nicht zugelassen werden, da sie auch im europäischen Gemeinschaftsrecht die Exekutive nicht nur zum Erlaß voreiliger bzw. unzureichend durchdachter Maßnahmen verleiten könnte oder sie zumindest veranlassen könnte, ihre Gründe nur im Falle einer Klageerhebung im erforderlichen Umfang darzulegen, sondern auch den Betroffenen unter Umständen bis zum letzten Tag dieser Frist über die Erfolgsaussichten einer Klage im Unklaren ließe. Der Adressat wartet möglicherweise vergebens auf die Begründung und sieht sich schließlich zur Klage veranlaßt, ohne die Gründe, die den Erlaß der angefochtenen Maßnahme veranlaßten, zu kennen. Aus diesem Grund erweist sich auch die Meinung, ohne Begründung beginne die Klagefrist nicht zu laufen, als ungeeignet, da sie lediglich den Zustand der Unklarheit bis zum Ablauf einer notwendigerweise zu setzenden Ausschlußfrist verlängert.

Bei normativen Akten kann ohnehin wegen der Möglichkeit der inzidenten Rechtswidrigkeitseinrede die Klagefrist als zeitlicher Begrenzungspunkt für ein rechtswirksames Nachschieben der Begründung nicht in Betracht kommen. Die Ungewißheit des ersten Erlasses einer Maßnahme, für die die zu erlassende Maßnahme mit normativem Charakter als Grundlage dient, zwingt auch hier dazu, eine formell ausreichende Begründung für den Zeitpunkt des Erlasses der Verordnung oder Richtlinie zu fordern. Soweit diese Akte unmittelbar anfechtbar[43] sind, gilt das zu den Entscheidungen Gesagte.

Auch im Verfahren vor dem Gerichtshof ist eine Heilung der Begründungspflichtverletzung durch das Erlaßorgan nicht zulässig. Dabei ist der Charakter der Begründungspflicht als Formvorschrift unabhängig von der Verfahrensart. Auch im Verfahren mit pleine juridiction behält die Begründungspflicht diesen Charakter[44], lediglich die Rechtsfolge ihrer Verletzung kann eine andere als bei der Nichtigkeitsklage sein[45].

---

[41] Diese ist gerade auch bei unzureichender Begründung einer Maßnahme von Vorteil.

[42] RsprGH 5, 115; 13, 125 und 147; *Maas* S. 12; *Schibel* S. 458.

[43] Vgl. Art. 33 Abs. 2 EGKSV; enger Art. 173 Abs. 2 EWGV, 146 EAGV.

[44] Vgl. o. Teil B II 3 c) bb).

[45] a. A. GA *Lagrange* RsprGH 5, 216 (für die Nichtigkeitsklage) und 8, 83 (Verfahren mit pleine juridiction), wobei zur Zeit dieses Urteils noch keine normierte Begründungspflicht für Maßnahmen im Beamtenrecht bestand.

Erfüllt die Begründung dagegen die an sie zu stellenden Mindestanforderungen, können auch im europäischen Gemeinschaftsrecht unterstützende Gründe, eine detaillierte Erläuterung oder eine weitere Entwicklung der Argumentation anhand tatsächlicher Umstände oder rechtlicher Erwägungen ohne Auswechslung des Sachverhalts dem Gerichtsverfahren vorbehalten werden[46]. Die Berücksichtigung dieser Gründe ist allerdings auch im europäischen Recht nur mehr im Rahmen der gerichtlichen Sachaufklärung von Bedeutung. Dies gilt auch für die Darlegung von Gründen, die — etwa bei vertraulichen Mitteilungen — berechtigterweise dem Gerichtsverfahren vorbehalten werden durfte[47]. Die Grenzen eines zulässigen Nachschiebens von Gründen, die für das deutsche Recht aufgezeigt wurden, lassen sich dabei auf das europäische Gemeinschaftsrecht übertragen, da sie auf allgemeinen verwaltungsrechtlichen und rechtsstaatlichen Erwägungen beruhen.

Der Gerichtshof der europäischen Gemeinschaften hat unter Betonung des Zwecks der Effektivierung des Rechtsschutzes und der Erleichterung seiner eigenen Kontrolltätigkeit trotz seiner weitreichenden Ermittlungsmöglichkeiten[48] die rechtlichen Konsequenzen einer formell unzureichenden Begründung nicht gescheut[49] und hat bei einer derartig fehlerhaften Maßnahme nur dann eine Prüfung in der Sache vorgenommen[50], wenn die fehlende materielle Stichhaltigkeit offensichtlich war, ohne aber in diesen Fällen zur Frage einer Heilung der Begründungspflichtverletzung in zustimmender Weise Stellung genommen zu haben[51].

II. Rechtsfolgen der Begründungspflichtverletzung

Nicht jeder noch so geringe Verstoß gegen eine Formvorschrift kann die Nichtigkeit oder Aufhebbarkeit der davon betroffenen Maßnahme zur Folge haben, wenn nicht die Verwaltungstätigkeit unmöglich werden oder zumindest so zögernd und langwierig werden soll, daß

Seine Auffassung konnte sich in der Rechtsprechung nicht durchsetzen, vgl. RsprGH 9, 156; 11, 407 sowie die in Fn. 42 genannten Entscheidungen; GA *Roemer* RsprGH 9, 337; 12, 187.

[46] Vgl. o. Teil C I und GA *Roemer* RsprGH 13, 183 f.; 14, 63; *Bülow* S. 278; *Steindorff*, Rechtsschutz, S. 61 (anders Nichtigkeitsklage I, S. 56, 70, 144). Die genannte Voraussetzung hat zur Folge, daß eine zur Zweckerreichung der Begründungspflicht unumgängliche Bindung des Erlaßorgans an seine Begründung in dem Umfang eintritt, in welchem ein Nachschieben von Gründen nicht zulässig ist.

[47] Vgl. RsprGH 11, 1168 und GA *Gand* RsprGH 14, 161.

[48] s. Art. 23 und 24, 25 EGKS-S.; Art. 21, 22 EWG-S.; Art. 22, 23 EAG-S. sowie Art. 45 VerfO. des GH der Europäischen Gemeinschaften.

[49] s. dazu die folgenden Ausführungen.

[50] Die praktisch der Heilung eines Begründungsfehlers entspricht.

[51] Vgl. die in Teil C Fn. 400 genannten Entscheidungen.

ihre Wirksamkeit in Frage gestellt ist[52]. Diese Rechtsfolgen müssen auf einen abgegrenzten Kreis von Formverstößen beschränkt sein.

1. Die Schwere des Verstoßes als Abgrenzungskriterium

Zum Teil wird bei der erforderlichen Abgrenzung die Schwere des Verstoßes als Kriterium gewählt[53], was jeweils eine Prüfung im konkreten Einzelfall erforderlich macht und damit der Klarheit und Rechtssicherheit nicht förderlich ist. Der Klagegrund der Verletzung wesentlicher Formvorschriften weist zudem auf eine andersartige Differenzierung hin. Nicht die wesentliche Verletzung einer Formvorschrift, sondern die Verletzung einer wesentlichen Formvorschrift wird von den Gemeinschaftsverträgen[54] als Klagegrund bei der Nichtigkeitsklage anerkannt. Welche Bestimmungen dabei als wesentliche Formvorschrift zu betrachten sind, muß dem potentiellen Kläger bei der Abwägung seiner Klageaussichten erkenntlich sein. Die Frage der Wesentlichkeit einer Formvorschrift bedarf daher einer generellen Klärung.

2. Wesentliche Verletzung einer Formvorschrift und Verletzung einer wesentlichen Formvorschrift. Die Kausalität der Begründungspflichtverletzung

Die Gemeinschaftsverträge haben mit der Formulierung des Klagegrundes der Verletzung wesentlicher Formvorschriften der Entwicklung des Klagegrundes des vice de forme im französischen recours pour excès de pouvoir Rechnung getragen. Um zwischen der Annullierung eines acte administratif aufgrund einer Formverletzung und der Nichtbeachtung von Formverstößen zwecks Vermeidung einer noch beschwerlicheren Verwaltungstätigkeit[52] einen Kompromiß zu treffen, entwickelte vor allem der Conseil d'Etat aufgrund seiner empirischen Kenntnisse die Unterscheidung zwischen „formes substantielles" und „formes accessoires" oder „formes non substantielles"[55]. Als Abgrenzungskriterium diente dabei neben dem Zweck des Schutzes

---

[52] So deutlich *Vedel* S. 522; *Waline* S. 334: „administration déjà trop lente."

[53] *Steindorff*, Rechtsschutz, S. 63; *Ehle* Anm. 56 zu Art. 190 (zutreffend dagegen Anm. 57 zu Art. 190); *Daig* JZ 1955, 368 Fn. 48 (zutreffend dagegen Handbuch Anm. 1 b) zu Art. 190); *Wieacker* KSE Bd. 1, 494; GA *Lagrange* RsprGH 5, 216; GA *Roemer* RsprGH 14, 433; a. A. dagegen *Becker*, Einfluß, S. 121. Im nationalen Recht: differenzierend *Bernard* S. 213; zutreffend *Bettermann* S. 827.

[54] Art. 33 EGKSV, 173 EWGV, 146 EAGV.

[55] Vgl. *Bernard* S. 212 f.; *de Laubadère* S. 255 (Nr. 457), 492 (Nr. 887 ff.); *Rivéro* S. 221 (Nr. 258); *Debbasch* S. 476; entsprechend das belgische Recht: *Mast* S. 370.

des von einem acte administratif Betroffenen und seiner Rechte der Einfluß der Formverletzung auf die Gestaltung des acte administratif.

Hinsichtlich der Begründungspflicht besteht kein Zweifel daran, daß durch ihre Verletzung die Rechte des von einer Maßnahme der Verwaltung Betroffenen beeinträchtigt werden und daß sie geeignet ist, durch die Veranlassung zu sorgfältiger und umsichtiger Vorbereitung eines Aktes dessen Gestaltung zu beeinflussen, daß sie andererseits aber nicht nur im Interesse der Verwaltung Beachtung erfordert[56]. Die Kausalität des Formfehlers für eine Maßnahme in ihrer konkreten Gestalt bedarf damit bei einer formell unzureichenden Begründung keiner besonderen tatsächlichen Feststellung durch das Gericht[57], was eine materielle Überprüfung erforderlich machen würde, die zudem nur zu einem hypothetischen Ergebnis kommen könnte.

Selbst die völlig fehlende Begründung kann im Einzelfall auch bei einer Ermessensmaßnahme ohne Einfluß auf die Entscheidung gewesen sein; andererseits ist die fehlende oder unzulängliche Begründung bei einer objektiv rechtswidrigen Maßnahme auch im Rahmen der gebundenen Verwaltung (compétence liée) wahrscheinlich nicht ohne Einfluß auf den Erlaß des Aktes gewesen. Da die Begründungspflicht die Eigenkontrolle der Verwaltung bezweckt und schon der Vorgang der Darstellung der tragenden Gründe die Exekutive von einer übereilten, nicht gerechtfertigten Maßnahme abhalten wird, kann die Kausalität der Begründungspflichtverletzung wohl generell unterstellt werden[58]. Damit wird die Begründungspflicht im französischen

---

[56] Vgl. o. Teil B und die in Fn. 55 Genannten sowie *Mono* S. 97; *Lanz* S. 131 ff.

[57] Ebenso *Daig*, Handbuch, Anm. 1 b) zu Art. 190; a. A. *Lanz* S. 132, 134 für das französische Recht; *Bernard* S. 213 bei unzureichender Ausführung der Formvorschrift (wie hier dagegen bei Fehlen der Form); § 36 EVwVerfG 1963 und Einzelbegründung S. 158 sowie Reg.entw. § 36 und Einzelbegründung S. 52.

[58] Ebenso *Daig*, Handbuch, Anm. 1 d) zu Art. 190; die Möglichkeit der Kausalität wird im französischen Recht zutreffend als ausreichend angesehen, vgl. *de Laubadére* S. 255 (Nr. 457); *Vedel* S. 522; *Waline* S. 334; *Auby-Drago* Bd. II S. 584; zum italienischen Recht vgl. *Rivalta* S. 203; im deutschen Recht vertreten *von Mutius* S. 209, *Bettermann* DVBl. 1963, 827 und *Kopp* S. 225, 229 diese Meinung. § 36 des EVwVerfG 1963 und der inhaltsgleiche § 36 des Reg.entw. setzen dagegen grundsätzlich eine Prüfung der tatsächlichen Kausalität voraus. Die Schwierigkeit dieser Prüfung wurde auch von den Verfassern der Entwürfe erkannt, s. Einzelbegründung S. 158 bzw. 52. — Zu Recht weist *Ossenbühl* DÖV 1964, 516 f. darauf hin, daß durch die Prüfung der Erheblichkeit „die Gerichte zusätzlich mit einer oft schwierigen Prüfung belastet werden, die vielleicht mehr Aufwand erfordert als der Neuerlaß eines Verwaltungsakts, der durch § 36 eingespart werden soll“. Durch die weitgehende Zulassung einer Heilung des Begründungsfehlers in § 35 der Entwürfe wird die praktische Bedeutung des § 36 für die Begründungspflichtverletzung allerdings gering sein.

Recht, soweit sie als erforderlich betrachtet wird, zutreffend als wesentliche Formvorschrift im Rahmen des Klagegrundes „vice de forme“ angesehen[59]. Aber auch im europäischen Recht führen diese Erwägungen dazu, die Begründungspflichtverletzung als Verletzung einer wesentlichen Formvorschrift im Sinne der Gemeinschaftsverträge zu behandeln[60].

3. Abneigung gegenüber der Aufhebung einer Maßnahme aus formellen Gründen

Im französischen ebenso wie im deutschen Verwaltungsrecht werden jedoch erhebliche Bedenken geltend gemacht, einer Maßnahme der Verwaltung aus formellen Gründen die Wirksamkeit zu versagen bzw. zu nehmen. Daher prüft der Conseil d'Etat die Wesentlichkeit, die Möglichkeit der Kausalität einer verletzten Formvorschrift außer in den Fällen, in denen das Gesetz die Verletzung mit der Nichtigkeit sanktioniert sehen will[61], und ersetzt rechtswidrige motifs der Verwaltung durch rechtmäßige, die er selbst gesucht hat, sowohl bei gebundener Verwaltung als auch bei Ermessensentscheidungen. Die Annullierung einer Maßnahme wegen Verstoßes gegen eine Formvorschrift wird als wenig sinnvoll angesehen, wenn bei deren Vorliegen die Verwaltung nicht gehindert wäre, einen neuen, identischen Akt zu erlassen[62].

Allerdings ist diese Rechtsprechung nicht ohne Widerspruch geblieben. So wird insbesondere darauf hingewiesen, daß auch bei gebundener Verwaltung und der Möglichkeit des Neuerlasses eines acte administratif mit dem gleichen Ausspruch die Annulierung wegen eines wesentlichen Formfehlers eine Sanktion darstellt, die die Verwaltung zu der andernfalls leicht vernachlässigten Sorgfalt veranlaßt[63].

Im deutschen Recht wird außerdem geltend gemacht, daß Verfahrens- und Formvorschriften gegenüber dem materiellen Recht nur eine

---

[59] *De Laubadère* S. 255 (Nr. 497); *Lanz* S. 132 f.

[60] *Ehle* Anm. 57 zu Art. 190; *Schrans* Sp. 281; *Becker*, Einfluß, S. 121; *Bebr*, Control, S. 82; RsprGH 11, 1370; 1, 231 (Verteidigungsvorbringen der HB).

[61] *Auby-Drago* Bd. II S. 584; *Lanz* S. 134 i. V. m. 131 f.; s. auch *Debbasch* S. 476.

[62] *Auby-Drago* Bd. III S. 51 f., 46; entsprechende Erwägungen liegen im deutschen Recht § 36 EVwVerfG 1963 und des entsprechenden Reg.entw. zugrunde. Auch GA *Lagrange*, der dem französischen Recht nahesteht, wies auf das Unbehagen hin, eine Maßnahme aus formellen Gründen zu annullieren, vgl. RsprGH 6, 959 f. — Gegen die Argumentation mit einem möglichen zweiten Verwaltungsakt gleichen Inhalts. s. schon o. Teil D I 2 d) sowie Fn. 58. Häufig wird die ex-nunc-Wirkung der neu zu erlassenden Maßnahme für die Verwaltung Grund genug sein, die Aufhebung ihrer Maßnahme wegen formell unzureichender Begründung möglichst zu vermeiden.

[63] s. *Auby-Drago* Bd. III S. 47; ähnlich im deutschen Recht *Kopp* S. 222; *Ossenbühl* DÖV 1964, 516.

dienende Funktion hätten. Sie hätten zudem nur für die Instanz Geltung, deren Verfahren sie regeln. Der Vollzug des Verwaltungsverfahrensrechts könne daher nicht Aufgabe des Verwaltungsgerichts sein. Die Sanktionierung eines Verfahrens- oder Formfehlers komme mangels entsprechenden Rechtssatzes nicht in Betracht. Auch verlören diese Fehler durch ein prozeßordnungsgemäßes Verwaltungsgerichtsverfahren ihre Bedeutung[64].

Mit der dienenden Funktion gegenüber dem materiellen Recht wird jedoch die Aufgabe der Begründungspflicht nur zu einem Teil erfaßt. Sicherlich soll die Begründungspflicht auch eine Entscheidung über das materielle Recht erleichtern, sie erschöpft sich jedoch keineswegs in diesem Zweck. Der beabsichtigte Schutz des Betroffenen vor Inanspruchnahme gerichtlichen Rechtsschutzes kann bei fehlender oder formell unzureichender Begründung nicht durch ein ordnungsgemäßes Gerichtsverfahren seine Bedeutung verlieren. Zwar kann es nicht Aufgabe des Verwaltungsgerichts sein, das Verwaltungsverfahrensrecht zu vollziehen, seine Kontrollfunktion erstreckt sich aber auch auf das formelle Recht. Eine Sanktionierung bei Verstößen gegen Formvorschriften, die nicht nur dem Interesse der Verwaltung, sondern auch dem Schutz der Betroffenen dienen, ist durchaus möglich[65] und wohl nicht zu umgehen, wenn ihre Schutzfunktion ernst genommen werden soll.

Keineswegs sollen die angesichts der Inquisitionsmaxime verständlichen Bedenken gegenüber einer Annullierung ohne materiell-rechtliche Untersuchung unbeachtet bleiben. Gerade im Fall der gebundenen Verwaltung mag bei einem materiell rechtmäßigen Verwaltungsakt eine Aufhebung wegen Verletzung der Begründungspflicht unangebracht und bei einem materiell rechtswidrigen Verwaltungsakt die Aufhebung aus sachlichen Gründen vorteilhafter erscheinen. Zu bedenken ist jedoch, daß bei einem sog. gebundenen Verwaltungsakt die Darlegung der tatsächlichen Umstände und der rechtlichen Erwägungen, die den konkreten Verwaltungsakt veranlaßten, keine Schwierigkeiten bereitet und die Begründung bei Angabe der maßgeblichen Rechtsnormen schon bei einer knappen Abfassung erkennbar wird. Sicherlich ist der Einfluß der Begründung auf die Gestaltung eines Verwaltungsakts bei der gebundenen Verwaltung weniger stark. Daß er jedoch nicht immer ausgeschlossen ist, zeigen die voreiligen, rechtswidrigen Verwaltungsakte, die durch den Vorgang des Begründens sicherlich zum Teil hätten vermieden werden können.

---

[64] *Groschupf* DVBl. 1962, 630 und EVwVerfG 1963, Einzelbegründung S. 158, Reg.entw., Einzelbegründung, S. 52 unter Berufung auf *Groschupf*.

[65] Vgl. zu § 113 und 42 Abs. 2 VwGO *Kopp* S. 229 Fn. 42; a. A. EVwVerfG 1963, Einzelbegründung, S. 162, dem die Einzelbegründung des Reg.entw. S. 52 insoweit nicht folgt.

Der möglicherweise erwiesenen, fehlenden Kausalität der formell zu bemängelnden Begründung und der materiellen Rechtmäßigkeit einer konkreten Maßnahme stehen damit die keineswegs überhöhten Anforderungen an die Begründung und die generelle Sicherung einer sorgfältigen Prüfung durch die Verwaltung gegenüber. Die Begründungspflicht trägt insofern dazu bei, die Vermutung der Rechtmäßigkeit der Maßnahmen auch angesichts der zunehmenden Massenhaftigkeit des Verwaltungshandelns zu sichern, den Betroffenen von der Rechtmäßigkeit einer Maßnahme zu überzeugen und ihm die Gesetzmäßigkeit des Verwaltungshandelns generell zu garantieren. Gerade diese Schutzfunktion der Begründungspflicht zugunsten der Betroffenen aus dem Gesetzmäßigkeitsprinzip läßt die Ignorierung der Begründungspflicht oder die nichtssagende, lakonisch allgemein gehaltene Begründung als derart schwerwiegenden Verstoß gegen die Zwecke und rechtsstaatlichen Schutzfunktionen der Begründungspflicht erscheinen[66], daß ihre Übergehung nicht ohne wirksame Rechtsfolge bleiben kann. Die Begründungspflicht kann eben nicht als bloße Formvorschrift betrachtet und behandelt werden, worauf mit aller Deutlichkeit hingewiesen werden muß.

4. Die möglichen Rechtsfolgen der Begründungspflichtverletzung

Ob als angemessene Sanktion die Aufhebbarkeit[67] ausreicht oder man infolge der Zwecke und Schutzfunktionen der Begründungspflicht das Fehlen der Begründung wie besonders krasse Verstöße als schwer genug ansehen sollte, sogar die Nichtigkeit des Verwaltungsakts als erforderliche Konsequenz zu betrachten[68], ist im nationalen Verwaltungsrecht umstritten.

Die im deutschen Verwaltungsrecht oft als ausreichend angesehene alleinige Folge der Hemmung des Laufs der Rechtsmittelfrist in Anlehnung an die Regelung bei fehlender Rechtsmittelbelehrung[69] wird jedoch dem kaum vergleichbaren Zweckverständnis der Begründungspflicht nicht gerecht. Zweifellos ist der Lauf einer Überlegungsfrist unangebracht, solange die erforderlichen Überlegungen nicht angestellt werden können. Diese Überlegungen zu ermöglichen, ist aber nur ein Teil der Funktionen der Begründungspflicht, und die Hemmung des

---

[66] Vgl. *von Mutius* S. 209.

[67] So die h. M. in den nationalen Rechtsordnungen, vgl. z. B. die in Fn. 71 genannten Zitate.

[68] So etwa *Schick* S. 7; *van Poelje-Donner* S. 269 für das niederländische Recht.

[69] s. § 58 VwGO sowie *Maunz-Dürig-Herzog* Anm. 50 zu Art. 19 Abs. 4; *Redeker-von Oertzen* Anm. 18 zu § 73; *Klinger* Anm. B 2 a) zu § 73; *Forsthoff* S. 242 (als Nebenfolge).

Laufs der Rechtsmittelfrist ist nicht erforderlich, wenn die Maßnahme allein aufgrund der fehlenden oder formell unzureichenden Begründung anfechtbar oder sogar nichtig ist[70]. Angesichts der Bedeutung der Begründungspflicht sollten die Bedenken gegenüber einer solchen Rechtsfolge aber auch im nationalen Verwaltungsrecht zurückgestellt werden[71].

Der Gerichtshof der Europäischen Gemeinschaften hat in seiner bisherigen Rechtsprechung keinen Zweifel daran gelassen, daß er die erforderliche Beachtung der Begründungspflicht durch eine wirksame Sanktionierung ihrer Verletzung zu sichern gewillt ist, wobei er insbesondere den Zweck der Effektivierung des Rechtsschutzes und der Verbesserung seiner Kontrolltätigkeit hervorhob[72].

Im Annullierungsverfahren wird die Begründungspflicht als wesentliche Formvorschrift betrachtet, deren Verletzung die (teilweise[73]) Nichtigerklärung der angefochtenen Maßnahme[74], die Feststellung der Unanwendbarkeit im Falle der Rechtswidrigkeitseinrede[75] und der Ungültigkeit[76] bei der Vorabentscheidung zur Folge hat.

Auch im Verfahren mit pleine juridiction behält die Begründung den Charakter eines Formerfordernisses, jedoch muß die formelle Unzulänglichkeit hier nicht zur Annullierung der angegriffenen Maßnahme führen. Der Kläger ist nicht auf den Aufhebungsantrag wie bei der Nichtigkeitsklage beschränkt, und der Gerichtshof kann je nach Art und Gegenstand der angefochtenen Maßnahme durch seine Entscheidung „die Erfüllung der unbeachtet gebliebenen vertraglichen Verpflichtung oder die Wiedergutmachung des ... erlittenen Schadens“[77] anordnen, d. h. er kann auf eine Entschädigung in Geld erkennen, eine finanzielle Verpflichtung abändern, aber auch die angefochtene Maßnahme aufheben[78].

---

[70] Zutreffend ebenso *Ule*, Verwaltungsgerichtsbarkeit Anm. III 2. zu §§ 69 bis 73; OVG Koblenz DVBl. 1958, 836; vgl. außerdem o. S. 202.

[71] Für Aufhebung sprechen sich im französischen Recht aus: *Isaac* S. 559; *Vedel* S. 511; für das belgische Recht s. *Buch* S. 100; im deutschen Recht vgl. BVerfGE 6, 44; *Forsthoff* S. 230; *Ule*, Verwaltungsgerichtsbarkeit, Anm. III 2. zu §§ 69 - 73; *Landmann-Rohmer* Anm. 7 zu § 63; *Kopp* S. 222, 225, 227.

[72] s. die nicht geringe Zahl von Entscheidungen, in denen er eine Maßnahme schon wegen des Begründungsfehlers annulierte: RsprGH 4, 31; 4, 71; 5, 116; 9, 157; 9, 678; 10, 353; 11, 1370; 12, 175; 12, 572; 13, 125; 17, 477 f.

[73] Vgl. Art. 174 Abs. 2 EWGV, 147 Abs. 2 EAGV sowie RsprGH 9, 157; GA *Roemer* RsprGH 6, 736.

[74] Art. 34 EGKSV; Art. 174 EWGV; Art. 147 EAGV.

[75] Art. 36 Abs. 3 EGKSV; Art. 184 EWGV; Art. 156 EAGV; s. auch *le Tallec-Ehlermann* S. 153.

[76] Art. 41 EGKSV; Art. 177 EWGV; Art. 150 EAGV.

[77] GA *Lagrange* RsprGH 9, 137.

[78] Vgl. RsprGH 8, 66; 11, 1370; 17, 477 f. (Aufhebung der Ernennungsverfügung); 12, 175 (Aufhebung der Verfügung über die vorläufige Dienstenthebung); GA *Roemer* RsprGH 8, 650; 12, 188.

5. *Möglichkeit differenzierender Rechtsfolgen*

Die Nichtigerklärung einer Maßnahme wegen Verletzung der Begründungspflicht kann nur dann in Frage kommen, wenn die zur Zweckerreichung erforderlichen Mindestanforderungen an die Begründung nicht erfüllt sind[79], d. h. bei fehlender oder formell unzureichender Begründung, bedarf aber in diesem Fall keiner Untersuchungen der materiellen Rechtslage[80].

Die Gleichstellung der fehlenden mit der formell unzureichenden Begründung ist — was die Fehlerhaftigkeit des Verstoßes betrifft — wegen der mit der Begründungspflicht verfolgten Zwecke gerechtfertigt[81]. Diese Gleichstellung muß allerdings nicht auch zur Gleichheit der Rechtsfolge führen. Vielmehr ist die bei der Betrachtung des nationalen Rechts bereits erwähnte Möglichkeit der Nichtigkeit einer Maßnahme bei völligem Fehlen einer Begründung wegen der hierin zum Ausdruck kommenden Ignorierung der Begründungspflicht und ihrer rechtsstaatlichen Schutzfunktionen auch im europäischen Recht in Erwägung zu ziehen.

Der Gerichtshof hat durch seine Entscheidung in der Rechtssache 1/57[82] die Diskussion zu dieser Frage angeregt. Während im allgemeinen eine unbegründete unverbindliche Maßnahme wie eine Stellungnahme nur dazu führt, daß sie als rechtsunerheblich zu betrachten ist oder im Falle der Art. 169 EWGV, 141 EAGV dem Gerichtshof bei Klageerhebung die Möglichkeit nimmt, eine Vertragsverletzung festzustellen[83], hielt der Gerichtshof die Begründung einer der Begründungspflicht ausdrücklich unterliegenden[84] Stellungnahme gemäß Art. 54 Abs. 4 EGKSV, die im Falle des Art. 54 Abs. 5 EGKSV anfechtbar ist[85], für ein so wesentliches, notwendiges Tatbestandsmerkmal, daß er die unbegründete Maßnahme als rechtlich inexistent beurteilte und die Klage als unzulässig abwies.

---

[79] Dies übersehen *Ehle* Anm. 8 zu Art. 190; *Mono* S. 96.

[80] Die Hemmungen im Verwaltungsrecht der Mitgliedstaaten gegenüber einer Annullierung aus „formellen" Gründen, die bezüglich der Formvorschrift der Begründungspflicht unangebracht sind, sind beim GH kaum anzutreffen, vgl. die Entscheidungen in Fn. 72; *Bülow* S. 278; *Daig*, Handbuch, Anm. 1 b), c) zu Art. 190; a. A. aber wohl GA *Roemer* RsprGH 6, 959 f.; 9, 339; 12, 188 und *Börner* S. 150.

[81] Zu dieser Gleichstellung aus Gründen der Zweckerreichung vgl. RsprGH 5, 116; *Schrans* Sp. 296; zum Unterschied von Gleichstellung und Identität s. *Wieacker* KSE Bd. 1, 494.

[82] RsprGH 3, 233.

[83] Vgl. GA *Roemer* RsprGH 13, 147; GA *Lagrange* RsprGH 7, 737; *le Tallec-Ehlermann* S. 153 sowie o. Teil B II 1 e).

[84] Art. 15 Abs. 1, 54 Abs. 4 EGKSV.

[85] Dies übersieht *Schrans* Sp. 296.

Diese Beurteilung einer Maßnahme ohne Begründung als rechtliches Nullum blieb in der Rechtsprechung ein Einzelfall[86]. Auch die Literatur hat sich fast einhellig bei fehlender Begründung für die Rechtsfolge der Aufhebbarkeit ausgesprochen[87]. Der gegenüber einer unzureichenden Begründung schwerere[88] und schwerwiegendere Verstoß gegen die Begründungspflicht und die mit ihr verfolgten rechtsstaatlichen Schutzfunktionen könnte jedoch durchaus als sachgerechter Grund für eine gravierende Rechtsfolge betrachtet werden. Die Schwere des Verstoßes dürfte jedenfalls ausreichen, der Ignorierung der Begründungspflicht und ihrer Zwecke mit der rechtlichen Unbeachtlichkeit zu begegnen, ohne daß von einer radikalen Lösung gesprochen werden müßte[89]. Auch die Erkennbarkeit des Mangels ist im Falle des Fehlens der Begründung nicht in Frage gestellt, so daß sich eine Unsicherheit auf seiten des Betroffenen, aber auch ein Vertrauen auf die Wirksamkeit der Maßnahme seitens eines begünstigten Dritten nicht ergeben könnte[90].

Wenn sich hieraus die Unzulässigkeit einer Klage mangels anfechtbarer Maßnahme ergibt, während die Klage gegen eine Maßnahme mit weniger schwerem Fehler zulässig ist, so liegt hierin keine unverständliche Schlechterstellung des Klägers[89]. Ist die Nichtigkeit einer Maßnahme offenkundig, ihr „auf die Stirn geschrieben"[91], ist es auch nicht unbillig, wenn der Kläger die Kosten einer Anfechtungsklage zu tragen hat, da von einer Verursachung der Klage durch das Erlaßorgan nicht die Rede sein kann[92].

Weniger die Kostenfolge als vielmehr das Nichtbestehen der Möglichkeit, die Nichtigkeit oder Rechtswirksamkeit gerichtlich feststellen zu lassen, wenn es zwischen dem Betroffenen und beteiligten Gemeinschaftsbürgern oder Gemeinschaftsorganen zu Meinungsverschiedenheiten über die Rechtswirksamkeit einer Maßnahme kommt[93], spricht jedoch

---

86 In den Rs. 8 - 11/66, RsprGH 13, 125, und 67/63, RsprGH 10, 353, hätte der GH Gelegenheit zur Bestätigung dieses Ausnahmefalls gehabt, begnügte sich jedoch mit der Nichtigerklärung; unzutreffend daher die Auffassung *Monos* S. 98, der GH neige dazu, im Fehlen der Begründung einen Nichtigkeitsgrund zu sehen.

87 Vgl. *Schrans* Sp. 296; *le Tallec-Ehlermann* S. 153; *Daig*, Handbuch, Anm. 1 b), c) zu Art. 190; *Ehle* Anm. 57 zu Art. 190; *Ule*, Gutachten, S. 23 Fn. 93; *unbekannter Sprecher* KSE Bd. 1, 514; a. A. *Quadri u. a.* S. 1426; *Wieacker* KSE Bd. 1, 491.

88 s. dazu *Wieacker* KSE Bd. 1, 493 f.

89 *Schrans* Sp. 296.

90 Die von dem *unbekannten Sprecher* KSE Bd. 1, 514 geäußerten Bedenken entfallen somit.

91 *Hatschek*, zit, von *Wieacker* KSE Bd. 1, 494.

92 Andernfalls ließe sich eine Kostentragung des Obsiegenden aus Art. 69 §§ 3 und 4 der VerfO. des GH ableiten, vgl. GA *Roemer* RsprGH 8, 650; *Wieacker* KSE Bd. 1, 493; *le Tallec-Ehlermann* S. 153; *Ehle* Anm. 7, 9 zu Art. 190.

93 Das kann gerade auch der Fall sein, wenn eine begünstigende Maßnahme unbegründet erging, vgl. KSE Bd. 1, 514 *(unbekannter Sprecher)*.

dafür, auch das Fehlen der Begründung lediglich mit der Nichtigerklärung zu sanktionieren. Eine generelle Verweisung auf die Möglichkeit der inzidenten Geltendmachung der Nichtigkeit bei Maßnahmen, die nach den Gemeinschaftsverträgen unmittelbar anfechtbar sind, wird dem Rechtsschutzbedürfnis daher nicht nur wegen der Kostentragungslast kaum gerecht[94].

Aus Gründen des gegenwärtigen Rechtsschutzsystems in den europäischen Gemeinschaften ist damit im Ergebnis der h. M. zuzustimmen, nach der eine Maßnahme auch ohne die erforderliche Begründung ihre Gültigkeit nur durch Nichtigerklärung oder Rücknahme verliert.

III. Prüfung der Begründungspflichtverletzung von Amts wegen

Wenn die Gemeinschaftsverträge die Verletzung wesentlicher Formvorschriften als selbständigen Klagegrund behandeln, können sie „nicht gutheißen, daß der Gerichtshof seine Augen vor einem solchen Geburtsfehler verschließt, nur weil der Kläger ihn übersehen hat“[95]. Die Begründung dient auch dazu, dem Gerichtshof die Kontrolle der angefochtenen Maßnahmen zu ermöglichen oder zu erleichtern, was dem Gerichtshof ein zusätzlicher Anlaß sein muß, die Verletzung dieser wesentlichen Formvorschrift unabhängig von der Rüge des Klägers zu überprüfen. Dies war schließlich auch der Grund, weshalb der Gerichtshof seine anfänglich gegenteilige Meinung[96] änderte[97] und nunmehr zutreffend die Begründungspflichtverletzung mit der fast einhelligen Zustimmung der Literatur[98] von Amts wegen prüft.

---

[94] Zu Recht fordert *Schrans* Sp. 296 daher für den Fall der Nichtigkeit die Einrichtung einer Feststellungsklage entsprechend dem deutschen Verwaltungsprozeßrecht.

[95] *Daig* JZ 1955, 368 Fn. 48.

[96] RsprGH 1, 108.

[97] RsprGH 5, 114; s. auch GA *Lagrange* RsprGH 6, 942 f. Unangemessen kurz hat der GH in der Rs. 41/69 die Verletzung der Begründungspflicht wegen Widersprüchlichkeit abgelehnt. War ihm wegen der fehlenden Substantiierung durch die Klägerin eine Widersprüchlichkeit der Gründe nicht ersichtlich, hätte er mit dieser Begründung eine Begründungspflichtverletzung ablehnen können. Seine Formulierung „Da die Klägerin jedoch diese (widersprüchlichen) Begründungserwägungen lediglich bezeichnet, ohne ihre Behauptung zu substantiieren, kann dieses Vorbringen keinen Erfolg haben“ (RsprGH 16, 693), kann dagegen nicht befürwortet werden. Sie läßt den Verdacht aufkommen, der GH habe eine mögliche Widersprüchlichkeit der Begründung nicht geprüft.

[98] Vgl. *Ehle* Anm. 4 zu Art. 190; *Schrans* Sp. 296; *Hanebuth* S. 368; *Louis* S. 27; *Maas S. 11; Bonaert u. a.* S. 42; *Korsch* KSE Bd. 1, 125; *Bebr* KSE Bd. 1, 86 f.; einschränkend *Börner* S. 151; zum französischen Recht s. *Bernard* S. 173 f.; zum belgischen Recht: *Buttgenbach* S. 490; zum niederländischen Recht s. *van Poelje-Donner* S. 269 Fn. 2; zum deutschen Recht: *Ule*, Verwaltungsgerichtsbarkeit, Anm. III 2. zu §§ 69 - 73; *Groschupf* DVBl. 1962, 633.

Ergebnis

Schon rein äußerlich ergibt sich die generelle Bedeutung der Begründungspflicht aus dem Standort der die Begründungspflicht im Grundsatz statuierenden Bestimmungen innerhalb des Kapitels über gemeinsame Vorschriften für mehrere Organe im EWGV und EAGV sowie des Kapitels über die Hohe Behörde im EGKSV. Obwohl die Erfüllung der Begründungspflicht bei jeder Maßnahme der Gemeinschaftsorgane zu prüfen ist und diese Frage recht oft im Verfahren vor dem Gerichtshof einen Streitpunkt bildete, wurde die Begründungspflicht in der Literatur bisher fast ausschließlich „nur nebenbei" behandelt, was um so weniger verständlich ist, als das Gewicht der Begründungspflicht wegen ihrer rechtsstaatlichen Grundlage nicht geringer werden kann, sondern zunehmen wird.

Die anfänglich starke Zurückhaltung mag mit der Novität der generellen Pflicht zur Begründung oder ihrer Erstreckung auf generelle, zum Teil auch auf unverbindliche Maßnahmen zu erklären sein. Eine eingehende Darstellung und Untersuchung der mit der Frage der Begründungspflicht verbundenen Probleme konnte aber nicht ausbleiben: Einerseits fehlt in den Gemeinschaftsverträgen jegliche Stellungnahme zur Erfüllung der Begründungspflicht, andererseits ist die prozessuale Bedeutung ihrer Verletzung als Verletzung einer wesentlichen Formvorschrift nicht zu übersehen. Die Zunahme der eine generelle Begründungspflicht befürwortenden Stimmen in den Mitgliedstaaten, die bisher eine solche umfassende Pflicht nicht kennen, trägt dazu bei, die Bedeutung der Begründungspflicht ins rechte Licht zu rücken.

Wurde noch in der Amtlichen Begründung der Bundesregierung zu den Verträgen von Rom[99] der Sinn der Begründungspflicht lediglich

---

[99] BT Ds. II 3440 S. 150 bzw. 193. Die Regierungsbegründungen der übrigen Mitgliedstaaten lassen ebenfalls eine Darstellung des Zweckverständnisses der Begründungspflicht vermissen, vgl. für Belgien: Documents Parlementaires, Chambre des Représentants, Sess. 1956 - 1957, Doc. 727 Nr. 1 und Nr. 3 (S. 30); für Frankreich: Assemblée Nationale, Troisième Législature, Sess. Ord. de 1956 - 1957, Doc. Nr. 4676 sowie den Bericht der Abgeordneten Savary und July im Namen der „Commission des Affaires Etrangères", Assemblée Nationale, Troisième Législature, Sess. Ord. de 1956 - 1957, Doc. Nr. 5266 (S. 2365 f.); für Italien: Camera dei Deputati, Legislatura II, Doc. Nr. 2814; für Luxemburg: Chambre des Députés, Sess. Ord. 1956 - 1957, Doc. Nr. 637 und 636 (S. 853, 857 f.); für die Niederlande: Tweede Kamer der Staten-Generaal, Zitting 1956 - 1957, Doc. Nr. 4725 Nr. 3 und Nr. 6 (S. 18).

dahingehend interpretiert, daß sie für die Auslegung förderlich sei, so ließ sich doch zeigen, daß diese Aufgabe der Begründungspflicht zwar der einheitlichen Rechtsanwendung in den Mitgliedstaaten dienen wird, im übrigen jedoch durch spezifische Zwecke überlagert erscheint, denen eine rechtsstaatliche Schutzfunktion als Basis gemeinsam ist und die den Beitrag der Begründungspflicht zur Sicherung und Förderung der Rechtsstaatlichkeit unverkennbar werden lassen.

Neben der Effektivierung des Rechtsschutzes für die Betroffenen und der Kontrollmöglichkeit des Gerichtshofs wird bei der zunehmenden Aktivität der Gemeinschaftsorgane und der hieraus resultierenden, sich vergrößernden Masse der erlassenen Maßnahmen vor allem die mit der Begründungspflicht zwecks Vermeidung von Außerachtlassungen und Irrtümern zu sichernde Eigenkontrolle der Gemeinschaftsorgane zunehmende Bedeutung gewinnen. Die Information der Mitgliedstaaten und beteiligter Nichtadressaten wie auch des Europäischen Parlaments stellen weitere Funktionen der Begründungspflicht dar, die stärker von einem spezifisch gemeinschaftsrechtlichen Charakter geprägt sind.

Dieses umfangreiche Zweckverständnis der Begründungspflicht macht scheinbar eine Begründung erforderlich, die das gute Funktionieren der Verwaltung, die Entscheidungsfreudigkeit der Gemeinschaftsorgane behindern und das Handeln der Organe unerträglich verlangsamen wird.

Die grundsätzlich erforderliche schlüssige Angabe der tragenden tatsächlichen Umstände und rechtlichen Erwägungen, die den Gedankengang des erlassenden Organs rekonstruierbar werden läßt, wird jedoch dadurch erleichtert, daß das Erlaßorgan der Begründung nur seine eigene (geläuterte) Rechtsauffassung zugrunde zu legen hat, ohne in der Begründung auf mögliche oder tatsächlich erfolgte Einwände eingehen zu müssen. Die Möglichkeit einer Gesamtbegründung oder einer Begründung aus dem Zusammenhang und der Begründung per relationem stellen weitere Erleichterungen bei der Abfassung der Begründung dar.

Allgemeingültige Mindestanforderungen an die Begründung müssen im übrigen unvermeidlich begrenzt bleiben, da Art und Inhalt der jeweiligen konkreten Maßnahme bestimmenden Einfluß auf die Begründung ausüben.

Auch Ermessensmaßnahmen und Maßnahmen aufgrund Würdigung der wirtschaftlichen Gesamtlage unterliegen der Begründungspflicht. Ihr der gerichtlichen Kontrolle entzogener Bereich politisch-ermessensmäßiger Erwägungen führt infolge des umfassenden Zweckverständnisses der Begründungspflicht auch bei diesen Maßnahmen nicht zu einer Exemtion der Gemeinschaftsorgane von der Darlegung der tragenden Gründe.

Wie die Eigenart und der sachliche Inhalt dienstrechtlicher, auskunftsrechtlicher, sanktionierender etc. Maßnahmen jeweils Inhalt und Umfang der Wiedergabe der tragenden, diese Maßnahmen veranlassenden Motive prägen, wirkt sich auch der den Erlaßorganen vorbehaltene Bereich politisch-ermessensmäßiger Erwägungen auf die Begründungspflicht aus. Er führt aber nicht zu einer Einschränkung, sondern zu erhöhten Anforderungen an den Begründungsinhalt.

Der Rechtscharakter der jeweiligen Maßnahme führt dazu, bei Verordnungen ihrer abstrakt-generellen und grundsätzlichen Regelung entsprechend eine zusammenfassende Begründung zuzulassen, die sich allerdings an den generellen Mindestanforderungen für den Begründungsinhalt orientieren muß. Die Angabe der großen Linien der politisch-ermessensmäßigen Erwägungen trägt dabei zum Verständnis für die Maßnahme bei.

Unverbindliche Maßnahmen unterliegen zwar nicht nach allen Verträgen der Begründungspflicht, eine Begründung ist jedoch auch für diese Maßnahmen, das Verständnis und die Überzeugung des Betroffenen, damit für die Erreichung des Zieles dieser Art von Maßnahmen von nicht zu unterschätzendem Vorteil.

Das Zweckverständnis der Begründungspflicht läßt Ausnahmen von der generellen Begründungspflicht grundsätzlich nicht zu. Wenn jedoch wegen des zum Erlaß einer Maßnahme führenden Verfahrens eine Begründung aus tatsächlichen Gründen unmöglich ist oder Kriterien ausschlaggebend waren, die einer Begründung unzugänglich sind, lassen sich Ausnahmen nicht vermeiden. Keine Ausnahme kann dagegen bei nur vorläufigen oder dringlichen Maßnahmen zugelassen werden. Eine knappe Wiedergabe der tragenden Gründe einer solchen Maßnahme erscheint nicht unzumutbar.

Ist die Begründung bei Erlaß einer Maßnahme formell unzureichend oder fehlt sie völlig, kann ein Nachschieben der Begründung nicht zugelassen werden. Gegenüber dem Nachschieben von Gründen bestehen dagegen bei formell nicht zu beanstandender Begründung keine Bedenken.

In der Verletzung der Begründungspflicht liegt die Verletzung einer wesentlichen Formvorschrift, die bei der Nichtigkeitsklage zur Annullierung der Maßnahme führt und im Verfahren mit pleine juridiction mindestens kostenrechtliche Folgen haben, aber auch die Aufhebung der formell fehlerhaften Maßnahme nach sich ziehen kann. Wegen der rechtsstaatlichen Bedeutung der Begründungspflicht, ihrer umfassenden, in den verschiedenen Zwecken zum Ausdruck kommenden Schutzfunktion, ist die Begründungspflichtverletzung vom Gerichtshof von Amts wegen zu prüfen.

Anhang

Übersicht über die Rechtsprechung des Gerichtshofs zur Frage der Begründungspflicht

Rspr.GH	Rs.	Art der Maßnahme	Begründungspflichtverletzung abgelehnt oder bejaht durch GH	GA
1, 79 ff.	2/54	allgemeine Entscheidung bezüglich der Veröffentlichung von Preislisten und Verkaufsbedingungen	abgelehnt	abgelehnt
1, 191 ff.	4/54	allgemeine Entscheidung wie bei Rs. 2/54 und bezüglich nach Art. 60 § 1 verbotener Praktiken	abgelehnt	—
1, 215 ff.	6/54	allgemeine Entscheidung betreffend Höchstpreisfestsetzung	abgelehnt	abgelehnt
2, 55 ff.	7,9/54	fingiert ablehnende Entscheidung nach Art. 35 EGKSV	abgelehnt	abgelehnt
3, 11 ff.	2/56	individuelle Entscheidung (Genehmigungsverweigerung nach Art. 65 EGKSV)	abgelehnt	abgelehnt
3, 215 ff.	1 und 14/57	Stellungnahme zu Investitionsvorhaben	bejaht für Rs. 1/57 abgelehnt für Rs. 14/57	bejaht
4, 11 ff.	9/56	individuelle Entscheidung (Umlagebescheid im Schrottausgleich; vollstreckbare Entscheidung)	bejaht	bejaht
4, 53 ff.	10/56	wie 9/56	bejaht	bejaht
5, 91 ff.	18/57	Genehmigungsentscheidung nach Art. 65 EGKSV	bejaht	abgelehnt
5, 167 ff.	20/58	nicht anfechtbare Maßnahme; Klage unzulässig	—	abgelehnt, aber Bedenken
6, 47 ff.	16-18/59	keine anfechtbare Maßnahme	—	bejaht bei fürsorglicher Prüfung
6, 159 ff.	31/59	individuelle Entscheidung gemäß Art. 47 EGKSV	abgelehnt	bejaht

Rspr.GH	Rs.	Art der Maßnahme	Begründungspflichtverletzung abgelehnt oder bejaht durch GH	GA
6, 249 ff.	4–13/59	individuelle Entscheidungen (Rückerstattungsaufforderungen)	keine Prüfung, da materiell kein Anspruch gegeben	bejaht
6, 375 ff.	3–18,25,26/58	individuelle Entscheidungen betreffend Ausnahmetarife für Beförderung (Art. 70 EGKSV)	abgelehnt	abgelehnt
6, 481 ff.	19/58	individuelle Entscheidung; keine Entscheidung gemäß Art. 88 EGKSV	abgelehnt	abgelehnt
6, 683 ff.	20/59	Staatenentscheidung betreffend Kraftwagengüterverkehr	—; Entscheidung aus anderen Gründen aufgehoben	bejaht
6, 887 ff.	36–38,40/59	Genehmigungsentscheidungen nach Art. 65 EGKSV	bejaht	bejaht
6, 967 ff.	43,45,48/59	Entlassungsverfügungen (Dienstrecht)	bejaht	abgelehnt
7, 695 ff.	7/61	Stellungnahme gemäß Art. 169 EWGV	abgelehnt	—
8, 45 ff.	25/60	Entlassungsverfügung (Dienstrecht)	bejaht	bejaht
8. 177 ff.	13/60	Genehmigungsentscheidung	abgelehnt	bejaht
8, 435 ff.	9/61	Empfehlung an Mitgliedstaaten betreffend Transportwesen (Art. 70 EGKSV)	—	abgelehnt
8, 513 ff.	14/61	individuelle Entscheidung betreffend Widerruf der Freistellung vom Schrottausgleich	abgelehnt	abgelehnt
8, 583 ff.	16/61	individuelle Entscheidung (Geldbuße)	—	bejaht
8, 919 ff.	5–11,13–15/62	stillschweigend ablehnende Entscheidung (Rs. 5 - 11/62; Klage unzulässig); auskunftsrechtliche Entscheidungen nach Art. 47 (EGKSV (Rs. 13–15/62)	abgelehnt	abgelehnt
9, 107 ff.	32/62	Entlassungsverfügung	—	abgelehnt, aber Bedenken

Rspr.GH	Rs.	Art der Maßnahme	Begründungspflichtverletzung abgelehnt oder bejaht durch GH	GA
9, 141 ff.	24/62	Entscheidung nach Art. 25 EWGV (Zollkontingent)	bejaht	bejaht
9, 287 ff.	34/62	Entscheidung (Versagung der beantragten Aussetzung des Zollsatzes gegenüber Drittländern)	abgelehnt	bejaht
9, 357 ff.	13/63	Entscheidung betreffend Ermächtigung zur Einführung von Schutzmaßnahmen gegenüber Einfuhr aus einem Mitgliedstaat	abgelehnt	abgelehnt
9, 423 ff.	35/62 und 16/63	dienstrechtliche Entscheidung betreffend Ablehnung der Übernahme als Beamter (Art. 93 Beamtenstatut EGKS); Klage der Rs. 35/62 unzulässig	abgelehnt	abgelehnt
9, 561 ff.	18/62	individuelle Entscheidungen (Schrottausgleich); inzident: allgemeine Entscheidung	abgelehnt bezüglich der allgemeinen Entscheidung	abgelehnt bezüglich der allgemeinen Entscheidung
9, 653 ff.	1/63	individuelle Entscheidung (Zahlungsaufforderung)	bejaht	abgelehnt
10, 271 ff.	27/63	beamtenrechtliche Verfügung	abgelehnt	abgelehnt
10, 321 ff.	67/63	individuelle Entscheidung (Wettbewerbsrecht)	bejaht	—
10, 645 ff.	94,96/63	beamtenrechtliche Verfügung	abgelehnt	—
10, 735 ff.	26/63	Kündigungsverfügung (Dienstrecht)	abgelehnt	abgelehnt
10, 787 ff.	78/63	Kündigungsverfügung (Dienstrecht)	abgelehnt	abgelehnt
10, 1147 ff.	66/63	individuelle Genehmigungsentscheidung (Art. 65 EGKSV)	abgelehnt	abgelehnt
11-1, 1 ff.	108/63	individuelle Entscheidung betreffend Festsetzung des ausgleichspflichtigen Schrotts und Zahlungsaufforderung	abgelehnt	abgelehnt
11, 147 ff.	12 und 29/64	dienstrechtliche Entscheidungen; Klage der Rs. 29/64 unzulässig	abgelehnt	abgelehnt

Rspr.GH	Rs.	Art der Maßnahme	Begründungspflichtverletzung abgelehnt oder bejaht durch GH	GA
11, 187 ff.	16/64	dienstrechtliche Entscheidungen (Einstellung, Auswahlverfahren)	abgelehnt	abgelehnt
11, 217 ff.	23/64	wie Rs. 16/64	abgelehnt	abgelehnt
11, 241 ff.	21/64	Zahlungsaufforderung	abgelehnt	abgelehnt
11, 385 ff.	11/64	beamtenrechtliche Entscheidung (Überleitungsverfahren)	abgelehnt	abgelehnt
11, 447 ff.	36/64	Genehmigungsentscheidung (Art. 65 EGKSV)	abgelehnt	abgelehnt
11, 547 ff.	106 und 107/63	Entscheidung betreffend die Ermächtigung der BRD zur Beibehaltung von Einfuhrschutzmaßnahmen	—; Tatbestand der Ermächtigungsnorm nicht erfüllt	abgelehnt, aber Bedenken
11, 651 ff.	27 und 30/64	dienstrechtliche Verfügungen	abgelehnt	abgelehnt
11, 717 ff.	19 und 65/63	dienstrechtliche Verfügungen	abgelehnt	abgelehnt
11, 893 ff.	111/63	individuelle Entscheidung betreffend finanzielle Verpflichtung im Rahmen des Schrottausgleichs	abgelehnt	abgelehnt
11, 951 ff.	37/64	wie Rs. 111/63; inzident: allgemeine Entscheidung	abgelehnt	abgelehnt
11, 997 ff.	39/64	Zahlungsaufforderung im Rahmen der Schrottausgleichseinrichtung	abgelehnt	abgelehnt
11, 1151 ff.	16/65	Vorabentscheidung (Festsetzung des Abschöpfungssatzes; Frei-Grenze-Preis-Festsetzung)	abgelehnt	abgelehnt
11, 1359 ff.	21/65	dienstrechtliche Entscheidungen	bejaht	bejaht
11, 1403 ff.	3/65	Zahlungsverpflichtung im Rahmen der Schrottausgleichseinrichtung	abgelehnt	abgelehnt
12, 1 ff.	8/65	wie Rs. 3/65	abgelehnt	abgelehnt
12, 49 ff.	30/65	Festsetzung der ausgleichspflichtigen Schrottmengen und Zahlungsfestsetzung	abgelehnt	abgelehnt

Rspr.GH	Rs.	Art der Maßnahme	Begründungspflichtverletzung abgelehnt oder bejaht durch GH	GA
12, 153 ff.	18 und 35/65	dienstrechtliche Entscheidungen	bejaht	bejaht
12, 559 ff.	2/65	individuelle Entscheidungen wie bei Rs. 30/65	bejaht	abgelehnt
13, 99 ff.	8–11/66	wettbewerbsrechtliche Entscheidung (Art. 85 EWGV; Art. 15 VO Nr. 17/62)	bejaht	bejaht
13, 153 ff.	26/66	Zahlungsaufforderung im Rahmen der Schrottausgleichseinrichtung	abgelehnt	abgelehnt, aber Bedenken
14, 37 ff.	3/67	Festsetzung des ausgleichspflichtigen Schrottverbrauchs und Zahlungsaufforderung	abgelehnt	abgelehnt
14, 127 ff.	5/67	Vorabentscheidung (VO Nr. 144/65/EWG betreffend Einfuhrausgleichsabgabe)	abgelehnt	abgelehnt
14, 391 ff.	29/67	individuelle Entscheidung (Geldbuße nach Art. 64 EGKSV)	abgelehnt	abgelehnt
15, 85 ff.	21/68	beamtenrechtliche Entscheidung (Ernennung)	abgelehnt	abgelehnt
15, 255 ff.	27/68	beamtenrechtliche Entscheidung (Beendigung des Dienstverhältnisses)	abgelehnt	abgelehnt
15, 277 ff.	1/69	Entscheidung betreffend Frachttarife der italienischen Staatsbahnen	abgelehnt	abgelehnt
16, 675 ff.	41/69	Bußgeldentscheidung	abgelehnt	abgelehnt
17, 243 ff.	29/70	Beurteilung eines Beamten	—	—
17, 263 ff.	22/70	Beschluß des Rates	abgelehnt	—
17, 411 ff.	41–44/70	VO 459/70, 565/70 und 686/70	abgelehnt	abgelehnt
17, 465 ff.	45 und 49/70	beamtenrechtliche Entscheidungen	bejaht bezüglich Rs. 45/70; Klage der Rs. 49/70 unzulässig	bejaht

Literaturverzeichnis

Amphoux, Jean: Recours en constatation des manquements des Etats, section II: Les traités CEE et Euratom, bei Ganshof S. 379 - 389 (Nr. 1042 bis 1088).

Auby, J. M. — *Drago*, R.: Traité de Contentieux administratif, Band II und III, Paris 1962.

Bachof, Otto: Die Rechtsprechung des Bundesverwaltungsgerichts, in JZ 1962 S. 701 - 708 und S. 745 - 755.

Baumann, Fritz-Achim: Die Nachprüfungsbefugnis des Gerichtshofs der Europäischen Gemeinschaften gegenüber Würdigungen der wirtschaftlichen Gesamtlage durch die Exekutivorgane der Gemeinschaften, Diss. Hamburg 1965.

Bebr, Gerhard: Judicial Control of the European Communities, London 1962 (zit.: Control).

— Prozeßmaximen, Referat auf der Europäischen Arbeitstagung Köln 1963, in KSE Band 1 (1965) S. 77 - 121 (zit.: KSE).

Becker, Franz: Das allgemeine Verwaltungsverfahren in Theorie und Gesetzgebung, Stuttgart, Brüssel 1960, Bd. 6 der Schriftenreihe des Instituts für Europäisches Recht an der Universität des Saarlandes (zit.: allgemeines Verwaltungsverfahren).

Becker, Peter: Der Einfluß des französischen Verwaltungsrechts auf den Rechtsschutz in den Europäischen Gemeinschaften, Hamburg 1963 (zit.: Einfluß).

Bénoit, Francis-Paul: Le droit administratif français, Toulouse 1968.

Benvenuti, Feliciano: Einführung zum italienischen Verwaltungsrecht, in Ule, Ausland, S. 157 - 175.

Bernard, Paul: La notion d'ordre public en droit administratif, Paris 1962.

Bettermann, K. A.: Anmerkung zum Urteil des Verwaltungsgerichts Sigmaringen vom 17. 9. 62, in DVBl. 1963 S. 826 - 828.

Bonaert, A. — *Frowein*, F. M. — *Galland*, J. — *Houben*, M. J. R. — *Michotte*, F. — *Wieacker*, H. A.: Fragen der Nichtigkeits- und Untätigkeitsklagen nach dem Recht der Europäischen Gemeinschaft für Kohle und Stahl im Lichte der Rechtsprechung des Gerichtshofs der Europäischen Gemeinschaften, Frankfurt/Main 1961.

Bonn, Alex: Le Contentieux Administratif en Droit Luxembourgeois, Luxembourg 1966.

Börner, Bodo: Die Entscheidungen der Hohen Behörde, Tübingen 1965.

Buch, Henri: Einführung zum belgischen Verwaltungsverfahrensrecht, in Ule, Ausland, S. 87 - 116.

Bülow, Arthur: Anmerkung zu den Urteilen des Europäischen Gerichtshofs vom 4. 7. 1963 (Rs. 24/62) und vom 15. 7. 1963 (Rs. 34/62) in AWD 1963, 276 - 281.

Buttgenbach, André: Manuel de droit administratif, Bd. I, Brüssel 1966.

Clever, Friedrich: Ermessensmißbrauch und détournement de pouvoir nach dem Recht der Europäischen Gemeinschaften, Berlin 1965.

Constantinesco, Léontin-Jean: Die unmittelbare Anwendbarkeit von Gemeinschaftsnormen und der Rechtsschutz von Einzelpersonen im Recht der EWG, Bd. 40 der Schriftenreihe zum Handbuch für Europäische Wirtschaft, 1969 Baden-Baden.

Crisafulli, Vezio: Sulla motivazione degli atti legislativi, in Rivista di Diritto Pubblico 1937, 415 - 444.

Daig, Hans-Wolfram: Vorbemerkung und Kommentierung zu Art. 189 bis 192 EWGV im Handbuch für Europäische Wirtschaft (zit.: Handbuch).

— Diskussionsbeitrag, in KSE Bd. 1 (1965) S. 515 - 517.

— Die Gerichtsbarkeit in der Europäischen Wirtschaftsgemeinschaft und der Europäischen Atomgemeinschaft mit vergleichenden Hinweisen auf die Europäische Gemeinschaft für Kohle und Stahl, in AöR 1958 (Bd. 83) S. 132 - 208.

— Die vier ersten Urteile des Gerichtshofs der Europäischen Gemeinschaft für Kohle und Stahl, in JZ 1955, S. 361 - 371.

Debbasch, Charles: Droit administratif, Paris 1968.

Delvaux, Louis: Le Contrôle de la Cour de Justice de la CECA sur les faits et circonstances économiques, in Annales de Droit et de Sciences Politiques 1958 S. 41 - 58.

Deringer, Arved: Das Wettbewerbsrecht der Europäischen Wirtschaftsgemeinschaft, WuW/EWG-Wettbewerbsrecht, Kommentar, Düsseldorf 1962.

Drews, Bill — *Wacke*, Gerhard: Allgemeines Polizeirecht, Berlin, Köln, München, Bonn 1968.

Ehle, Dietrich: Klage- und Prozeßrecht des EWG-Vertrages mit Entscheidungssammlung, Loseblattausgabe, Herne, Berlin 1966.

Emrich, Dieter: Das Verhältnis des Rechts der Europäischen Gemeinschaften zum Recht der Bundesrepublik Deutschland, Marburg 1969.

Entwurf eines Verwaltungsverfahrensgesetzes der Bundesregierung: BT Ds VI 1173 (zit.: Reg. entw.).

Euler, August Martin: Europäisches Beamtenstatut, Kommentar zum Beamtenstatut der EWG und EAG, KSE Bd. 4, Köln, Berlin, Bonn, München 1966.

Everling, Ulrich: Vorschlag der Kommission der Europäischen Wirtschaftsgemeinschaft zur Regelung des Niederlassungsrechts, in BB 1960, S. 568 bis 573.

—Diskussionsbeitrag, in KSE Bd. 1 S. 513 (1965).

Fikentscher, Wolfgang — *Hoffmann*, Gerhard: Einfluß der Form eines Rechtsakts der europäischen Gemeinschaftsorgane auf den Rechtsschutz vor dem Gerichtshof der europäischen Gemeinschaften, in SEW 1964 S. 289—307.

Forsthoff, Ernst: Lehrbuch des Verwaltungsrechts, Allgemeiner Teil, 9. neubearbeitete Auflage, München, Berlin 1966.

Frankfurter Kommentar: Kommentar zum Gesetz gegen Wettbewerbsbeschränkungen von *Kaufmann*, *Rautmann u. a.*, Köln.

Fromont, Michel: Rechtsschutz gegenüber der Verwaltung in Deutschland, Frankreich und den Europäischen Gemeinschaften, Köln, Berlin, Bonn, München 1967 (zit.: Rechtsschutz).

— Der Rechtsschutz gegenüber Maßnahmen der Verwaltung im Europa der Sechs, in EuR 1969 S. 202 - 212 (zit.: EuR 1969).

Fuß, Ernst-Werner: Die Europäischen Gemeinschaften und der Rechtsstaatsgedanke, Heule 1968 (zit.: Rechtsstaatsgedanke).

— Anmerkung zum Urteil des Gerichtshofs vom 13. 3. 1968 (Rs. 5/67), in EuR 1968 S. 295 - 305.

Fuß, E.-W. — *Burkhard*, F.: Anmerkung zum Urteil des Gerichtshofs vom 15. 3. 1967 (Rs. 8 - 11/66), in EuR 1967 S. 232 - 239.

Ganshof van der Meersch, W. J.: Les Novelles, Droit des Communautés européennes, Brüssel 1969 (zit.: Ganshof).

Gaudenzi, Sandro: Tariff Quotes under Article 25 EEC and the Court of Justice, in CMLR 1964 S. 406 - 427.

Gemeinschaftskommentar: Gesetz gegen Wettbewerbsbeschränkungen und Europäisches Kartellrecht, herausgegeben von H. *Müller-Henneberg*, G. *Schwartz*, 2. Auflage, Köln, Berlin, Bonn, München; § 57 bearbeitet von *Junge*, § 70 von *Zweigert* (zit.: Gem.K.).

Glaesner, Hans-Joachim: Übertragung rechtsetzender Gewalt auf internationale Organisationen, in DÖV 1959 S. 653 - 658.

Grabitz, Eberhard: Gemeinschaftsrecht bricht nationales Recht, Hamburg 1966.

Grauvogel, Gustav: Bundesbaugesetz, Kohlhammer Kommentare, Stuttgart, Berlin, Köln, Mainz 1969.

von der Groeben, Hans — *von Boeckh*, Hans: Handbuch für Europäische Wirtschaft, Loseblattausgabe, Baden-Baden, Frankfurt a. M. 1957 (zit.: Handbuch).

Groschupf, Otto: Wie entscheidet das Verwaltungsgericht, wenn das Verwaltungsverfahren fehlerhaft war?, in DVBl. 1962 S. 627 - 634.

Hanebuth, Klaus: Das Auskunftsrecht im europäischen Wirtschaftsrecht. Rechtsgrundlagen und Handhabung. Schriftenreihe zum Handbuch für Europäische Wirtschaft, Bd. 37, Baden-Baden 1967.

Holtz, Theodor: Handbuch des Europäischen Dienstrechts, Loseblattausgabe, Baden-Baden 1964.

Hufnagl, Franz: Die Reform der Verwaltungsgerichtsbarkeit, in DV 1949 S. 606 - 663.

Idel, W.: Anmerkung zum Urteil des VGH Freiburg vom 5. 12. 1955, in NJW 1957 S. 36 f.

Ipsen, Hans Peter: Diskussionsbeitrag in KSE Bd. 1 (1965) S. 509 - 511 (zit.: KSE).

— Anmerkung zum Urteil des GH vom 9. 7. 1969 (Rs. 1/69), in EuR 1969 S. 336 f. (zit.: EuR).

— Richtlinien — Ergebnisse, in Festschrift für C. F. Ophüls, Karlsruhe 1965 (zit.: Festschrift) S. 67 - 84.

Isaac, Guy: La procédure administrative non contentieuse, Paris 1968.

Jellinek, Walter: Gesetz, Gesetzesanwendung und Zweckmäßigkeitserwägung, Neudruck der Ausgabe Tübingen 1913, Aalen 1964.

Kapteyn, P. J. G.: Anmerkung zum Urteil des GH vom 1. 12. 1965 (Rs. 16/65), in SEW 1966 S. 43 - 48.

Klinger, Hans: Kommentar zur Verwaltungsgerichtsordnung, 2. Auflage, Göttingen 1964.

König, Klaus: Einführung zum Recht der Europäischen Gemeinschaften, in Ule, Ausland, S. 945 - 966.

Kopp, F.: Die Heilung von Mängeln des Verwaltungsverfahrens und das Nachschieben von Gründen im Verwaltungsprozeß, in Verwaltungsarchiv 1970 S. 219 - 259.

Korsch, Hans: Prozeßmaximen, Korreferat auf der Europäischen Arbeitstagung Köln 1963, in KSE Bd. 1 (1965) S. 122 - 135.

Krüger, Herbert: Allgemeine Staatslehre, Stuttgart 1964.

Kull, Edgar: Zur Rechtsnatur des Verfahrens in Kartell-Verwaltungssachen, in JZ 1961 S. 681 - 683.

Landmann: Gewerbeordnung, Kommentar, Loseblattausgabe, München 1969.

Langen, Eugen: Kommentar zum Kartellgesetz, Loseblattausgabe, 4. Auflage, Neuwied, Berlin-Spandau, Darmstadt 1967.

Lanz, Horst: Die französische Lehre und Rechtsprechung zum Begriff des Verwaltungsakts und seiner Fehlerhaftigkeit, Diss. Mainz 1961.

de Laubadère, André: Traité élémentaire de droit administratif, Bd. I, 4. Auflage, Paris 1967 (zit.: Traité).

— Die Lehre vom Verwaltungshandeln — Les actes administratifs, Referat auf der Europäischen Arbeitstagung Köln 1963, in KSE Bd. 1 (1965) S. 472 - 487 (zit.: KSE).

Louis, Jean-Victor: Les règlements de la Communauté économique européenne, Brüssel 1969.

Luther, Gerhard: Einführung in das italienische Recht, Darmstadt 1968.

Maas, Herman H.: Vorm en Motivering van Handelingen van de instellingen der europese Gemeenschappen, in SEW 1965 S. 1 - 17.

Mast, André: Précis de droit administratif belge, Brüssel 1966 (Übersetzung der 2. Auflage der 1964 erschienenen Ausgabe in Niederländisch).

Maunz, Th. — *Dürig*, G. — *Herzog*, R.: Grundgesetz, Kommentar, Loseblattausgabe, Bd. I, München 1969.

Meier, Gert: Gemeinschaftsrecht und mitgliedstaatliches Gemeinschaftsrecht, in EuR 1970 S. 324 - 333.

Menger, Christian-Friedrich: Anmerkung zum Urteil des OVG Berlin vom 10. 11. 1954, in JZ 1955 S. 556 f.

Mertens de Wilmars, J.: De Europese Gemeenschappen en het administratief Recht, in SEW 1962 S. 660 - 683.

Meyer, Klaus: Zur gerichtlichen Überprüfung der Bauleitpläne, in DVBl. 1968 S. 492 - 497.

Mono, Martin: Verwaltungsrechtliche Fragen der Europäischen Gemeinschaft für Kohle und Stahl in der Rechtsprechung des Gerichtshofs der Europäischen Gemeinschaften, Diss. Heidelberg 1966.

Mortati, Constantino: Istituzioni di diritto pubblico, Bd. 1, 8. Auflage, Padova 1969.

Mühlenhöver, Josef: Vorbemerkung und Kommentar zu Art. 164 - 188 im Handbuch.

Müller, Heinz — *Gries*, Gerhard — *Gießler*, Peter: Kommentar zum GWB (Kartellgesetz), 2. Auflage, Frankfurt a. M. 1968.

Musterentwurf eines Verwaltungsverfahrensgesetzes 1963: Köln und Berlin 1964.

von Mutius, Albert: Das Widerspruchsverfahren der VwGO als Verwaltungsverfahren und Prozeßvoraussetzung, Bd. 101 der Schriften zum öffentlichen Recht, Berlin 1969.

Odent, Raymond: Contentieux administratif, Paris 1966.

Oostenbrink, Johannes Jan: Einführung zum niederländischen Recht, in Ule, Ausland, S. 321 - 344.

Ossenbühl, Fritz: Zum Problem der Rücknahme fehlerhafter, begünstigender Verwaltungsakte — Betrachtungen zum EVwVerfG 1963, in DÖV 1964 S. 511 - 521.

Pichler-Drexler, Erwin: Die Begründung von Ermessensakten, in Juristische Blätter 1958 S. 533 - 536 und 565 - 570.

van Poelje, G. A.: La procédure administrative aux Pays-Bas, in Revue internationale des sciences administratives 1965 S. 275 - 278.

G. A. *van Poelje* — F. F. X. *Cerutti* — A. M. *Donner* — W. C. L. *van der Grinten* — M. G. *Levenbach* — S. O. *van Poelje* en C. H. F. *Polak* met Bijstand van B. S. *Tigchelaar*: Nederlands Bestuursrecht I, Algemeen Deel, door A. M. Donner, Uitgave 1962, Alphen/Rhijn (zit.: van Poelje-Donner).

Quadri, Rolando — *Monaco*, Riccardo — *Trabucchi*, Alberto: Trattato istitutivo della Communità economica europea, Commentario, Bd. III, Mailand 1965 (Art. 190 kommentiert von N. N.).

Rabe, Hans-Jürgen: Das Verordnungsrecht der europäischen Wirtschaftsgemeinschaft, Hamburg 1963.

Rasch, H. — *Westrick*, Kl.: Wettbewerbsbeschränkungen, Kartell- und Monopolrecht, Kommentar zum GWB und Erläuterungen zum europäischen Kartellrecht, 3. Auflage, Herne, Berlin 1966.

Redeker, Konrad — *von Oertzen*, Hans-Joachim: Verwaltungsgerichtsordnung, 4. überarbeitete Auflage, Stuttgart, Berlin, Köln, Mainz 1971.

Reuter, Paul: La Communauté européenne du Charbon et de l'Acier, Paris 1963.

Rivalta, Maria: La motivazione degli atti amministrativi in relazione al pubblico e privato interesse, Mailand 1960.

Rivéro, Jean: Droit administratif, 2. Auflage, Paris 1962.

Rupprecht, Wilfried: Die Nachprüfungsbefugnis des Europäischen Gerichtshofs gegenüber Ermessenshandlungen der Exekutive in der Montanunion und der Europäischen Wirtschaftsgemeinschaft, Diss. Kiel 1962.

Sandulli, Aldo M.: Manuale di diritto amministrativo, 9. Auflage, Neapel 1966.

Schibel, Roland: Anmerkung zum Urteil des GH vom 1. 12. 1965 (Rs. 16/65), in AWD 1965, 458 f.

Schick, Walter: Notwendigkeit und Funktion der Begründung von Verwaltungsakten, in JuS 1971 S. 1 - 8.

Schrans, Guy: De motiveringsplicht in het recht van de Europese Gemeenschappen, in R.W. 1966 Sp. 281 - 302.

Schunck, E. — *de Clerk*, H.: Verwaltungsgerichtsordnung, 2. Auflage, Siegburg 1967.

Schwartz, Bernhard: Le droit administratif américain, Paris 1952.

Steindorff, Ernst: Die Nichtigkeitsklage im Recht der Europäischen Gemeinschaft für Kohle und Stahl, Frankfurt a. M. 1952 (zit.: Nichtigkeitsklage I).

— Rechtsschutz und Verfahren im Recht der europäischen Gemeinschaften — Ausgewählte Probleme, Baden-Baden 1964 (zit.: Rechtsschutz).

— Die Nichtigkeitsklage in den Verträgen der Europäischen Gemeinschaften, in De individuele Rechtsbescherming in de Europese Gemeenschappen S. 50 - 67, Antwerpen, Leuven, Gent, Brüssel, Kortrijk 1967 (zit.: Nichtigkeitsklage II).

Le Tallec, Georges — *Ehlermann*, Claus-Dieter: Die Begründungspflicht für Rechtsakte der Europäischen Gemeinschaften, in AWD 1966 S. 149 - 155.

Thieme, Werner: Verwaltungslehre, Köln, Berlin, Bonn, Minden 1967.

Thierfelder, Rainer: Die Entscheidung im EWG-Vertrag, Hamburg 1968.

Thomä, Karl-Eugen: Das Auskunftsverlangen im Recht der Europäischen Wirtschaftsgemeinschaft, in Eurowi 1960 S. 423 - 431.

Tomuschat, Christian: Die gerichtliche Vorabentscheidung nach den Verträgen über die Europäischen Gemeinschaften, Köln, Berlin 1966 (zit.: Vorabentscheidung).

— Anmerkung zum Urteil des GH vom 1. 12. 1965 (Rs. 16/65), in Cahiers de droit européen 1966 S. 83 - 89 (zit.: Cahiers).

Ule, Carl Hermann: Verwaltungsverfahrensgesetze des Auslandes, Berlin 1967 (zit.: Ausland).

— Empfiehlt es sich, die Bestimmungen des europäischen Gemeinschaftsrechts über den Rechtsschutz zu ändern und zu ergänzen? Gutachten für den 46. Deutschen Juristentag, München, Berlin 1966 (zit.: Gutachten).

— Zur Bedeutung des Rechtsstaatsbegriffs in der Rechtsprechung, in DVBl. 1963 S. 475 - 482.

— Das allgemeine Verwaltungsrecht im Deutschen Verwaltungsblatt, in DVBl. 1968 S. 781 - 786.

— Verwaltungsgerichtsbarkeit, Bd. I, 2. Halbband aus M. *von Brauchitsch:* Verwaltungsgesetze des Bundes und der Länder, Köln, Berlin, Bonn, München 1962 (zit.: Verwaltungsgerichtsbarkeit).

Ule, C. H. — *Becker*, Franz: Verwaltungsverfahren im Rechtsstaat, Köln und Berlin 1964.

Ule, C. H. — *Rasch*, E.: Allgemeines Polizei- und Ordnungsrecht, Bd. III, 1. Halbband aus M. *von Brauchitsch:* Verwaltungsgesetze des Bundes und der Länder, Köln, Berlin, Bonn, München 1965.

Vedel, Georges: Droit administratif, Paris 1968.

Vegting, W. G.: Het algemeen Nederlands administratiefrecht Bd. 1, Alphen aan den Rijn 1954.

Vitta, Cino: Diritto amministrativo, Bd. 1, 5. Auflage, Turin 1962.

Wagner, Heinz: Grundbegriffe des Beschlußrechts der europäischen Gemeinschaften KSE Bd. 5, Köln, Berlin, Bonn, München 1965.

Waline, Marcel: Précis de droit administratif, Paris 1969.

Weidinger, Wilhelm: Der Rechtsschutz betroffener Dritter im Kartellverwaltungsrecht der europäischen Wirtschaftsgemeinschaft, Stuttgart 1968.

Werner, Fritz: Rezension von Becker, Allgemeines Verwaltungsverfahren, in JZ 1961 S. 301 f.

Wieacker, Hans A.: Die Lehre vom Verwaltungshandeln, Korreferat auf der Europäischen Arbeitstagung Köln 1963, in KSE Bd. 1 S. 489 - 495 (1965).

Wigny, Pierre: Droit administratif, principes généraux, 4. Auflage, Brüssel 1962.

Wolfarth, Ernst — *Schloh*, Bernhard: Les actes des institutions, bei Ganshof S. 409 - 426 (Nr. 1134 - 1172).

Wolff, H. J.: Verwaltungsrecht, Bd. I, 8. Auflage, München 1971.

Zinkahn, Willy — *Bielenberg*, Walter: Bundesbaugesetz, Kommentar, Loseblattausgabe, München 1970.

Zschacke: Die Begründung des Verwaltungsakts und ihre Bedeutung im Verwaltungsverfahren, in NJW 1954 S. 413 - 415.

Zuleeg, Manfred: Das Recht der europäischen Gemeinschaften im innerstaatlichen Bereich, KSE Bd. 9, Köln, Berlin, Bonn, München 1969.

FSC
www.fsc.org
MIX
Papier | Fördert gute Waldnutzung
FSC® C083411

Kolibri 360 GmbH
Ferdinand-Jühlke-Straße 7
99095 Erfurt, Deutschland
produktsicherheit@kolibri360.de

Druck:
CPI Druckdienstleistungen GmbH
im Auftrag der
Kolibri 360 GmbH
Ferdinand-Jühlke-Str. 7
99095 Erfurt